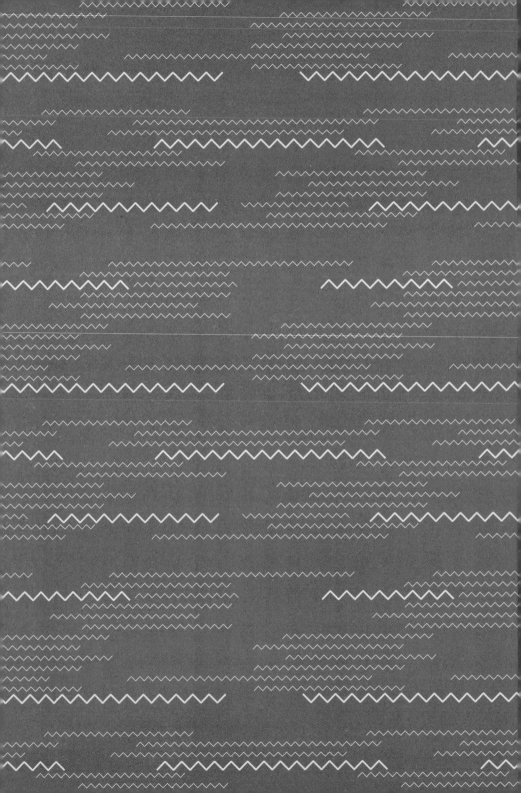

巴菲特
的對帳單

THE DEALS *of*
WARREN BUFFETT

Volume 3, Making America's Largest Company

善用信任邊際複製成功投資，
享受本金放大的獲利之道

GLEN ARNOLD 葛倫・雅諾德 —————— 著

徐文傑 —————— 譯

The Deals of Warren Buffett: Volume 3

CONTENTS

作者簡介

導致投資成敗的原因是什麼？

這是葛倫・雅諾德（Glen Arnold）在擔任投資學教授期間試圖要回答的問題。他汲取學術界的見解、偉大投資人的構想，以及自己的經驗，向學生與新、舊基金經理人傳授價值投資的技巧。

一路走來，葛倫出版過暢銷投資書《金融時報投資指南》（*The Financial Times Guide to Investing*）、暢銷財務管理教科書《企業財務管理》（*Corporate Financial Management*）、談論價值投資的重要作品《金融時報價值投資指南》（*The Financial Times Guide to Value Investing*），以及講述投資先驅故事的著作《卓越投資人》（*The Great Investors*）。

2013 年，葛倫開始新事業，他放棄教授工作，轉而參與現實世界裡嚴酷的主動式基金管理工作，他利用自己在學術生涯中學到的經驗進行投資，測試自己是否有能力能贏過大盤。為此，葛倫發送電子報給追蹤他的人，在網路上公開自己的買賣決策，分享投資歷程中每次的成功與掙扎。

葛倫在基金管理界的全新冒險，讓他成為波克夏・海瑟威（Berkshire Hathaway）的股東，並參加在奧馬哈舉行的多場年度股東大會。

葛倫不知道的是，在股東大會的觀眾席上，還有湯姆‧史班（Tom Spain），他是英國另一個巴菲特的粉絲，他的亨利史班投資公司（Henry Spain Investments）採用巴菲特和蒙格的投資理念，在基金管理界樹立聲譽。因為葛倫和湯姆投資的標的有幾檔重複，所以他們發現兩人竟然參加相同的年度股東會，在那些股東會上，他們禮貌的向公司董事提出尖銳的問題，其他股東很少會提出這樣的問題。

　　八年來，葛倫只用自己與妻子萊斯利（Lesley）的錢投資，葛倫很滿意這個情況，因為他已經證明自己有能力透過已驗證的價值投資技巧來打敗大盤，他已經教導這些價值投資技巧很多年了。

　　2021 年，葛倫加入亨利史班投資公司，管理一檔開放式基金，專注在被忽略、不受歡迎與價格偏低的英國股票。

　　想要了解更多資訊，請上 henryspain.co.uk 或 glen-arnold-investments.co.uk 網站。

致謝

如果沒有其他人的大力幫助，這個系列的書就不會問世。首先，我要感謝華倫・巴菲特（Warren Buffett）和查理・蒙格（Charlie Munger），他們願意幫助投資人，花時間寫作與公開討論他們在投資冒險中的理念與經驗。我還要感謝他們允許我在本書中使用他們的資料，並感謝他們管理好我用部分儲蓄買進的波克夏・海瑟威股票。

創立威利家具（R.C. Willey，本書討論的第六筆投資）的比爾・柴爾德（Bill Child），將一家占地 184 坪的商店，打造成市值 10 億美元的家具零售商，在討論他創立公司並賣給波克夏的章節中，他非常大方的回顧對這件事的看法，他還增加一些重要的素材，來讓整個故事變得更豐富。感謝你，比爾。

許多學者都寫過波克夏、巴菲特和蒙格的故事，尤其是羅伯・邁爾斯（Robert P. Miles）、凱洛・盧米思（Carol J. Loomis）、亞當・米德（Adam J. Mead）、艾莉絲・施洛德（Alice Schroeder）、羅傑・羅溫斯坦（Roger Lowenstein）、羅伯・海格斯壯（Robert G. Hagstrom）、勞倫斯・康寧漢（Lawrence A. Cunningham）與安迪・基爾派翠克（Andrew Kilpatrick）。我對他們的努力表示感激之意，因為他們的創

作都是以深入的研究和可靠的資訊來源奠定基礎。

Harriman House 的編輯克雷格・皮爾斯（Craig Pearce）給我的支持與耐心超乎預期（我大約晚一年才交初稿）。他的編輯工作很出色，還激起團隊成員的熱情，Harriman House 的翠西・邦迪（Tracy Bundey）、夏綠蒂・斯特利（Charlotte Staley）、路西・史考特（Lucy Scott）、薩利・帝克納（Sally Tickner）和蘇珊・塔爾（Suzanne Tull）都發揮勤奮、創造力與活力，確保本書成功出版，謝謝大家。

本系列書籍緣起

　　我在 2013 年開始寫作這一系列書籍。當時我做了一個重大決定，決定停止其他一切工作，專心投資股票。這表示我要放棄終身教職，結束在倫敦市從事收入頗豐的教職工作，而且諷刺的是還要大幅減少寫作時間。

　　為了記錄自己的選股邏輯和流程，我開了一個部落格，在簡單的網站上說明我的分析，並讓所有人免費閱讀。我為此覺得振奮不已，必須公開清楚地解釋自己分配資金背後的原因。而且，交易後的幾個月，我還要有方法回顧我的投資原理。

　　這個部落格很受歡迎，後來投資網站 ADVFN 徵詢我，可否把內容轉載到他們的電子報網頁。我答應了。我在那裡寫的一部分文章，後來變成一系列和華倫·巴菲特（Warren Buffett）投資項目有關的文章。畢竟，我不一定每次都能找到有興趣投資的公司可供分析，再加上，我想讀者可能對巴菲特的投資原理和教導感興趣。這本書就是根據那些文章所寫成。

為什麼要寫巴菲特？

　　你可能會想，和巴菲特相關的書已經出版了幾十本，應

該沒有什麼新意了。但我讀過很多這方面的文獻後,都覺得不太滿意。其他作者寫過他投資了什麼,以及他從哪一筆交易裡賺到多少錢,與這些資訊比起來,我更想知道為什麼。巴菲特相中的公司都具備哪些特點,讓它們脫穎而出?是資產負債表上的數字、獲利歷史、策略定位或管理品質嗎?我想知道細節。巴菲特如何一步步走到理性投資,並從幾乎沒有什麼錢,到變得非常富有?

當他每次做重大決策時,我都試著從他為什麼那樣做的角度深入探討。在面對他每一項投資時,我都需要新東西要研究,並尋求許多資料來源。我的第一個任務是集中分析巴菲特選擇的公司,這表示我不太會談到他的個人生活,但這部分在其他作品已經有很詳細的說明。

我希望你喜歡讀到巴菲特如何把波克夏打造成有史以來最偉大的一家公司的故事。

葛倫・雅諾德,2021 年夏天

投資什麼特質的企業
才能讓本金持續放大？

　　華倫·巴菲特到正常的退休年紀才達到人生巔峰。現在，他已經是億萬富翁，卻還是無法阻止自己在工作上繼續「跳踢踏舞」，他喜歡發覺價格合理的優異公司，他的樂趣在於探究一家公司的運作機制，他很高興可以看到自己的分析一次又一次被證明是正確的。

　　他使用的分析技巧很容易解釋為許多原則，像是找到誠實且有能力的經理人，來管理良好的特許經營權公司，而且不要用過高的價錢買進。不過，陳述這些原則是一回事，應用這些原則卻是另一回事。

　　我們常發現自己被不太重要的公司特徵分散注意力，無法對絕對核心的要素給予足夠的重視。

　　藉由檢視巴菲特的決策，以及檢視他使用的分析邏輯，我們就可以擁有一些能力去預防自己提出錯誤的問題，或是預防自己不對真正重要的因素給予足夠的重視。

讓波克夏·海瑟威成長的十筆投資

　　這本書探討十筆引人注目的投資，這些投資幫助波克夏

圖 A　1989 年 1 月至 1998 年 12 月標準普爾五百指數的表現

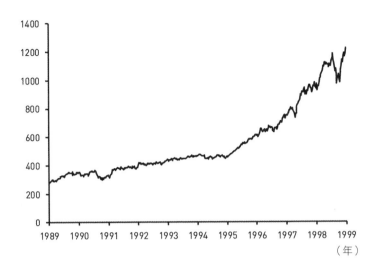

從一家市值五十億美元的公司，變成世界巨頭之一，波克夏的股票在華爾街的市值預估超過一千億美元。這樣的成就，是在 1989 年到 1998 年這短短十年間達成的。華倫·巴菲特和他的妻子蘇珊（Susan）保留了公司 34% 的股份，1998 年，他們持有的股票價值已經高達數百億美元，這些投資與早期的情況一樣，都是家族企業（像是飛航安全國際與哈斯柏格鑽石商店）與巨頭公司（像是富國銀行和美國運通）。

必須坦承一件事，這樣績效卓越的表現都發生在網路泡沫破滅之前的股市多頭時期；但有趣的地方是把多頭市場的大盤表現，拿來跟波克夏的表現比較。圖 A 顯示的是標準

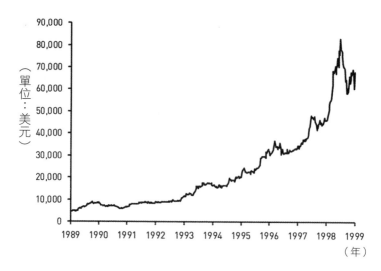

普爾五百指數（S&P 500）在這十年間上漲超過三倍。令人
印象深刻、而且足以讓一般投資人感到很高興的是，只要進
入市場，就可以跟著市場的上漲趨勢獲利。

　　巴菲特並非一般投資人，他與查理‧蒙格合夥做出的決
策，使波克夏的股價上漲 14 倍，從 1989 年的 4,700 美元上
漲到 1998 年 12 月的 68,000 美元（參見圖 B）。把這些數
字拿來跟過去對照，在巴菲特 1962 年第一次買進波克夏‧
海瑟威的時候，他每一股只花 7.50 美元。

　　像我們這種渴望以巴菲特的投資方式進行投資的人，
以及希望投資表現可以提升到在某種程度上更接近巴菲特

的人，都渴望知道十年內讓投資組合的價值提高 14 倍的祕密。

這本書是要藉著探討巴菲特選擇投資標的的基本原則，以及從他的投資邏輯與經驗中得到的教訓，來幫助大家。本書提到的大多數投資都很成功，但是也有失敗的案例。巴菲特坦言，自己在這段期間犯了很多錯，對他來說，最重要的事情是他從這些投資中學到的東西，我們也可以從中學習。

富國銀行

這本書提到的第一個案例，研究的是波克夏分兩階段收購富國銀行的大量股份。

第一階段是在 1989 年至 1996 年間買進，績效非常好，投資每一美元至少都產生 14 美元的收益，巴菲特違背市場共識，在加州經濟衰退的時候進行投資；那時富國銀行在加州放款給企業與家庭，他分析基本面，而且看到這家公司有強大的特許經營權和資產負債表，這是一家可以度過近期困境的公司，華爾街的人似乎沒有看到這些因素，或是至少他們把「害怕客戶違約」的因素看得比這些因素還重要。

第二階段對富國銀行的投資，規模是第一個階段的 25 倍，是一次失敗的投資，但我們從中學到很多事情，特別是在公司文化方面，誠信在長期獲利能力上扮演的核心作用（富國銀行的經理人嚴重損害公司長期以來珍視的聲譽）。

巴菲特承諾在 2003 年至 2015 年間購買價值 124 億美元的富國銀行股票，這 124 億美元的報酬率並不是負數，但是幾乎無法跟上通貨膨脹的漲幅，更不用說也跟不上快速上漲的標準普爾五百指數。

全美航空

巴菲特一度把全美航空每一美元的投資減到只剩 25 美元。多年來，他認為自己已經虧掉大部分投資的資金，他悶悶不樂，以充滿沮喪的反諷口吻說這些事，像是說如果萊特兄弟的奧利維・萊特（Orville Wright）沒有讓飛機成功飛起來的話，那就更好了，因為這個產業發展得愈快，業主就會承受愈嚴重的災難。他還提到，現在他如果有衝動想要買進航空公司的股票，他會打 0800 免費電話，在電話裡說道：「『我是巴菲特，我買航空股上癮了。』然後他們就會勸我不要買。」

美國航空產業的財務狀況很糟糕，還產能過剩、削價競爭，藉由研究這個案例，我們可以學到很多東西，最重要的是，業務成長提供的資訊很有限，並無法很好的反映出價值。無利可圖的成長一直有可能發生，而且相當常見。他說在這筆投資前沒做好功課，就是由傲慢所引起的一連串草率的分析，最後這筆投資雖然沒有虧錢，但是險象環生。

美國運通

然而，投資美國運通這一筆明顯是贏家，以 14.7 億美元購買的美國運通股票，到目前為止價值已經增加二十倍以上。1964 年，當時 33 歲的巴菲特坐在一家餐廳裡，就已注意到經常有人使用美國運通卡，因此觀察到美國運通商業模式的優勢，在顧客心目中是提供獨特服務的優質品牌。在 1960 年代，由於沙拉油醜聞曝光（salad oil scandal，可參見卷一的第 8 筆投資），華爾街下調這檔股票的評等，巴菲特透過自己的投資合夥公司投資這家公司的股票，賺到一大筆錢。

1990 年代，當「市場先生」對這家公司抱持懷疑態度的時候，巴菲特再次觀察到類似的特許經營權特性。這家公司一直在簽帳卡和旅行支票等核心業務之外的冒險活動上浪擲金錢，除了購買投資銀行、證券公司和一家瑞士的私人銀行之外，美國運通還買了一個會議中心，更奇怪的是，公司還購買一間藝廊，還受到萬事達卡和 Visa 卡的競爭威脅。巴菲特觀察到，在碎石瓦礫堆下面，這家公司優質的經濟特許經營權完好無損，還擁有極為忠誠的持卡會員與旅客，他可以想像到，如果這家公司由他信任的經理人重新調整負責的業務，十年後公司會發展到多好。

鞋業集團

鞋業集團雖然表現讓人失望，但很有教育意義。在這個案例研究中，我們看到巴菲特所謂「最可怕的錯誤」。1991

年和 1992 年收購的鞋類與靴子製造商**布朗鞋業**和**羅威爾鞋業**在專門的小眾市場稱霸,在這些市場上,他們的商品可以收取高價,讓公司得到很好的報酬。這兩個事業分別只讓波克夏花了 1.61 億美元與 4,600 萬美元,而且在 1993 年,巴菲特承諾以 4.33 億美元買進中階市場鞋類製造商與零售商**德克斯特鞋業**。糟糕的是,這是以 25,203 股波克夏股票(相當於 2.14% 的股權)的形式支付收購的費用。如今,這些股票的價值高達 100 億美元,但德克斯特鞋業的業務在幾年內就變得毫無價值。

這件事的其中一個教訓是,投資人必須高度關注產業的競爭動態。美國中階市場的鞋業製造市場,受到成本低很多的開發中國家生產商激烈的競爭,這是一個已經商品化的市場,德克斯特鞋業的經理人需要快速採取行動,將生產轉移到低成本的地方,但他們的步調很慢。

藉由事後反思來讓思維品質得以提升,是巴菲特投資之旅中的一個關鍵部分。儘管重新翻開德克斯特鞋業災難的舊帳是很痛苦的,但是巴菲特不斷提醒自己,是他所採取的邏輯思維過程,導致如此糟糕的購買決策。

哈斯柏格鑽石商店

本卷的第 5 筆投資是 1995 年買進的哈斯柏格鑽石商店,這是證明巴菲特評價方法是否有效的範例。這間家族事業有 143 家珠寶店,巴菲特可以看到穩定的銷售成長紀錄、

每家店的高生產力、良好的資本運用報酬率、優秀的經理人，以及熱愛這個事業、並深切關心員工和顧客發生什麼事情的老闆。

小巴奈特·哈斯柏格（Barnett Helzberg, Jr.）就跟很多創辦人與企業家一樣，想成為波克夏旗下的一員，因為他相信巴菲特會繼續帶領他建立的團隊、強化公司獨特的文化，而且專注在為客戶做正確的事。他不希望金融業的屠夫將家族創立的公司拆解出售，「我不想讓同事在我死後唾棄我」他說。

波克夏收購這家公司之後，巴菲特並沒有干預公司的業務。儘管寶霞珠寶（Borsheims）與哈斯柏格鑽石商店銷售類似的產品，但巴菲特並不想讓這兩家公司合併，這是因為他向每個公司的領導人承諾他們有自主經營權，而且他希望保留各公司獨特的文化。此外，他也很喜歡每個組織細緻的策略關注點與企業精神。

但是這些公司要執行一個重大的變革，在波克夏，這些變革也是重點：巴菲特和蒙格會嚴格控制資本配置。基本上，巴菲特會成為每家公司的「銀行」。公司的領導人如果為了擴張而想要向銀行提錢，只能讓每提領一美元的錢可以創造出超過一美元的價值；以哈斯柏格為例，在過去 20 年裡，商店的數量不但沒有增加，實際上反而減少，這家銀行從哈斯柏格那裡收到更多錢，而非讓哈斯柏格領錢。

另一個常見的主題是，巴菲特沒有進行正式的盡職調

查，就買下公司。他說，人的品格比傳統的盡職調查重要得多，他詢問他們是否是正直、誠實、有能力和理性的人。

威利家具

威利家具的老闆最關心公司被巴菲特收購後，他的團隊和獨特的企業精神是否可以保留。創立威利家具的比爾·柴爾德把公司從泥土路邊一家 184 坪的商店，打造成營收 2.57 億美元的家具帝國，出售公司之前，柴爾德跟伊爾夫·布魯姆金（Irv Blumkin）聊天，布魯姆金在 12 年前的 1983 年把內布拉斯加家具商城（Nebraska Furniture Mart）的多數股權賣給波克夏（可見卷二第 3 筆投資），布魯姆金提到，巴菲特兌現他做出的每個承諾，包括自主經營、保護公司文化，以及以長遠的眼光關注事情。

柴爾德很榮幸可以成為巴菲特的重要高階主管，即使現在他已經 89 歲，儘管這家公司 100％已經由波克夏所有，而他也擁有巨額的財富，他還是在威利家具的經營上做出貢獻。他決心要讓巴菲特自豪，這是許多波克夏重要領導人的共同點。

到目前為止，波克夏這筆投資的價值已經達到購買價格的 5 倍，而且達到這個成績，並沒有違反摩門教週日不得開店的規定，在大多數的城市，週日的家具銷售量占所有銷售量五分之一。

巴菲特起初不允許公司在摩門教人口聚集區外的地方擴

張，但是柴爾德自願負擔買下土地與建造商店的成本之後，情況改變，而且只有在前六個月經營成功的情況下，柴爾德才把店面賣給波克夏。儘管威利家具週日不營業，但是公司的價值主張很強烈，因此即便在拉斯維加斯那樣的地方，營收還是超越競爭對手。

飛航安全國際

本卷第 7 筆投資是飛航安全國際，1996 年波克夏花了 15 億美元，從創新者創新者艾爾·烏吉（Al Ueltschi）手中買下來這間公司。烏吉 78 歲，希望自己創辦的公司有很好的歸宿。

還要注意的地方是，這是一位企業家把專注在某個產業的某個領域裡，把經營的事業賣給波克夏的另一個案例，這位企業家在那個領域裡不斷努力改進產品或服務，進而使自己與注意力分散的競爭對手之間的差距愈來愈大。

1940 年，烏吉從一架雙翼飛機上掉了下來，當時他正在教導一位技術很差的飛行員。降落傘在只剩下 45 公尺的時候突然打開，扯破他的內衣，落到荊棘叢時，又讓內衣的破洞扯破得更大。這是一個很慘痛的教訓，說明經過良好訓練、在任何情況都可信任的飛行員有多重要。

1951 年，烏吉抵押自己的房子，借出 15,000 美元，成立一家公司，這家公司後來成為模擬飛行訓練領域的世界領導廠商。到了 1996 年，這家公司擁有適用於 50 種不同的飛

機、共 175 架飛航模擬器，每年培訓超過 5 萬名飛行員和維修技術人員。

到目前為止，波克夏從飛航安全國際的投資中賺到超過 40 億美元，而飛航安全國際憑著主導市場的地位，繼續可靠的產生現金流。儘管是資本密集型產業，但它的收費足以定期產生超過 20％的資本報酬率。

冰雪皇后

冰雪皇后擁有數千家冰淇淋與快餐店，巴菲特從少年時代就是忠實的顧客，他甚至在十幾歲的時候就在奧馬哈的冰雪皇后店裡約會。1996 年，這家公司的稅後淨利是 3,400 萬美元。巴菲特投資 5.878 億美元，以本益比超過 17 倍的價格買進，但他認為冰雪皇后有優秀的經理人掌舵，而且在美國很多小鎮上處於壟斷地位，因此有很大的潛力可以讓獲利成長，並得到很高的資本報酬率，大家對在地的冰雪皇后商店，充滿感情與懷舊感，讓這個企業有很高的「心智占有率」（share of mind）。

利捷航空

波克夏 1998 年以 7.25 億美元收購利捷航空之後，11 年來這家公司一直在虧損，成為巴菲特「最擔憂的事業」。由於公司強力追求市場的主導地位，使得成本與收入相差甚遠。現金大量流失，如果沒有波克夏支持，公司就會破產。

利捷航空為忙碌的高階主管、名人或有錢人提供飛機的部分所有權。擁有八分之一的飛機所有權，回報是每年有權利享受 100 小時的飛行時間，而且只需要提前幾個小時通知，就可以預訂你的飛機或替代用的飛機。理查・桑圖利（Richard Santulli）發明這個概念，這是避免擁有商務飛機或支付昂貴的包機旅行費用的一種方法。

巴菲特對這家公司感興趣的時候，公司年營收大約 10 億美元，而且公司決心要維持目前業內最大公司的地位。這個計畫的目標是要擁有很大的機隊，無論客戶身在何處，或是想要飛到哪裡，都可以確保客戶能夠隨時使用飛機。在波克夏收購後的頭兩年裡，公司營收翻了一倍。

但是營收成長的代價高昂，波克夏資助這家公司超過 10 億美元，確保可以持續領先競爭對手。一開始，巴菲特完全贊成這樣的投資，因為這可以創造一條深廣而危險的護城河，讓競爭對手難以跨越。但是隨著虧損增加，他改變看法，更加限制產能的成長，並專注在獲利上，這樣的做法奏效，2010 年以來，公司每年的獲利都超過 2 億美元。

考量利捷航空已經投入數十億美元的機會成本，這些年來的獲利是否可以彌補早年的虧損還是未知數。但至少我們身為投資人可以學到，在某些情況下，在某些產業想要取得市場優勢，投入的成本可能非常昂貴。主導市場的地位並不一定會帶來豐厚的獲利，這取決於策略動態、願意付費的客戶數量，以及潛在市場的規模。

通用再保險

最後一筆關於通用再保險的這一章很長，因為不僅會談到這家公司，還會解釋保險業經濟學、評估產險公司，也探討從國家保障公司（National Indemnity）為根源開始發展的波克夏基礎保險集團（Berkshire Hathaway Primary insurance）發展過程，以及阿吉特・賈恩（Ajit Jain）創立的波克夏再保險業務。

波克夏的四個保險集團包括了蓋可公司（GEICO）、通用再保險、波克夏基礎保險、波克夏再保險，這四個保險集團的表現，看的是承保獲利的能力與浮存金的數量。

巴菲特以220億美元收購通用再保險之前，大約有70億美元浮存金可以在保戶提出索賠之前進行投資。這次收購讓波克夏的浮存金增加兩倍以上，使巴菲特能夠大規模投資有趣的股票；但這也帶來可怕的代價，因為取得通用再保險後的頭五年，承保損失累積到79億美元，在紐約的雙子星大樓恐攻事件之後，如果沒有波克夏的財務實力，公司可能會陷入困境。巴菲特認為自己犯了一個可怕的錯誤，因為他發現經理人多年來低估保險合約的價格，並在衍生性商品交易上造成鉅額損失。不過後來隨著新經理人專注在可獲利的業務，而不是保費的成長，通用再保險成為一顆寶石，既有承保獲利，又有數十億美元的浮存金可供巴菲特投資。

這本書適合誰讀

　　本書透過一系列吸引人的投資案例研究，給想要學習（或被激發去再次關注）成功投資重要法則的投資人。

本書的結構

　　本書安排十個案例研究，如果你願意，可以深入閱讀感興趣的特定投資案例，但是我鼓勵你按照時間順序閱讀，藉此了解巴菲特身為投資人的發展歷程。

富國銀行（Wells Fargo）

投資概況	時間	第一階段：1989 ～ 1996 年間 第二階段：2013 ～ 2015 年間
	買入價格	第一階段：4.98 億美元，每股平均 68.3 美元（股票分割後每股平均 3.41 美元） 第二階段：124 億美元，平均每股 24.8 美元
	股份數量	第一階段：普通股 8% ～ 14.5% 股權 第一階段與第二階段合計：普通股 3.3% ～ 9.9% 股權
	賣出價格（經分割股票調整後）	第一階段：12 ～ 28 美元 第二階段：23 ～ 65 美元
	獲利	第一階段：至少 14 倍 第二階段：獲利很少，幾乎跟不上通膨的漲幅

1989 年的波克夏・海瑟威
股價：4,700 ～ 8,825 美元　市值：49.27 億美元
每股市值：4,296 美元

　　這個故事的核心談的是恐懼，對一家銀行黑盒子裡的東西感到恐懼。大多數的時候，只要銀行公布財報的每季盈餘不斷增加，「市場先生」就會對銀行如何處理數百萬家庭的數十億美元存款毫不在意。他知道有些存款是借錢給別人買房，有些則流向銀行附近的小企業，而至於剩下的錢，以及要承擔多少風險，「市場先生」幾乎一無所知。

「市場先生」的邏輯是，如果銀行這個大機器能夠產生良好的股息，那麼經理人就必定會牢牢掌控風險，進行合理的多元化投資，而且對於放款決策深思熟慮，並為每筆貸款要求大量抵押品。當然銀行的老闆看起來總是充滿自信與能力，因此這會讓他覺得很放心。可是一旦之後經濟衰退襲來，用來抵押的資產市值暴跌，負債累累的公司發現訂單消失，不再能產生足夠的現金來履行還款，「市場先生」就開始很害怕，而且他害怕的時候，他就會賣出銀行股票這種極高風險的東西，而且，他會不計後果去做。

當經濟衰退照亮某些黑盒子的角落時，全世界都可以看到讓人驚恐的演出。即使在經濟繁榮時期，經理人也會一直放款給社會邊緣人。現在經濟衰退與裁員到來，數十萬人無法還清房貸。銀行承銷商則非常渴望放款給「未來的公司」，因此他們的放款條件寬鬆，通常不需要可靠的抵押品或過往的交易資料，甚至不需要證明已經產生現金流。

還可以藉由在市場上購買金融工具來放款，無論是利用商業票據、槓桿貸款、高收益債券，或是衍生性商品市場上一些驚人的創新。誰知道這些金融工具的價值是多少，在經濟衰退期間，它們的價值通常是 0。

在研究一些黑盒子的陰暗深處，而且感到徹底震驚之後，「市場先生」開始擔心每家銀行都有一樣的狀況。因此整個產業被拋售，股價暴跌。

在這個恐慌時刻，真正的投資人站了出來。也就是說，

那些無視「市場先生」情緒變化，而且冷靜評估每家公司實際情況的人站了出來，他們不會一竿子打翻一船人。價值投資人檢視每家公司時，都會把這間公司視為自己的家族企業，並致力於評估公司長期的生存能力，以及未來幾十年為股東創造現金的潛力。

為了進行這樣的評估，價值投資人需要對公司的策略地位做出判斷：這家公司是否具有競爭優勢，能夠產生高資本運用報酬率，他們還會判斷公司的經理人素質：這些經理人是否有能力，而且以股東利益為重？

從短期和長期來看，銀行的營運和財務穩定性都需要保證沒有問題，當然，銀行可能會暫時碰到一些困難，但是從中期來看，未來出現財務困境的可能性是否會減少？

1990 年經濟衰退襲來時，巴菲特和蒙格在那裡觀察到「市場先生」對銀行業的恐慌，以及富國銀行相對於其他銀行的優勢。

一些讓人擔憂的原因

我會提供一個非常簡化的版本來說明銀行是什麼，以及銀行的結構。這份說明並不完美，但可以說明為什麼「市場先生」在 1989 至 1990 年間擔憂許多銀行的未來是正確的。

想像你有 250 萬美元（我明白，做這種白日夢也不錯），而且你決定拿來創辦一間銀行，這間銀行發行價值 250 萬美元的普通股。銀行的神奇之處在於，放款的資金大部分不是

來自股東，而是來自其他人；身為銀行老闆，你可以透過支票或存款帳戶去吸收只需付出低利或不用付息的資金，並以更高的利率把錢放款給個人或公司來賺錢。

假設你在加州和其他幾個州建立 455 間分行，資金以很快的速度吸收進來，而且分行經理忙著吸引家庭和公司向銀行借款。到了年底，你已經吸收到 4,650 萬美元的存款，並把 4,900 萬美元放款出去。

一般而言，銀行在價值 4,900 萬美元的「資產」上，每一美元放款賺到的利息，會比每一美元存款支付的利息多出 5 美分之多，也就是說，「淨利差」是 5%。

如果你最初的 250 萬美元只賺 5%，那每年就只賺 12.5 萬美元，但這正是銀行利用槓桿的美妙之處，你賺的不是 250 萬美元的 5%，而是 4,900 萬美元的 5%，也就是說，你賺到 245 萬美元。

因此，在 250 萬美元的原始資本中，你每年可以賺到 245 萬美元，一年幾乎會有 100% 的報酬率。但是我們還沒有考量到你有 19,500 名員工與維護所有建築物等等需要付出的成本，但是考量之後我們會發現，普通股股東權益報酬率是 24.49%，也就是淨利大約是 60 萬美元。

在景氣好的時候，加州經濟成長、房價上漲、企業蓬勃發展，這樣一切都很好，但是如果經濟衰退來襲，例如你的放款有 8% 變成不良貸款，那該怎麼辦？有 8% 的放款收不回來，你的帳戶會出現 390 萬美元的虧損。

你現在欠存戶 4,650 萬美元，但是你的資產只有 4,510 萬美元。有人散布謠言說你的銀行可能不再穩健，你的客戶能夠看到加州房價與附近企業發生的事情，已有厄運來臨的預兆，你的銀行沒有足夠的資金來償還支票帳戶與存款帳戶裡的金額。

「我知道，」有顧客心中開始想著，「我今天下午會去分行，在其他人意識到情況有多糟糕之前把錢領出來。」銀行持有一些現金與流動性資產，因此可以把錢還給最先想提款的幾千名客戶，但是大部分放款的資金都是用在非流動性的資產上，像是建造廠房、商辦，以及進行貿易業務，這些借款人無法毫不猶豫地立刻還錢。

如果存戶強烈感覺除非他們非常快速的採取行動，不然就拿不回資金，那就會有數百萬人爭先恐後地想要把自己的錢拿回來，也就是說，就會發生「銀行擠兌」。

顯然銀行無法滿足所有人的要求，它別無選擇，只能倒閉。1990 年代初的美國（大概）就是發生這種情況，大家擔心富國銀行會是下一間倒閉的銀行。

富國銀行正在下跌

上面我使用的單位是一萬美元，這個數字幾乎是真的，你只要在這個數字後面加三個零，就是富國銀行在 1990 年碰到的實際情況。它已經放款 490 億美元，欠存戶與其他人 465 億美元，普通股的股東權益有大約 25 億美元；富國銀

行有 455 間分行、19,500 名員工，在 1980 年代末與 1990 年的淨利差大約是 5%，股東權益報酬率大約是 24%。

這時候富國銀行很脆弱，放款的業務包括 140 億美元放款給企業與農夫；40 億美元放款給商辦、購物中心、公寓等房地產建設；150 億是房貸放款（舉例來說，放款給 7 萬個加州家庭）；90 億美元是消費金融放款，例如信用卡、還有另外 10 億美元左右是其他類型的放款。

想像一下，很多建築貸款無法償還，因為開發商無法完成建築工作來賺取利潤，而是選擇破產，或者因為人們被解雇，信用卡的壞帳因而增加，在 1990 年，很多人都這樣想。你可以觀察到，在這些借款人中，只要有一小部分的人違約不還款，富國銀行的資本緩衝（equity buffer）就會用完。

1989 年的富國銀行，股價漲到 87.40 美元，因為公司財報提到放款業務快速成長，而且對於未來前景充滿信心；但是到了 1990 年第三季，隨著很多銀行的問題顯現出來，股價跌到 42.75 美元的低點。

加州銀行業的投資人才剛目睹德州的銀行業危機，有 349 家銀行因而倒閉。1970 年代末到 80 年代初的石油與天然氣價格與產量上漲，激勵銀行放款給自然資源公司、房地產開發商和家庭。到處都是高樓大廈，直到 1987 年，房地產供給明顯超過需求，例如在達拉斯、奧斯丁、休士頓和聖安東尼奧的商辦閒置率大約在 25% 到 30%。石油價格下跌，但是房地產還在繼續開發，一旦無法獲得現金，缺少資金的

建設公司和開發商就無法償還貸款。

1980 年代，新英格蘭也在強勁的經濟成長帶動下，住宅與商用房地產市場也繁榮發展。但是這樣的迅速發展，最終導致房地產建設過多與非理性的投機行為。到了 1980 年代末期，景氣轉為蕭條，導致數十家銀行倒閉。

看空銀行業的人正在尋找下一個會出現銀行業危機的地區，加州是最有可能發生的地方之一。1982 年至 1990 年 7 月間，加州的「雷根繁榮」（Reagan boom）尤其強烈，公司迅速增加、房地產價格和放款也快速成長；但是到 1980 年代末期利率上升，而且伊拉克入侵科威特導致油價上漲，並讓消費者信心降低，使得美國陷入衰退，加州受到的打擊尤其嚴重，因為航空與國防業大幅削減支出，商用建築業因為建設過多，衰退非常迅速。加州失業人數增加到 50 萬人，房地產價格下跌，洛杉磯商辦的閒置率增加到 18％。1990 年，富國銀行和其他銀行的股票被大規模放空。

巴菲特在 1990 年觀察到什麼？

巴菲特在 1989 年開始加碼富國銀行，但是到了 1990 年 10 月，波克夏的持股才大幅增加到可以宣布持有富國銀行 500 萬股，幾乎占普通股 10％，成為最大股東。

為什麼巴菲特的行動與群眾相反，要斥資 2.89 億美元買進在國內市場衰退的銀行？

在這項公告宣布幾個月後，波克夏 1990 年報裡致股東

的信上，巴菲特闡述一些想法，他說富國銀行是「一家管理優異、高報酬率的銀行業務」。然後他立刻強調投資這個產業的危險性──「銀行業不是我們的最愛。當資產是股東權益的 20 倍（在這個產業，這是很常見的數字），只要一小部分的資產出問題，大部分的股東權益就會虧掉。而且對許多大銀行而言，犯錯已經不是例外，而是常態。」

巴菲特在經濟衰退最嚴重的期間寫下這段話，但是他把失敗的責任歸咎於銀行經理，他們遵循「制度性強制力」（institutional imperative），盲目地模仿其他企業家的行為，即使那些行為很愚蠢。

在《金融時報銀行業指南》（*Financial Times Guide to Banking*）中，我警告讀者，不要認為銀行的放款決策是完全理性的，很多銀行業者似乎會跟著流行起舞，他們有個習慣，某一年急著投入某種類型的放款，舉例來說，房屋放款，之後這些放款價格變得太低，而且在那裡的曝險太多；然後到另一年，他們又轉向對某個產業放款，例如倉庫建築公司或農夫。巴菲特悲觀地做出結論，認為銀行業者「就像旅鼠一樣有追隨領導者的傾向，現在他們也必須經歷到像旅鼠一樣的命運。[1]」他指出，20 比 1 的槓桿率，會放大管理的優勢和劣勢，這意味著 1990 年大多數銀行即使看起來很便宜，都已經超出可接受的範圍，不該去碰；但富國銀行不同，其優勢是用試算表或資料庫無法看到的，而是在人員素質這個模糊的領域，「在富國銀行，我們認為我們有同業最

好的經理人——卡爾·雷查特（Carl Reichardt）和保羅·海森（Paul Hazen）[2]。」

在銀行界，巴菲特認為這兩個人就像是媒體界的「首都城市媒體公司／美國廣播公司」（Capital Cities/ABC）的托馬斯·墨菲（Thomas S. Murphy）和丹·伯克（Dan Burke）搭檔一樣優秀。這兩組人都具備三個特質——

1. 他們合作的成績，比分開單打獨鬥的成績加總來得更好，因為他們都互相理解、信任與敬佩對方。

2. 他們嚴格看待成本，舉例來說，除了絕對必要的人員，不會多雇用人，但是他們會給有才能的團隊成員很好的薪資。

3. 他們會留在自己的能力圈，並讓他們的能力、而不是他們的自我，去決定要去嘗試做什麼事。（IBM 的湯瑪斯·華生〔Thomas J. Watson, Sr.〕也遵循同樣的規則他說：「我不是天才，我在某些領域很明智，而我會留在這些領域[3]。」）

波克夏以近期稅後盈餘大約五倍的價格買進富國銀行 10％的股權。巴菲特對可能飽受衰退打擊、對此感到懷疑的股東強調，這家銀行的股東權益報酬率超過 20％，這意味著，在這樣優秀的經理人帶領下，一旦經濟衰退結束，這家銀行會再次取得這樣的報酬。

但是他想要讓波克夏的股東做好心理準備，了解好景

氣可能不會持續下去。他說，擁有一家銀行「並非沒有風險」，接著列出一家加州銀行可能要承受的風險，包括一場大地震會對借款人造成嚴重的損害；無論採用高槓桿操作的機構多麼明智的經營，都會受到經濟衰退或金融恐慌的嚴重危害；當然，「西岸的房地產價值會因為過度建設而暴跌，並給為了這類擴張提供資金的銀行帶來巨大損失。因為富國銀行是頂尖的房地產放款機構，因此被認為特別容易受到影響[4]。」

巴菲特認為，發生地震與異常嚴重的經濟衰退或恐慌的可能性很低，但是房地產價格暴跌的威脅很有可能會發生。這就會導致下一個問題：預期中的經濟衰退會對富國銀行的獲利和資產負債表產生多大的影響？

在巴菲特的回答中，他強調即使把富國銀行 3 億美元的放款損失納入考量，富國銀行的稅前獲利還是超過 10 億美元。他推斷，即使銀行 480 億美元的放款中有十分之一在 1991 年因為借款人拖欠還款而讓銀行陷入困境（只要提供借款人一些還款的寬限期，並提供一些協助），銀行最後的損失比例不會超過 30%，那大概就可以損益兩平（放款損失若是 48 億美元的 30%，相當於 14.4 億美元，而放款損失前獲利超過 13 億美元）。

巴菲特認為，這種情況「發生的可能性很低」，而且就算有一年那麼糟，也不會讓人擔憂。「實際上，波克夏很樂意收購某一年沒有產生報酬、但是之後預期會因為股本成長

而賺到 20％報酬的企業或投資計畫 [5]。

投資人應該希望股價上漲，還是股價下跌？

1990 年銀行股的下跌，清楚說明真正自律的價值投資人，應該採取的態度是「在股價下跌時會慶祝」。對於富國銀行，巴菲特提出：「我們對於這樣的下跌表示歡迎，因為這讓我們能以全新、令人恐慌的價格買進更多股票。」投資人，就是希望這一生持續買進投資標的的人，應該在股價便宜時買進股票，因此在股價下跌時，心情會很好，「許多人是相反的，在股價上漲時會毫無來由地變得欣喜若狂，而在股價下跌時覺得很不高興。」

你希望食物價格上漲嗎？

巴菲特提到，人們在談到食物的價格時，其實並不理性。他們知道這一生中會一直買食物，因此非常歡迎食物的價格下跌，不喜歡食物的價格上漲。

巴菲特在 1997 年的信中說得更具體，重點介紹他最喜歡的食物——漢堡。「如果你打算一生都吃漢堡，而且你不養牛，你會希望牛肉價格更高，還是更低？同樣的，如果你偶爾才會買一輛車，但你不是汽車製造商，你會比較喜歡汽車價格更高，還是更低？」

擁有一小部分的企業（所謂的股票），就會讓你有權利在未來幾年獲得那家企業一定比例的營收，因此你想以很便

宜的價格買下這些權利，「很多投資人都誤解這點，即使他們在未來幾年結算之後是股票的買家，他們還是會在股價上漲時歡欣鼓舞，股價下跌時感到沮喪。實際上，他們要很高興，因為他們即將要買的『漢堡』價格上漲了。」這種反應沒有任何意義，只有在不久的將來賣掉股票的人，才會對股票上漲感到高興，潛在的買家應該更喜歡股價下跌……所以，當你讀到「投資人隨著大盤下跌而虧損」的標題時，應該要微笑。在你的腦海中，要把這個標題編輯成「隨著市場下跌，撤資者會虧錢，但是投資人會獲利」。記者往往會忘記這種不言而喻的道理，只要有一個賣家，就會有一個買家；而只要一個人受害，就有另一個人得到幫助，就像高爾夫球場上有句話是這麼說的：「每個推桿都會讓某個人快樂[6]。」

低價是由於悲觀情緒所造成。有時恐懼會全面性的影響股價，有時只會影響特定公司或產業的股價。對於價值投資人來說，這是理想的時刻，在過度悲觀而壓低價格的情況下，就是買進具有良好長期前景、經營穩健的公司的好時候，「市場的樂觀情緒是理性買家的敵人[7]。」

大多數的時候，一家公司因為有充足理由才不受歡迎，而且「市場先生」的悲觀情緒完全是合理的。大多數的例子中，在悲觀的情緒浪潮下買進股票是不明智的。「我們需要的是思考，而不是民調。不幸的是，伯納德・羅素（Bertrand Russell）在生活中普遍觀察到的現象，在金融界有著不尋常

的力量，『大多數人寧願死，也不願意思考，很多人都是這樣[8]。』」

當其他人恐懼的時候要貪婪，這是正確的嗎？

這個問題可以分成兩個部分來回答。

首先，最近的實際情況，富國銀行是否不太可能在加州經濟衰退中遭到重大損失？第二，1990 年後的證據是否顯示經濟在衰退之後成功復甦？

先看看 1980 年代的富國銀行有多強。雷查特 1970 年加入富國銀行，在 1982 年 12 月成為富國銀行董事長兼執行長，因此我們可以從那時起追蹤他的表現。

雷查特在副董事長海森的大力協助下，在控制成本上建立當之無愧的聲譽。即使支出遠低於銀行業的正常水準，他也拒絕放寬標準。這個領域的一個關鍵指標是非利息支出，像是人力成本或財產成本占總營收的比例，營收是淨利息收益加上非利息收益，像是投資標的的管理費和銀行帳戶費。

經營管理上，富國銀行比美國銀行的平均水準還要嚴格（見圖 1.1 和圖 1.2）。[9] 1980 年代中後期，各銀行的平均支出往往保持在每一美元營收要付出 66 到 69 美分的營運成本；但在富國銀行，雷查特和海森設法把支出從 1983 年的每一美元營收花 70 美分的營運成本，降低到 1989 年只要 53.6 美分。

當營收以十億美元為單位時，節省一個百分點就能對獲

圖1.1 美國商業銀行 1985～1997 年的非利息支出占
總營收的比例[10]

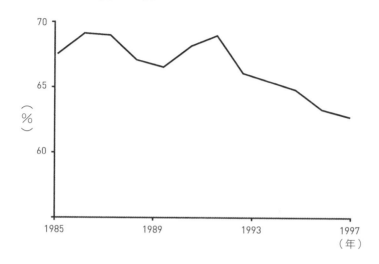

圖1.2 富國銀行 1983～1989 年非利息支出占總營收
的比例

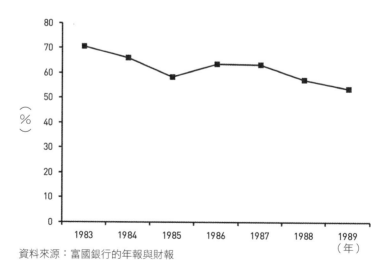

資料來源：富國銀行的年報與財報

圖 1.3　美國商業銀行業 1970 ～ 1997 年的平均股東權益報酬率與資產報酬率[11]

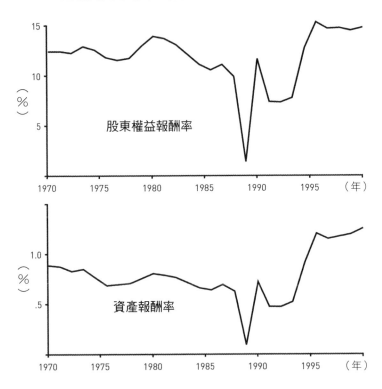

利產生巨大的影響。這反映在普通股股東權益報酬率和資產報酬率的數字上。1983 至 1989 年間，美國銀行業整體的股東權益報酬率除了 1987 年表現不佳以外，大概是 10％到 11％（見圖 1.3）。

　　富國銀行團隊在 1980 年代中期的股東權益報酬率則大約在 12.51％至 14.81％。接著，他們在 1980 年代的最後兩

圖1.4　富國銀行 1983 ～ 1989 年的股東權益報酬率

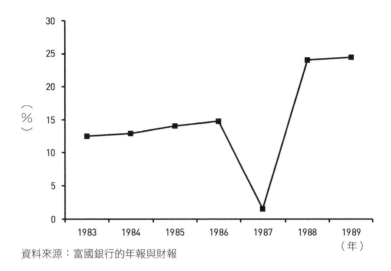

資料來源：富國銀行的年報與財報

圖1.5　富國銀行 1983 ～ 1989 年的資產（包括已核准的放款）報酬率

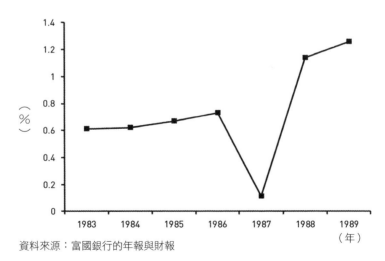

資料來源：富國銀行的年報與財報

圖1.6　美國商業銀行 1976 ～ 1997 年平均淨利差

（％）

4.2

3.8

1977　　1981　　1985　　1989　　1993　　1997（年）

資料來源：富國銀行的年報與財報

年將股東權益報酬率大幅調高為 23.99％與 24.49％，遠高於產業平均（見圖 1.4）。

　　富國銀行持有的所有貸款與其他權利是資產，總資產報酬率顯示出類似的獲利優勢（見圖 1.5）。在 1980 年代，商業銀行業的獲利大約是資產的 0.6％至 0.7％，富國銀行的資產報酬率則在 1988 年拉高到 1.14％，1989 年拉高到 1.26％。

　　我已經提過，衡量銀行效率的關鍵指標是銀行向借款人收取的平均利率，以及吸引存款必須支付的利率之間的差距，也就是淨利差。1983 至 1989 年間，商業銀行業的淨利差在 3.7％至 4％之間（見圖 1.6），富國銀行遠遠超過這些數字，在 1989 年有非常高的報酬，達到 5.11％。（見圖 1.7）

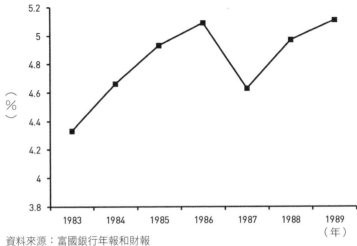

圖1.7 富國銀行 1983 ～ 1989 年的淨利差

（％）

資料來源：富國銀行年報和財報

　　靠高利差成功當然很好，但是如果銀行是透過放款給高風險的借款人來達成這樣超乎常態的利差，沒錯，就是向他們收取更高的利息，但是卻讓銀行有過高的曝險，那該怎麼辦？這樣的政策可以透過收取利息把錢帶進來，接著銀行會因為這些借款人違約而虧錢。

　　衡量放款決策風險的一個指標是銀行根據近期的經驗，預計借款人無法支付還款的比例，也就是放款備抵呆帳（loss provision）。圖 1.8 呈現美國商業銀行的平均水準，以及淨壞帳沖銷占未償還貸款的比例，這與備抵呆帳不同，因為這包括預期可回收的拖欠債務。

　　1980 年代中期，典型的商業銀行需要以 0.7％至 1％左

圖1.8　美國商業銀行 1980 ～ 1997 年平均放款備抵呆帳和淨壞帳沖銷占未償還貸款的比例 [13]

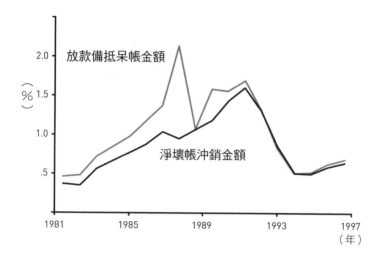

右的比例提列放款備抵呆帳，1987 年，這個數字上升到超過 2.1％的高峰，然後下降到 1.5％左右。把從違約者手中追回的款項納入考量之後，淨壞帳沖銷數字在 1980 年代並沒有達到這麼高的水準，都維持在放款的 1.1％以下。

1983 至 1989 年間，我們發現富國銀行考量的呆帳率與同業相似（見圖 1.9），除了 1987 年以外，那時富國銀行在銀行監理機關的壓力下，考量高達 2.42％的放款會轉為呆帳。但是考量從違約者手中追回的款項之後，淨壞帳沖銷率只有 0.73％。

因此，這裡沒有證據支持富國銀行的經理人正在承受異常高風險放款的理論。實際上，就像雷查特和海森在富國

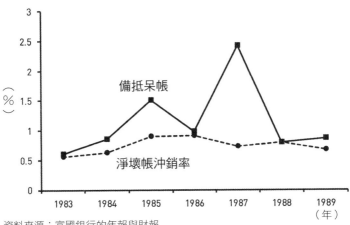

圖1.9　富國銀行 1983 ～ 1989 年的備抵呆帳與淨壞帳
　　　沖銷率占放款的比例

資料來源：富國銀行的年報與財報

銀行 1989 年的年報所寫的一段文字，兩位高階經理人已敏
銳地意識到需要謹慎放款，並為經濟衰退做好準備──「有
些加州人會深刻記住 1980 年代，那是經濟蓬勃發展、就業
增加、房地產價值飆升⋯⋯以及個人債務負擔日益沉重的時
期。沒有人能準確遇見，這會如何影響我們未來的經濟，也
無法想像 1990 年代會面臨哪些新挑戰。我們知道的只有這
十年可能會像過去十年一樣充滿挑戰和驚喜，而且我們最好
為此做好準備。在富國銀行⋯⋯我們在過去一年付出很大的
努力，準備應對新時代開始時可能帶來的經濟與競爭環境的
任何變化。我們已經設法調整我們的放款組合，我們相信如
果經濟陷入衰退，這樣做可以減少不愉快的意外事件發生的

可能性。」

　　他們精明的減少對開發中國家的放款，而且把資產從商業房地產，轉向經濟衰退時違約率低很多的房屋抵押貸款，他們在放款給支付更高利息的高槓桿公司時，會避免大量放款給同一個借款人。

　　除了這些圖表中顯示的經營效率數據之外，巴菲特和蒙格還觀察到，富國銀行自從雷查特和海森開始掌舵以來，獲利和每股盈餘幾乎變成四倍（見圖 1.10 與 1.11）。波克夏在 1989 年和 1990 年，以平均 57.89 美元的價格買進這家公司的股票，這意味著以 1989 年的盈餘計算，本益比只有 5.25 倍，股息殖利率是 5.7%。

　　1990 年，巴菲特和蒙格面臨的問題是，考量富國銀行這段獲利的歷史，有多大的獲利能力？是否會超過 6 億美元？如果是這樣，那麼市值不到 30 億美元實在很便宜。或者富國銀行只能在平和的 1980 年代那時表現出色，但是脆弱的公司會在 1990 年代初衰退？最好的情況是獲利減少，而且最壞的情況是徹底破產。

對富國銀行放空

　　當時有許多悲觀的公開聲明，譴責巴菲特和蒙格犯下很大的錯。畢竟，富國銀行的資產負債表中，股東權益只有 25 億美元，還不到放款給企業與農民 140 億美元貸款的五分之一，而且還有 40 億美元放款給房地產建設公司。舉

圖 1.10 富國銀行 1983 ～ 1989 年的稅後獲利

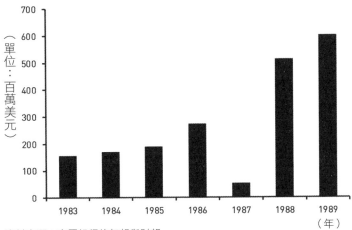

資料來源：富國銀行的年報與財報

圖 1.11 富國銀行 1983 ～ 1989 年的每股盈餘與每股股息

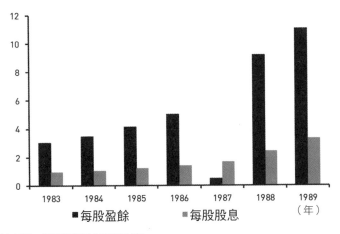

資料來源：富國銀行的年報與財報

例來說，如果這些借款人有四分之一無法償還債務，那該怎麼辦？這意味身為美國第十一大銀行的富國銀行，可能會消失。

是誰第一個看空的？1990 年 6 月，信評公司穆迪（Moody's）將富國銀行的優先債務評等從 A1 降至 Aa3，原因是擔憂不斷惡化的加州商業不動產市場，以及銀行高槓桿的資產負債表。

當時美國最引人注目的做手是費希巴赫兄弟（Feshbach brothers），他們的組織向金融機構借出陷入困境的公司股票，這樣他們就能賣出這些股票，然後以較低的價格把股票買回來，藉此賺錢。他們宣稱，富國銀行的放款組合比公司透露的情況還糟，他們駐達拉斯的合夥人湯姆·巴頓（Tom Barton）說：「如果加州房地產崩盤，也許不會讓這間銀行破產，但是這種情況可能非常嚴峻[14]。」當時富國銀行的股價是 50 美元，他預期跌到 20 美元以下。

培基證券（Prudential-Bache Securities）華爾街辦事處的喬治·塞勒姆（George M. Salem）也把富國銀行列為最脆弱的加州銀行，他說：「用加州人熟悉的事來類比，富國銀行好比是一棟建築物，可以抵抗芮氏規模 6 的金融地震，但是我們即將面臨芮氏規模 7 或 8 的地震……（富國銀行的股息發放）可能會迅速惡化[15]。」

添惠證券（Dean Witter）的理查·博福（Richard X. Bove）也有同樣的負面看法：「這檔股票已經急速走下坡，

因為富國銀行的放款數量龐大 [16]。」約翰・泰勒（John Taylor）在《富比世》雜誌上寫道：「富國銀行放款價值只要減少 10%，超過一半的股本就會消失殆盡 [17]。」加州資深房地產開發商威廉・蒂舍爾（G. William Tischer）估計，「1984 年以後建造的大多數商辦價值都比貸款的價值還低 [18]。」

雷查特的反應冷靜而堅定：「如果加州房地產的價值迅速消失，就會產生問題。但這種情況會發生嗎？我認為不會 [19]。」很顯然巴菲特和蒙格並不同意那些反對者的看法。事後來看，我們可以藉由觀察接下來幾年的獲利指標和效率指標，來判斷誰的推斷更接近事實。

富國銀行在經濟衰退期間的表現如何？

經營一家成功銀行的祕訣是，放款的利率要高於從存戶那裡獲取資金的成本，同時降低營運成本，和減少借款人違約造成的損失；要是還有大量的非利息收入，像是投資管理費用，也會有幫助。如果一切順利，銀行會產生很高的股東權益報酬率。

回顧富國銀行與第一州際銀行（First Interstate Bank）於 1996 年進行大規模合併之前的時期，第一個關鍵的觀察結果是，富國銀行的淨利差每年都超過 5%，有時甚至會更高，1995 年是 5.8%，即使在經濟衰退的 1992 年也有 5.7%。這與美國商業銀行在 1990 至 1995 年間平均的淨利差只有

4.2% 到 4.3% 相比，表現非常好。

　　因此，這是巴菲特和蒙格必須觀察到的第一個關鍵要素：大量資金以利息的形式從現金存款中放款出去。但是為了產生利息收入而必然會產生的銀行業務經營成本，也就是非利息費用，表現又是如何呢？

　　1991 年，這些數字確實跳升 18%（從 17 億美元跳升到 20 億美元），但是這主要是由於前一年收購了幾家加州銀行，包括聖地牙哥大美國銀行（The Great American Bank of San Diego，共 92 間分行、44 億美元的存款）、公民控股銀行（Citizens Holdings Bank，共 6 間分行，2.07 億美元的存款），以及其他四家合計有 28 間分行、15 億美元的存款的銀行。當然，這也讓日常開支增加，在這之後，支出緩慢成長，直到 1996 年每年成長大約 2%。

　　為了解支出對股東權益報酬率的影響，我們需要把支出與營收連結起來（見圖 1.12）。營收是由淨利息收入與非利息收入（例如手續費與佣金、服務費、信託與投資服務費、顧問服務費等等）所組成。

　　富國銀行的支出占營收的比例一直低於 60%，然後在 1995 年降至 54%，而其他同業的非利息支出達到大約 69% 的高峰，但並沒有降至 63% 以下。雷查特和海森的眼光聚焦在成本回報。富國銀行就算不是美國經營最有效率的銀行，也是效率最高的銀行之一。

　　營收與支出的差距很大是好事，但這並不保證會有高獲

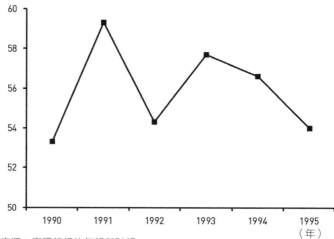

圖 1.12　富國銀行 1990 ～ 1995 年非利息支出占總營收的比例

資料來源：富國銀行的年報與財報

利。我們還需要知道是否會因為貸款減記（loan write-offs）或其他違約問題而損失大量的現金。在經濟衰退時期，備抵呆帳確實會增加，儘管董事會在 1990 年只撥出 3.1 億美元認列為備抵呆帳，但他們在 1991 年、1992 年和 1993 年分別認列 13.35 億美元、12.15 億美元與 5.5 億美元。1990 年的備抵呆帳占放款比例只有 0.6％，但在 1991 年和 1992 年已經超過 3％。

　　巴菲特對經濟衰退時的備抵呆帳預估幾乎是正確的。1990 年時，他推斷，即使富國銀行進入動盪時期，每十筆放款中就有一筆出問題（總放款金額有 480 億美元），而且

經過一些貸款寬限與貸款重組之後，大約有三分之一的問題放款最後會完全違約，那麼銀行大致上會達到損益兩平，違約損失總計大約 14.4 億美元，而且減去營運費用後，來自淨利息與非利息來源的收入，金額也大致相同。

我們可以從圖 1.13 看到結果。稅後獲利確實從 1990 年的 71.2 億美元，大幅降低到 1991 年的 2,100 萬美元，這是預期問題貸款會損失數十億美元的結果。但請注意，淨利息收入實際上是從 23 億美元增加到 25 億美元，而且非利息收入維持在 9 億美元。隨後，直到 1995 年，這兩種收入來源都穩定成長，而備抵呆帳在 1990 年代中下降到非常小的金額。因此，每股盈餘和股息的獲利大幅增加，合計突破 10 億美元。

就像圖 1.14 顯示，1995 年每股盈餘升至 20.37 美元，波克夏為這些股票平均每股付出 57.88 美元。

到了 1994 年，股東權益報酬率達到 1980 年代繁榮時期相似的水準，達到 22.4%（見圖 1.15）。1995 年，普通股的報酬率達到驚人的 29.7%，遠高於美國商業銀行 15% 的平均值（圖 1.3 所示）。實際上，富國銀行是當年獲利最高的美國大型銀行。

當然，富國銀行的股價因為財報的好數字上漲（見圖 1.16）。六年之內，股價變成四倍，在 1995 年觸及到 229 美元的高點，巴菲特和蒙格賭對了。而 1991 年費希巴赫兄弟在富國銀行的放空部位損失 5,000 萬美元，因為他們被迫

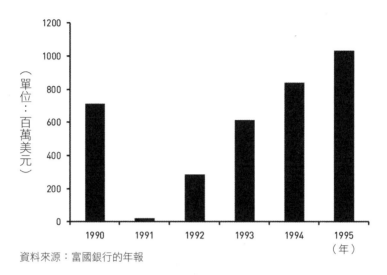

圖 1.13　富國銀行 1990 ～ 1995 年的稅後獲利

（單位：百萬美元）

資料來源：富國銀行的年報

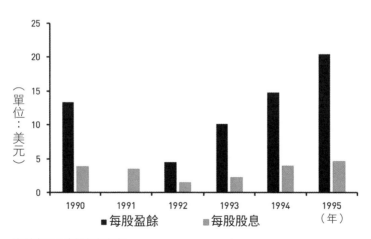

圖 1.14　富國銀行 1990 ～ 1995 年的每股盈餘與股息

（單位：美元）

■ 每股盈餘　　■ 每股股息

資料來源：富國銀行年報

圖1.15 富國銀行 1990 ～ 1995 年的股東權益報酬率

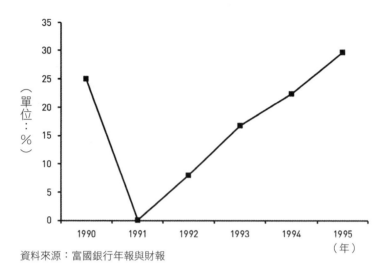

資料來源：富國銀行年報與財報

圖1.16 富國銀行 1990 ～ 1995 年年底的普通股股價

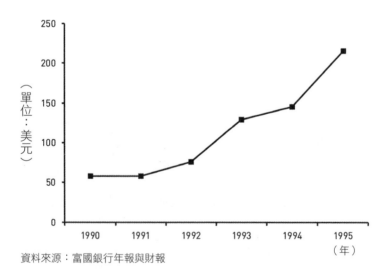

資料來源：富國銀行年報與財報

以高價回補放空的股票[20]。

管理銀行的基本原則

富國銀行在雷查特 12 年的領導下所遵循的經營理念，給我們提供一些線索，說明為什麼這家銀行可以抵禦 1990 至 1993 年加州的經濟衰退。雷查特在 1994 年年報對櫃檯人員到高階主管等每個員工闡述這個理念，接著在 63 歲辭去高階經理人的職務。[21] 新任執行長海森和董事長威廉·祖恩特（William Zuendt）很自豪自己在雷查特的領導下，幫助創建這個文化，因此他們以明顯的方式展現一些關鍵原則，他們認為在富國銀行工作的任何人，都可以輕鬆了解下面幾項原則。

把自己當成銀行老闆一樣經營

「我們的經理人會像業務部門的老闆一樣負責營運。老闆知道每一塊錢花在哪裡，他們知道自己的資本得到多少回報。他們為計畫的投資設定預期的報酬目標，因為他們用的是自己的錢。他們持有這家公司的股票，這產生出有紀律的決策和穩健的績效[22]。」

員工的薪酬設計是要用來鼓勵他們做出像老闆一樣的行為。舉例來說，高階經理人的薪酬會與公司給股東的報酬連動。高階主管被預期會持有公司大量的股份，因此他們會在景氣好時與股東一樣獲得很好的報酬，而在景氣差時一起分

擔損失。此外，也會透過好幾種員工認股計畫來鼓勵全部的
員工持有公司股票。有一半的員工參與這個計畫。

了解數字

「只是追蹤營收與支出數字是不夠的。經理人必須了解
公司業務的動態，包括在哪裡賺錢，以及在哪裡虧錢。他們
必須測試每個潛在交易或提案所含有的風險，以及可以獲得
的回報[23]。」

經理人要負責的是，股東權益運用報酬率（return on
the equity employed）應該要比同業標準還高。

了解客戶

「了解每個機構客戶，而且也盡可能多了解零售客戶，
這是我們業務的基本……在零售業務中，我們進行大量的行
為分析來了解我們的客戶。」

這項原則使銷售附加產品的能力得以增強。舉例來說，
提前評估客戶的信用，以便在客戶申請信用貸款，或鼓勵客
戶去考慮消費貸款時，已經預先得到批准。當客戶下次聯繫
銀行時，員工已經被鼓勵去提供很好的貸款報價。他們想要
藉著提供優異的客戶服務、一直尋找客戶往往從沒有想過可
以在銀行裡得到的新產品，創造差異化，顯現出與其他金融
服務公司的不同，「好的產品與交付產品的選項，吸引新客
戶到富國銀行，而優質的服務可以把他們留下來。」

培養優秀的人才

「我們尋找的人才不僅擁有相關的知識與技能，還要了解競爭環境，對自己的工作如何與公司搭配有清晰的遠景，然後還會正確地完成工作[24]。」

如果經理人證明自己有價值，就會被授予更多的權利與自主經營權。這意味著會為股東與客戶創造出優異的成果。創業思維與決策權下放被認為是很重要的事，「多年來，我們在培養這類經理人方面很成功，可以用後來轉職到其他金融公司擔任經理人的人數來衡量[25]。」

控制支出

「富國銀行以營運效率聞名。我們知道我們無法控制市場力量或利率，不過我們可以控制營運費用……這意味著不斷檢視我們的業務，而且從不再有合理報酬的業務中撤出，然後重新佈署資金，使我們低成本生產商的定位得以穩固。我們也知道，我們無法只仰賴低成本結構來維持公司過往的股東權益報酬率……我們必須讓客戶的收入成長，而且繼續成為產業中最有效率的公司之一[26]。」

蒙格在1991年的波克夏股東大會上講了一個故事：「富國銀行的一位經理想要幫辦公室買一棵聖誕樹，雷查特說沒問題，但是要用自己的錢。」蒙格接著說：「當我們聽到這個故事的時候，我們買了更多的股票[27]。」

雷查特的精神

雷查特認為自己是商人，不是銀行家，他跟巴菲特、蒙格一樣，認為衡量成功的關鍵標準是企業使用的股本都要獲得很高的報酬率。他對成長本身不感興趣，只對有可能得到很高的股東權益報酬率感興趣。他讓富國銀行專注在加州的業務，那裡的經理人可以在他們的能力圈內經營。他鼓吹要集中經營幾個核心事業，把普通的事情做到很出色，而且一直要壓低成本。

這些原則在波克夏入股之前已經建立，所以當巴菲特和蒙格聽到雷查特向員工灌輸這些簡單的構想和標準時，他們一定覺得很感動。

雷查特和海森建立的團隊贏得全美國最有效率銀行的聲譽，但這並不是固執己見、一昧削減成本那種追求效率的方式。富國銀行也是一家高度創新的銀行，快速接受提款機到電話銀行等新事物。

「雷查特留下來的是他建立強大的繼任團隊。」帝傑證券（Donaldson, Lufkin & Jenrette Securities）分析師湯瑪斯‧布朗（Thomas Brown）說道：「如果一家公司在沒有執行長時還可以運作如常，你就可以說這家公司經營得很好，這可以說是對這位執行長最大的讚美[28]。」

巴菲特在 1994 年的信中向這位執行長致敬，「雷查特……近年來遇到非常艱難的產業經營環境，但是身為經理人的技能，讓公司在這段期間以破紀錄的盈餘脫穎而出。

雷查特為離開這個職務做好準備，並把公司交給出色的人接手，我們對他表示感激。」

波克夏想要更多好東西

最初銀行業的規則是禁止波克夏收購富國銀行超過10%的股份，但是隨著這些規則放寬，加上強勁的基本業績數據，以及在經濟衰退過程中，放款損失得到控制，讓巴菲特安心買下更多股票。他開始觀察到美國其他地區正在復甦，而且知道加州過不了多久就會跟進，接著，隨著放款損失的情況幾乎消失，獲利開始飆升，而且活躍的消費者與企業向富國銀行購買愈來愈多的服務。

總而言之，在 1992 和 1993 年，波克夏又多買 180 萬股的富國銀行股票，價格則明顯比 1990 年購買的價格還高，但是這個價格仍然遠低於「市場先生」在三、四年後開出的價格（見表 1.1）。

富國銀行在 1994 年和 1995 年買回庫藏股，因為「這家公司產生的現金，已經超過我們將資金用在業務上的獲利，或透過具有經濟效益的併購所產生的現金[29]。」

在富國銀行的買回庫藏股計畫（以及波克夏沒有賣出任何股票）的幫助下，1995 年底波克夏的持股比例增加至14.5％。此時，波克夏買進這些股票的總成本是 4.24 億美元，這些股票在華爾街的市值則是 14.67 億美元。

兩年內銀行規模翻倍、再翻倍，富國銀行本來就是靠併

表 1.1 波克夏公司 1989 ～ 1995 年持有富國銀行的股票資料

年份	股數	波克夏對富國銀行的持股	成本	每股成本（收購當年）	年底的總市值
1989～90	買進 5,000,000 股	只占不到 10%	2.89 億美元	57.9 美元	2.89 億美元
1992	加碼 1,358,418 股，總計持有 6,358,418 股	11.5%	加碼成本 9,200 萬美元，總成本 3.81 億美元	67.7 美元	4.86 億美元
1993	加碼 432,800 股，總計持有 6,791,218 股	12.2%	加碼成本 4,300 萬美元，總成本 4.24 億美元	98.7 美元	8.79 億美元
1994	富國銀行買回大約 1/10 普通股的庫藏股，總計持有 6,791,218 股	13.3%	總成本 4.24 億美元		9.85 億美元
1995	富國銀行買回大約 1/10 普通股的庫藏股，總計持有 6,791,218 股	14.5%	總成本 4.24 億美元		14.67 億美元

購發展起來的，從 1852 年成立到 1990 年代中期，已經併購將近 500 家公司。這通常會獲得讓人印象深刻的經營綜效，而且能夠擴大與改善對顧客提供的服務。

接管第一州際銀行

1990 年代初，雷查特「公然表達渴望併購」總部在洛

杉磯的第一州際銀行。1994 年 2 月提出收購要求，但是遭到第一州際銀行董事的拒絕。雷查特繼續遊說，不過遺憾地說：「跳探戈需要兩個人，但是我們只有一個人在舞池[31]。」

富國銀行和第一州際銀行是規模相似、市值相當的銀行。富國銀行大約有 974 家分行、19,000 名員工，以及 510 億美元的資產；第一州際銀行則有 1,150 間分行、26,000 名員工與 580 億美元的資產。在加州，他們都面對一個強大的競爭對手，那就是美國銀行，這家銀行有 20％的存款市占率，富國銀行以 11％排名第二，第一州際銀行則以 6％排名第三。

兩家公司如果合併，可以讓富國銀行的經理人有機會在加州以外的地方複製高效率與創新的銀行業商業模式，因為第一州際銀行在西部 13 個州已經有分行，在加州有 405 間分行，在其他州則有 745 間分行。

但是這樣的吸引力也引起其他大型銀行的注意，1995年，大家都認為第一銀行（Banc One）、國家銀行（NationsBank）和西北銀行（Norwest）對第一州際銀行很感興趣，這意味著富國銀行需要提供很有吸引力的報價。1995年夏天，當時擔任執行長的海森向對手第一州際銀行的威廉·希亞特（William Siart）提出平等合併的構想。他希望用友好的合併來吸引高階團隊和他們的主人，也就是第一州際銀行的股東，讓所有人都能分享收益。

而巴菲特意識到敵意併購帶來的痛苦、怨恨與更高的風險，因此傾向提出雙方都能接受的報價。他就雙方的併購談判提供建議。實際上，他對第一州際銀行進行詳細的分析，得出的結論是，兩家銀行雖然以個別來看的市值相近，不過合併起來會得到更多收益。

　　希亞特對這個提議很感興趣，但是希望合併可以延後幾年，以便他的銀行近期在新技術與行銷方面的投資效益能夠反應在股價上。

　　隨著時序從夏季進入到秋季，富國銀行的董事們變得很沒耐心，10月，在巴菲特報告情況的同時，富國銀行的董事發起一個併購提案，要以 0.625 股的富國銀行股票，換取 1 股的第一州際銀行股票，併購目標的市值估計高達 101.7 億美元，這是相當於資產淨值 2.8 倍的高價。巴菲特遵循的做法是相信旗下重要的經理人會讓公司的事業成長，無論這種成長是自然成長，還是透過併購來成長。因此，儘管他對於這種激進的出價抱持懷疑的態度，但他並沒有否決這個提案。

　　一般來說，當市場得知一項收購提案時，做出的反應是併購目標的公司股價上漲，發動併購的公司股價下跌。分析師擔心，提議併購的公司因為傲慢與亢奮，會提出過高的收購價格。

　　但是當富國銀行宣布要併購第一州際銀行後，發生一件引人注目的事情，那就是兩檔股票都上漲。第一州際銀行上

漲 32％，富國銀行則上漲 8％。儘管併購的報價很高，市場卻認為，兩間銀行合併之後會節省成本，並增加客戶服務量，使股東在未來可以從這間美國第八大銀行中獲得更高的收益。

富國銀行的董事們談到，藉由削減加州重疊的業務、富國銀行的分行與第一州際銀行鄰近州的分行之間進行資源共享，可以在 18 個月內讓每年節省大約 8 億美元的成本。他們還提到，富國銀行「與第一州際銀行相比，經營特許經營權的業務效率更高」[32]，還可以達到一系列的規模經濟效應。

週二晚上，海森打電話給希亞特，解釋這個不受歡迎的舉措，讓他措手不及。隔天，希亞特發表一篇簡短的聲明：「我對富國銀行採取這個不請自來的舉動深感失望。」儘管如此，他表示第一州際銀行的董事會會考慮「與其他併購邀約」一起競標。希亞特希望在富國銀行與競爭對手的競標下，能夠提高併購價格。

但實際情況並非如此。其他銀行的報價水準比不上富國銀行的提議。「富國銀行有最大的綜效，因此他們出高價是合理的，」持有 140 萬股第一州際銀行股票的麥凱希爾德金融公司（MacKay-Shields Financial Corporation）董事長丹尼斯・拉普萊格（Denis Laplaige）說道：「其他銀行可能沒有提出一樣好的數字，但是他們也許會認為這是最後進入加州市場的機會，而且確實是如此 [33]。」

第一州際銀行的大股東急切想要接受這個提案，而不是等待更好的報價，因此，雙方在 1996 年 1 月達成協議，並在 4 月完成併購。因為全以換股的方式併購，所以富國銀行的股價上漲，最後實際支付的金額是 113 億美元。富國銀行需要發行很多新股，讓第一州際銀行的前股東最終得到合併後的富國銀行 52％的股權。

兩間銀行的整合迅速進行，這間整合的銀行決定把所有分行轉換成富國銀行的系統架構，裁減 8,900 名員工，更改超過 1,000 家第一州際銀行據點的招牌，並訓練第一州際銀行的員工熟悉富國銀行的流程，這些事情全都要在一年內完成。

監理機關要求裁撤在加州的 61 間分行，因為富國銀行在那裡的市場力量太強。這家公司在三個州（阿拉斯加州、蒙大拿州和懷俄明州）的規模較小，因此撤出這些州，另外在 10 個州保留大量的業務，包括德州。

客戶可以從州際銀行中受惠，像是能夠在許多州使用存款帳戶，他們可以使用 4,300 台自動櫃員機，而第一州際銀行的顧客則可以使用 24 小時不間斷的電話銀行服務，還有一個更好的網站。

只是一切並非一帆風順，在客戶服務上有些失敗的做法廣為人知。「合併後一開始的幾個月發生許多隨機、但很重大的電信與系統問題，給我們的消金與企金客戶帶來很大的服務問題與不方便。系統速度緩慢、電話服務中心塞爆、

客戶帳戶出錯，以及分行大排長龍，都讓我們的客戶感到困擾，（並）給員工帶來很大的負擔[34]。」海森告訴《商業週刊》[35]，合併出現種種問題，這意味著對他而言 1996 年並不愉快。

因為合併相關的成本（場地、遣散費等）超過 7 億美元，還有業務中斷造成的損失，導致每股盈餘從 1995 年的 20.37 美元，減少到 1997 年的 12.77 美元。儘管有這些小問題，華爾街還是對這個長期策略給予肯定，股價從 1995 年 12 月的 229 美元，上漲到 1997 年年底的 339 美元。

巴菲特在兩家銀行整合期間也沒有閒著，他在 1996 年利用股價下跌時加碼 500,200 股，平均價格是 147.90 美元，股價在那年稍晚則上漲到 290 美元。

隨著 1990 年代末期多頭市場加速發展，巴菲特在 1997 年賣出波克夏持有的富國銀行 8.2% 的股份，賣出的價格幾乎是前一年股價的兩倍，見表 1.2。

合併西北銀行

在加州淘金熱期間，兩位企業家亨利・威爾斯（Henry Wells）和威廉・法高（William G. Fargo）開創交叉銷售的做法。他們創立公共馬車交通公司，但並不滿足於此，他們也想要滿足客戶對銀行業務的需求，並提供重要物品的安全保管業務，然後，他們開始發展客戶的物流與郵寄事業。

1998 年，這家銀行同樣渴望提供更廣泛的服務，身為

表1.2 波克夏公司 1996 ～ 1997 年持有的富國銀行股票

年份	股數	波克夏對富國銀行的持股	成本	每股成本（收購當年）	年底的總市值
1996	加碼 500,200 股，總持股 7,291,418 股	8.0%（富國銀行發行 520 萬股的股票給第一州際銀行股東，也買回 8%的庫藏股）	加碼成本 7,400 萬美元，總成本 4.98 億美元	147.9 美元	19.67 億美元
1997	賣出 601,200 股，總持股 6,690,218 股	7.8%（富國銀行買回大約 6%的庫藏股）	收回的現金 1.48 億～ 2.04 億美元之間，剩餘富國銀行股票的成本 4.13 億美元	賣出價格在每股 246 ～ 339 美元之間	22.71 億美元

一家金融服務公司，不該僅僅是一家銀行。這家銀行的董事們認為，每個家庭從富國銀行獲得 3.2 種產品，在這些人消費的金融服務業務中，只占四分之一，「這意味著我們的客戶每天都把四分之三的業務交給競爭對手，這就是機會[36]。」

富國銀行的服務從零售銀行和商業銀行，到投資、保險和消費金融，這種多樣性帶來營收機會與盈餘多樣性，在經濟衰退時提供彈性。

還有一家銀行甚至比富國銀行更擅長交叉銷售金融業

務，那就是總部在明尼阿波利斯的西北銀行，這家銀行在密西西比河以西的整個地區都有分行，而且被《財星》雜誌評選為全美最好的客戶服務公司。它建立先進的系統來追蹤銷售與客戶的獲利能力，利用技術來提供個人化服務，使每戶家庭銷售的產品在 1990 年代成長一倍。

在理查‧科瓦契維奇（Richard M. Kovacevich）的帶領下，西北銀行自然成長，而且併購從蒙大拿州、印第安那州到德克薩斯州等 16 家橫跨西部與中西部州的銀行。科瓦契維奇推動與客戶建立關係的銀行業務，專注在小型零售客戶與小企業。這為銷售更廣泛的服務奠定基礎，這些服務包括房貸、汽車貸款，到共同基金與保險。

與當時銀行業流行的做法相反，西北銀行把投資用在建立廣泛的分行網絡，配置訓練有素的銀行業務員和櫃檯人員，只是為了維繫與客戶的關係。這是另一種違背常理的方式：它沒有野心去發展投資銀行業務，這符合富國銀行的態度。

西北銀行已經是美國第十一大銀行，規模與富國銀行大致相同，合併的潛在綜效顯而易見，包括可以節省成本、增加交叉銷售的機會，而且有個好處是可以在快速成長的州有更多樣化的收入來源。這次合併使他們在 21 個有經營據點的州中，大多數的銀行存款份額都排名第一、第二或第三。

富國銀行在效率上享有聲譽，例如，只用 54.6 美分的

成本就可以賺到 1 美元的營收。西北銀行也不是省油的燈，它只用 63 美分的成本賺到 1 美元。為了改善合併後集團的效率，富國銀行在所有分行傳達「向老闆一樣的經營」與「了解數字」的文化。

富國銀行也帶來擁有 147 年的卓越品牌，這個名字和公共馬車是世界上最廣為人知的兩個品牌，在美國西部，在消費者心中的知名度接近可口可樂，「對於全國性的金融服務公司和全球性的零售商……或是軟性飲料而言，品牌都是不可或缺的。」

富國銀行在銀行業務上的科技應用也領先西北銀行（每個星期有 25 萬筆網路交易，在 1998 年而言很多），而且這項優勢可以推廣到讓西北銀行的客戶有好處。

簡而言之，兩家銀行的合併會在西部和中西部創造出首屈一指的銀行業務。

平等的合併

在 1998 年 11 月的交易中，以技術上來說是西北銀行收購富國銀行。它以 10 股換取 1 股富國銀行的普通股股票。但是集團名稱很快就改為富國銀行公司（Wells Fargo & Company），而且總部也遷到舊金山。舊富國銀行的股東擁有 52.5％的股權，保羅・海森擔任董事長，科瓦契維奇擔任總裁兼執行長。

2000 年，59 歲的海森在確定合併流程全部走完之後，

就不再擔任高階主管的職務。他後來說，他待在這間合併的銀行 26 個月，藉此象徵雙方平等，也確保舊富國銀行的人認為自己是被需要的。後來他擔任 Accel-KKR 的董事長，這是一家在帕羅奧圖的創投公司。

富國銀行立即成為美國銀行業的巨頭之一，成為美國第三大商業銀行，為美國 7.7% 的房貸提供資金，並在小型企業與農業放款、學生貸款和銀行代理的保險業務中排名第一，總共有 6,000 家分行。

那個時期的年報強調的內容像是──只有 25% 的客戶擁有西北銀行或富國銀行的信用卡。董事們宣稱：「我們預計每年會對每位客戶銷售至少一款新產品。」成長的基礎很龐大，這間銀行總共有 1,500 萬名客戶、2,020 億美元的資產，以及 660 億美元的市值。

富國銀行的股價走勢圖（見圖 1.17）說明這次的合併很成功，股價在八年內變成兩倍。（2006 年公司進行股票分割，將一股分割成兩股，因此 1999 年至 2006 年的股價實際上是圖中標示價格的兩倍。）

波克夏賣出股票

1997 年至 2001 年的股市泡沫期間與之後，巴菲特賣出將近 2,000 萬股的富國銀行股票，收回的資金在 6 億美元至 8 億美元之間。但是波克夏保留 5,300 萬股的股票，價值 23 億美元。已經出售的股票與還在持有的股票買進成本總計是

圖 1.17　富國銀行 1999 年至 2021 年的股價

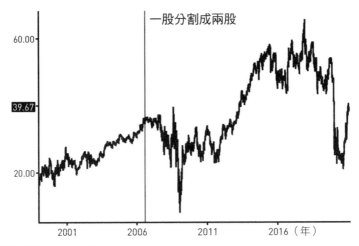

資料來源：www.advfn.com

4.98 億美元，從中我們可以得出結論，對波克夏而言，即使我們不考慮每年得到的股利，在這短短的十幾年中，這還是一筆非常成功的投資。

波克夏的第二階段收購

　　觀察網路泡沫破滅到 2013 年這整段期間，我們發現這十幾年遠不如波克夏與富國銀行合作的前一個十年來得幸運。雖然 20 世紀的頭幾年經濟繁榮，但 2007 至 2009 年銀行業危機導致富國銀行的股價暴跌，市值跌掉四分之三。股價回升之路坎坷而緩慢，到了 2013 年，股價只比 2001 年高出 20%左右。

表1.3 波克夏公司 1997 ～ 2001 年對富國銀行的投資

年份	股數	波克夏對富國銀行的持股	成本	每股成本（收購當年）	年底的總市值
1997	買進 601,200 股，總持股 6,690,218 股	7.8%（富國銀行買回大約 6% 的庫藏股）	收回的現金在 1.48 億～2.04 億美元之間，剩餘的富國銀行股票成本 4.13 億美元	246 ～ 339 美元之間賣出	22.71 億美元
1998	賣出 330,700 股舊股票（相當於賣出 3,307,000 股新股票），分割後總持股 63,595,180 股	西北銀行進行一次反向收購，富國銀行股東最後持有 52.5%股權，此外對富國銀行而言，相當於以 10:1 進行股票分割	收回的現金 9,100 萬～1.45 億美元之間，剩餘的富國銀行股票成本 3.92 億美元	舊股票的價格在 275 ～ 439 美元之間賣出，相當於新股票價格 27.50 至 43.88 美元之間	25.4 億美元
1999	賣出 4,460,000 股，總持股 59,136,680 股	3.6%	收回的現金 1.43 億～2.23 億美元之間，剩餘的富國銀行股票成本 3.49 億美元	32.13 ～ 49.94 美元之間賣出	23.91 億美元
2000	賣出 4,070,000 股，總持股 55,071,380 股	3.2%	收回的現金 1.26 億～2.29 億美元之間，剩餘的富國銀行股票成本 3.19 億美元	31 ～ 53.38 美元之間賣出	30.67 億美元

（接下頁）

年份	股數	波克夏對富國銀行的持股	成本	每股成本（收購當年）	年底的總市值
2001	賣出 1,806,000 股，總持股 53,265,080 股		收回的現金 6,900 ～ 9,900 萬美元之間，剩餘的富國銀行股票成本 3.06 億美元	38.25 ～ 54.81 美元之間賣出	23.15 億美元

　　在這十多年動盪的歲月裡，巴菲特一次又一次地回到市場買進富國銀行的股票，請見表 1.4。這次買進的規模比第一階段大很多，總共花了 124 億美元。2007 年以平均價格 34.96 美元大手筆買進 8,500 萬股，而且在 2012 年以平均價格 32.40 美元買進 5,620 萬股。

　　顯然巴菲特信任科瓦契維奇，他在 2005 年《致股東信》中寫道：「我們大幅加碼富國銀行的股票，科瓦契維奇經營這家公司非常出色。」

　　到了 2015 年，股價上漲到超過 55 美元，開始證實第二階段的收購是明智的決策，儘管這檔股票的上漲速度非常緩慢。更棒的是，這家銀行在 2015 年春天被專業基金經理人評選為《霸榮週刊》（*Barron's*）最受尊敬的公司第七位，這更加證明這個決策是明智的。

　　富國銀行的聲勢看漲，在 2015 年富國銀行的年報中，再次提到公司的願景與價值觀——「我們藉由一些簡單的原

表1.4 波克夏公司 2003 ～ 2015 年對富國銀行的投資

年份	股數	波克夏對富國銀行的持股	成本	每股成本（收購當年）	年底的總市值
2003	買進 3,180,000 股，總持股 56,448,380 股	3.3%	加碼成本 1.57 億美元，總成本 4.63 億美元	49.4 美元	33.24 億美元
2005	買進 38,640,000 股，總持股 95,092,200 股	5.7%	加碼成本 22.91 億美元，總成本 27.54 億美元	59.3 美元	59.75 億美元
2006	富國銀行以 2:1 進行股票分割，波克夏買進 27,980,000 股，總持股 218,169,300 股	6.5%	加碼成本 9.43 億美元，總成本 36.97 億美元	33.7 美元	77.58 億美元
2007	買進 85,240,000 股，總持股 303,407,068 股	9.2%	加碼成本 29.8 億美元，總成本 66.77 億美元	34.96 美元	91.6 億美元
2008	買進 985,000 股，總持股 304,392,068 股	7.2%（富國銀行發行大約 10 億股，部分是用來提供與美聯銀行合併的資金）	加碼成本 2500 萬美元，總成本 67.02 億美元	25.38 美元	89.73 億美元
2009	買進 29,800,000 股，總持股 334,235,585 股	6.5%	加碼成本 6.92 億美元，總成本 73.94 億美元	23.22 美元	90.21 億美元
2010	買進 24,700,000 股，總持股 358,936,125 股	6.8%	加碼成本 6.21 億美元，總成本 80.15 億美元	25.14 美元	111.23 億美元

（接下頁）

年份	股數	波克夏對富國銀行的持股	成本	每股成本（收購當年）	年底的總市值
2011	買進 41,100,000 股，總持股 400,015,828 股	7.6%	加碼成本 10.71 億美元，總成本 90.86 億美元	26.06 美元	110.24 億美元
2012	買進 56,200,000 股，總持股 456,170,061 股	8.7%	加碼成本 18.2 億美元，總成本 109.06 億美元	32.4 美元	155.92 億美元
2013	買進 27,300,000 股，總持股 483,470,853 股	9.2%	加碼成本 9.65 億美元，總成本 118.71 億美元	35.3 美元	219.5 億美元
2015	買進 16,500,000 股，總持股 500,000,000 股	9.8%	加碼成本 8.59 億美元，總成本 127.3 億美元	52.06 美元	271.8 億美元

則，致力使每一種關係，無論是新關係，還是舊觀係，都能變成持久的關係。我們把客戶放在第一位，並把他們視為我們尊貴的客戶。我們致力讓客戶滿意與財務成功，而且讓他們取得最大利益。簡而言之，我們與客戶站在一起。」隨後卻爆發醜聞。

醜聞

正如我們的討論，富國銀行和西北銀行知名的做法是向客戶銷售額外的服務。在 1990 年代他們遵循嚴格的道德標準，真正為客戶做正確的事，因而建立起這樣的聲譽。但是到了 2002 年以後的某個時期卻出現嚴重的問題，高階主管

設置一些誘因機制，鼓勵第一線員工快速進行交叉銷售，只要顧客簽約接受額外的金融服務，就可以得到獎金。

數千位員工發現一種更簡單得到獎金的方法，他們不用實際和客戶談話，就可以取得客戶同意開設新帳戶，方法就是只要創造完全造假的帳戶就好，這通常是透過偽造簽名來達成目的。他們還把客戶的資金轉帳進未經授權的帳戶，並更改聯絡方式，以便在客戶不知情的情況下開戶。在房貸和汽車貸款業中，也有對客戶不公平的條款。

這些員工後來說，他們受到總部的巨大壓力，要求他們每天都要達到交叉銷售的目標；如果他們有一天沒有達到目標，沒達到的部分就會被加到第二天的目標。這家公司最後承認，有 350 萬個帳戶造假。顯然這種文化已經出問題，已經有廣泛濫用的情況出現。

然而，對員工的過分要求，卻被董事們表面上的好聽話所掩蓋。早在 2016 年 2 月，巴菲特在寫 2015 年致股東信的時候，他就表達對富國銀行管理階層有很大的信心。他在信中寫道，他的四項主要投資，包括美國運通、可口可樂、IBM 和富國銀行，「擁有出色的業務，而且由充滿才華、並以股東利益為導向的經理人來經營。」

過不了多久，全美國都質疑富國銀行的經理人是否「充滿才華」。這項醜聞曝光讓監理機關很震驚，因此在 2016 年 9 月處以 1 億 8,500 萬美元的罰款。對富國銀行而言，更糟的是，富國銀行被限制把總資產維持在 2016 年的水

準，也就是最多只能持有 1.95 兆美元的總資產。這意味著在主要的競爭對手以每年 4% 至 5% 的速度在增加資產的同時，富國銀行的資產停止成長了，這個限制後來持續到 2020 年代。

隨著監理機關調查出愈來愈多不當的行為，富國銀行也被處以罰款，截至寫作的當下，罰款總計大約 60 億美元，有超過 5,300 名員工（總員工有 26 萬人）被解雇，董事長史蒂芬・桑格（Stephen Sanger）覺得有必要在 2016 年的年報中很丟臉的向股東坦承：「我和董事會成員深感不安的是，富國銀行違反客戶的信任，在某些零售銀行客戶沒有要求、甚至有時候還不知情的情況下，為他們開設帳戶。我們已經積極採取行動要去根除這些行為，並賠償因為這些行為受害的客戶。我們意識到，這些事件表明富國銀行的文化、管理體系和高階領導階層需要有根本性的改變。」

從 2007 年開始擔任執行長的約翰・史坦普夫（John Stumpf）在 2016 年 10 月 12 日辭職。在兩個星期前，參議員伊莉莎白・華倫（Elizabeth Warren）在美國參議院的調查中對史坦普夫提出以下的譴責聲明，可能是促成這項決定的因素，「你知道，這才是讓我真正注意的地方，史坦普夫先生。如果你的銀行櫃檯人員從放現金的抽屜裡拿出一把 20 美元的鈔票，他們可能會因為竊盜罪而受到刑法起訴，他們最後可能會坐牢。但你把你的員工壓榨到極限，導致他們欺騙客戶，你就可以拉高股價，把數億美元裝進自己的口袋。

而且在這件事情被爆出來的時候，你保住工作，留住數百萬美元的獎金，還在電視上指責數千位時薪只有 12 美元的員工，這些員工只是為了達到交叉銷售的目標配額來讓你致富。這件事跟問責有關，你應該要辭職，你應該歸還這次詐騙過程中拿走的錢，而且應該受到司法部和證券交易委員會的刑事調查[39]。」

巴菲特在 11 月表示，史坦普夫是「非常正派的人」，但犯了一個「天大的錯誤」，這是一個愚蠢的激勵制度。當他們發現這個制度很愚蠢時，他們沒有採取任何行動[40]。

巴菲特並沒有跟史坦普夫說他必須離開，而是選擇一個強硬、但相對保守的措辭：「約翰，我認為你不明白這件事的嚴重性[41]。」巴菲特自己無法決定應該要離開還是留下來，因為波克夏自稱是這家銀行的被動投資人，而且銀行監理機關正在關注他，確保他不會對這家銀行施加不當的影響。

當巴菲特被問到，在他投資的公司中，公司文化的重要性時，他說這是很重要的因素，以富國銀行為例：「不去修正問題的作為會影響文化……這種文化很好，而且激勵制度會使人們腐化。如果你把一家大公司的零用金放在每天進出公司的門口附近，而且你懶得買保險箱或其他保護現金安全的東西，有些本來表現很好的人，就會受到這種誘惑影響。而且當其他人看到那些受到誘惑的人時，他們也會跟著受到誘惑。文化會改變，而且你可以影響這種文化，這就是他們

要安裝收銀機的原因。每當你發現任何跡象顯示有政策會導致不良行為時，請迅速採取行動[42]。」

巴菲特引用蒙格最喜歡的話：「一分的預防不只勝於十分的治療，還是價值一百分的治療。」你在商業（和投資）上會犯錯，最好要處理他們。他豪爽地承認有很多錯誤都是自己犯下的，「這是工作的一部分」。

史坦普夫辭職後，巴菲特在與營運長提姆・史隆（Tim Sloan）共進午餐之後，公開批准他升任執行長。不幸的是，在國會與監理機關的壓力下，史隆在這個位置上只做了兩年半，只因為他是在這間銀行工作 25 年的資深員工。

長期漏水的船隻

如何處理管理階層犯錯的投資標的？

2018 年我在奧馬哈參加波克夏的股東會時，有個股東提醒巴菲特和蒙格他們一項由來已久的原則：「如果你發現自己身處在一艘長期漏水的船隻裡，那麼把力氣投入在換艘船隻，可能比把力氣投入在修理漏水更有生產力。」在這種情況下，巴菲特和蒙格被問到富國銀行的情況，提問的人一針見血地問道：「如果富國銀行是一艘長期漏水的船，那麼漏水到什麼程度才會讓波克夏考慮更換船隻？」

巴菲特坦承，富國銀行對員工採取錯誤的激勵措施，結果出現一些瘋狂的行為，像是開不存在的戶頭，「在波克夏，這是不可容忍的錯誤。」他提到，波克夏有 377,000 名

員工，他不會預期每個人都像富蘭克林一樣行事，所以公司必須提供適當的獎勵措施，找出問題，並採取補救措施。

但是巴菲特拒絕在出現管理問題時就要賣出股票的想法，他說，他們最大的兩項投資都是在負責人犯了類似錯誤之後才去投資的。

「我們買進美國運通的股票，這是我在合夥公司那段時間做得最好的投資，我們在 1964 年買進美國運通的股票，因為有人在一個被稱為美國運通倉儲公司（American Express Field Warehousing Company）的公司受到誘惑而犯錯。我們在 1976 年買進大量的蓋可公司股票，因為有人受到激勵，要去滿足華爾街對獲利和成長的預期，而且他們並沒有專注在維持適當的準備金。這給 1964 年的美國運通帶來很大的痛苦，也給 1976 年的蓋可公司帶來很大的痛苦。這導致大規模的裁員，以及各類事情。但是他們還是徹底整頓好了⋯⋯看看美國運通到現在的表現有多好。」

「看蓋可公司到現在的表現有多好⋯⋯在 1970 年代初⋯⋯蓋可公司對新客戶收取不合理的低保費，因為他們認為自己受到的損失會比實際受到的損失還少。而且我確信其中有些做法是為了取悅華爾街，或只是因為他們不想要面對事實。但後來蓋可公司變得多麼強大。你已經知道，美國現在有 13％的家庭都有保險。而且蓋可公司更關注準備金，以及會影響準備金的一些事情，這些事情會導致他們陷入幾乎破產的困境。」巴菲特宣稱，他認為富國銀行不論從投資

的角度，還是道德的角度來看，都沒有理由會比相互競爭的其他大銀行遜色。他還提到很欽佩經理人史隆，以及他糾正其他人犯錯的方法，「在我看來，沒有理由認為富國銀行在未來不會是一家非常非常龐大、而且經營良好的銀行，儘管在歷史上發生這個原本不希望會出現的插曲。」

蒙格補充說，與這些漏洞沒有被發現相比，富國銀行的未來會變得更為強大，「但是我認為哈維·溫斯坦（Harvey Weinstein）也做了很多改善行為的工作，」接著說，「這顯然是個錯誤，而且他們敏銳的意識到這點，而且非常不好意思，他們不想要再發生這種事情。你知道的，如果一定要我說哪家銀行在未來很有可能表現最好，那可能是富國銀行。」

但是股東會上坐在我旁邊的加州股東抱持著懷疑的態度，他把身體靠過來，一針見血地告訴我，富國銀行的董事會成員並沒有改變。

直到 2019 年 10 月，查理·沙夫（Charlie Scharf）接任所謂「銀行業最糟糕的一份工作」（這只是當時華爾街的一種揶揄），也就是這家銀行的執行長，情況終於有了改變。他是一個擁有東岸銀行業背景的新人，以敏銳的分析技巧與「把事情做好」聞名，而且是一個安靜的領導人，在尋找不加掩飾的真相時會多聽少說。

被問到法遵、效率與數位化哪個是優先考慮的問題時，沙夫說這些全都是優先考慮的問題，一起解決這些問題是一

種「良性循環」。但是恢復在客戶眼中的信譽，並讓監理機關相信這家銀行已經消除激進的銷售文化，還需要一些時間。

他迅速引進外部人來擔任高階管理職務。或許這是一項必要的行動，但這會讓 1980 年代和 1990 年代的雷查特和海森團隊感到震驚，雷查特和海森團隊很自豪自己可以培養出銀行業最優秀的經理人。

當這個醜聞變成突發新聞時，巴菲特沒有賣出任何股票，但是隨著 2016 年股價下跌，他也沒有加碼。然而在接下來的四年裡，他賣出價值 140 億至 170 億美元的股票，占波克夏持股的一大部分（見表 1.5，注：只是透過銷售而收回的確切金額並沒有公開，但我們知道大概的數量與粗略的市價）。到了 2021 年，富國銀行的投資只剩下 15.6 億美元。

這不是巴菲特最好的投資之一

波克夏對富國銀行第二階段的投資是從 2003 年開始，績效很差，雖然實際上沒有虧錢，但是用 124 億美元買下的股票，在投資 18 年的期間就算把股息算進來，還是沒有翻倍成長，對波克夏而言，考量這 18 年這筆投資占用如此多的資金，機會成本非常大。

顯然巴菲特對富國銀行失去信心，一個複雜的原因可能是他給的建議被忽略了。2019 年春天，他公開呼籲新任執行長要由沒有在投資銀行工作過的人擔任，「他們只需要來

表 1.4　波克夏公司 2017 ～ 2020 年對富國銀行的投資

年份	股數	波克夏對富國銀行的持股	成本	每股成本（收購當年）	年底的總市值
2017	賣出 1,746 萬股，總持股 482,544,468 股	9.9%	收回的現金 8.9 億～ 10.3 億美元之間，剩餘富國銀行票的成本 118.37 億美元	51 ～ 59 美元	292.67 億美元
2018	賣出 3,320 萬股，總持股 449,349,102 股	9.8%	收回的現金 16.93 億～ 21.58 億美元之間，剩餘富國銀行股票的成本 106.39 億美元	51 ～ 65 美元	207.06 億美元
2019	賣出 1.037 億股，總持股 345,688,918 股	8.4%	收回的現金 45.63 億～ 56 億美元之間，剩餘富國銀行股票的成本 70.4 億美元	44 ～ 54 美元	185.98 億美元
2020	賣出 2.933 億股，至 12 月總持股 52,423,867 股	1.3%	收回的現金 69 億～ 80.9 億美元，剩餘富國銀行股票的成本 10.67 億美元	23 ～ 53 美元	15.6 億美元

自其他地方的人，而且不應該來自華爾街，他們可能不該來自摩根大通或高盛，」他告訴《金融時報》[43]，他認為紐約的投資銀行家在華盛頓應該要火冒三丈，「華爾街的銀行有很多好人，但是他們自然會引發參議院和美國眾議院很大一

部分議員的怒火，這並不明智。」

這倒是沒錯，在沙夫上任後，有很多年對放款有嚴格限制，與政界和監理機關持續保持緊張的關係。沙夫是徹頭徹尾的紐約人，曾經在摩根大通、花旗銀行（Citigroup）、所羅門美邦（Salomon Smith Barney）和紐約梅隆銀行（BNY Mellon）工作。在接受富國銀行的職位之後，他談成一個協議，他可以繼續與家人住在紐約，而且經常往返舊金山。蒙格認為這種工作安排「讓人無法接受……每個人都應該為了這樣的工作搬家才對[44]」。

蒙格 2021 年 2 月在他擔任董事長的《每日期刊》（*Daily Journal*）的年度股東會上表達相當大幅的評論，他提到，儘管在富國銀行讓長期投資人失望之後，巴菲特已經對富國銀行不再抱有期望，但他這位 97 歲的億萬富翁還是譴責富國銀行的「舊管理階層」，並表示他們並非「故意做壞事或偷竊，而是在創造交叉銷售的文化上判斷失準。」他把這點歸咎於判斷錯誤：「我認為我還是比較寬厚。我對銀行業者的期望沒有（像巴菲特）那麼高……那些跟巴菲特有一樣的心態、永遠不會讓自己惹麻煩的高階經理人是少數，有很多誘惑會讓人去做愚蠢的事情，那些愚蠢的事情會讓下一季的盈餘增加，但是長期來看是不利的。有些銀行業者會忍不住誘惑[45]。」

巴菲特誤判富國銀行後期領導人的性格。當他們誤入歧途，並拿「以客戶為中心」的陳腔濫調來掩蓋自己的足跡

時，巴菲特一開始並無法察覺出公司的文化已經惡化。他對重要的經理人非常信任。這種本能的立場對於波克夏的經理人來說通常都很有效，因為被波克夏選來做公司領導人的人，會對自己備受信賴與由此帶來的自主經營權，做出積極的回應。以後見之明來看，偶爾會發現信任他們並不值得，而且波克夏會有很糟糕的績效表現。

學習重點

1. **當「市場先生」拒絕整個產業時，真正的價值投資人會獨立思考。**尋找預計長期可以為股東帶來高現金流量的穩健公司，就像巴菲特在 1989 年至 1996 年間買進富國銀行股票時的做法。

2. **投資決策的決定性因素，通常是進行正面質化的評估，評估關鍵經理人的能力，以及他們是否會以股東利益導向行事。**巴菲特對於富國銀行的放款品質與客戶關係有信心，因為他相信創造這些放款與跟客戶建立關係的人的判斷。雷查特和海森相信他們的職責是為股東創造高報酬。

3. **價值投資人在股價下跌時會慶祝。**股價下跌可以讓人用更合理的價格收購優質企業一部分的股權，也就是可以得到能賺得未來收益的股份。

4. **尋找採用合理原則並將原則充分執行的銀行。**以富國銀行的例子來說，這包括不斷降低成本、嚴格的風險管理、（大多數時候）真正基於誠信和專業的客戶服務，以及堅持在能力圈內行事。

5. **好事愈多，就愈美好。**如果經濟特許經營權完好無損，公司在有形資產上產生高報酬，而且股價也很合理，那麼加碼是明智之舉。

6. **良好的聲譽需要花一生的時間建立，但可能會毀於一旦。**

幾代富國銀行的經理人致力創造公平交易的聲譽，但這項聲譽為了短期的財務目標而被犧牲了。

7. **必須從一開始就阻止企業文化的惡化。**

第 2 筆

全美航空（USAir）

投資概況	時間	1989 ～ 1998 年
	買入價格	3.58 億美元
	股份數量	股息 9.25%的可轉換特別股，可轉換成 920 萬股普通股（占全美航空 12%的股權）
	賣出價格	超過 3.58 億美元（具體金額並未公開）
	獲利	年報酬兩位數字

1989 年的波克夏・海瑟威
股價：4,700 ～ 8,825 美元　　市值：49.27 億美元
每股市值：4,296 美元

　　有一度巴菲特把這筆投資減記 75％，而且提到很後悔把波克夏的資金投入到經濟效益如此糟糕的產業，他痛心到在投資兩年後說：「儘管投入如此龐大的資金，但是這個產業誕生以來，損益加總起來是虧錢的……如果萊特兄弟的奧利維・萊特沒有在基蒂霍克成功讓飛機飛起來，情況會好得多。這個產業愈成長，產業主承受的災難就愈大[46]。」

　　3 年後，情況看起來更糟，巴菲特又說：「我現在有個 0800 的免付費電話號碼，如果我有衝動要買航空公司的股票，我會打這支電話過去。我會說：『我是巴菲特，我買航

空股上癮了』，然後他們就會勸我不要買[47]。」

即使到 21 世紀，巴菲特還是感覺得到這種痛。2002 年在接受倫敦《電訊報》採訪時表示：「如果 1900 年代初期有個資本家出現在基蒂霍克，他應該要用槍把奧利維·萊特殺掉。」

不過幾年後，到了 2016 年，他又回來大舉買進航空股，買進美國四大航空公司大約 10％的股票，總共付出 70 億至 80 億美元。而且他還再次被套牢，這次是因為這個產業受到冠狀病毒大流行與後續影響，嚴重影響經濟效益，當時人們拒絕搭機（他在 2020 年 4 月賣出所有股票，收回大約 60 億美元的資金）。

要批評巴菲特，如果沒有考慮到 2020 年 COVID-19 疫情的影響，那就太嚴屬了，但是我們都可以像他一樣，從 1989 年投資全美航空犯的錯誤中學到教訓。當時，這個產業糟糕的經濟效益廣為人知，產能嚴重過剩，還有惡性殺價競爭。而全美航空在面對較大的競爭對手還特別弱勢。那為什麼巴菲特還要投資？

全美航空的誕生

1937 年，全美航空（All American Aviation）（注：All American Aviation 是全美航空中譯名稱的由來，1978 年才改名 USAir。）剛成立，正在進行一些大膽的實驗，讓只有一個引擎的高翼單翼機（engine high-wing monoplanes）俯衝

下降，以鉤子抓取懸掛在兩根柱子間繩索或電纜上的郵件包裹。到了 1939 年，他們已經準備好以匹茲堡為中心，推出航空郵件的取件服務，營運地點橫跨亞利根尼山脈，沿著俄亥俄州河而下。直到 1949 年，這家公司才在同個地區提供客運服務。

1957 年，有位 31 歲的律師加入這家公司，當時這家公司已經改名為亞利根尼航空（Allegheny Airlines），他擔任的是董事長特助與公司的專任律師。他是艾德‧柯洛德尼（Ed Colodny），曾在監理機關民用航空委員會（Civil Aeronautics Board）工作 3 年，現在從一名管理員變成偷獵者，他很熟悉這個嚴格監理的產業規則。

20 年來，這家航空公司靠著併購成長，有部分原因是受到監理機關鼓勵，因為監理機關希望可以減少對這個產業的補貼。到了 1975 年柯洛德尼擔任這家公司的執行長時，公司的航空業務已經包括 12 家主要的幹線航空公司（服務大城市與長途航線），以及 12 家在地服務的航空公司，包括服務較小城市的亞利根尼航空。

柯洛德尼是個讓人喜歡、平易近人的領導人，很快就在機棚和辦公室得到「艾德叔叔」的稱號。老員工和因為收購而加入的員工都很讚賞他們得到的豐厚薪資與福利。柯洛德尼堅信員工是公司最重要的資產：「他們是經營航空公司的人，像我這樣的人不會駕駛、維護飛機、檢查行李或照顧乘客[48]。」就連工會的管理階層都對他讚不絕口：「柯洛德尼

對員工真的非常好，他可能只遇過某個空服員一次，五年後還知道他們的名字[49]。」

1979 年，這家獲利的航空公司擁有的數百條航線從加拿大橫跨到墨西哥灣，而且從佛蒙特州和波士頓往南到佛羅里達州。當時的營收有 7.29 億美元，財務穩健，淨利有 3,300 萬美元。因為股東權益只有 2.16 億美元，所以股東權益報酬率也相當不錯。當時，航線網絡絕大多數在密西西比河東邊，只有少數航線通往休士頓和鳳凰城。

1978 年時，航空業放鬆管制，進入產業的阻礙條款被廢除，還放寬特定航線與票價的限制，使得美國的航空客運業發生重大改變。好的一面是，航線的拓展與退出有更大的自由度，使得全美航空可以在美國各地擴張，但是另一方面，這也讓現有的競爭對手與新創公司可以進入全美航空之前不受競爭對手干擾、而且創造良好毛利的航線。

隨著新航空公司進入這些航線，傳統的集團公司和急切的新創公司往往會採用軸輻式系統（hub-and-spoke systems），把乘客從許多偏遠的機場帶到樞紐機場，然後讓他們登上另一架飛機長途飛行。

隨著競爭加劇，票價自然下降，但增加的乘客數量，至少可以彌補 1980 年代的虧損。實際上，直到 1989 年巴菲特對全美航空感興趣之前，全美航空每年都在獲利。資本運用報酬率雖然不出色，但也夠好了。

柯洛德尼的策略是「壯大」，他擔心如果沒有跟上產

業大咖的腳步，他的公司很容易受制於其他公司，附屬在其他公司之下。這促成一些大型交易，包括 1987 年與總部位於聖地牙哥的太平洋西南航空公司（Pacific Southwestern Airlines）合併，以及 1989 年與總部位於北卡羅萊納州的溫斯頓－塞勒姆（Winston-Salem）的皮埃蒙特航空（Piedmont）合併，後者在當時是這個產業最大的併購交易。「艾德叔叔」發明的機器後來每天可以提供飛往 134 個機場、5,000 架次的航班，1988 年的淨利是 1.65 億美元，營收為 57 億美元。

然而，這項在 1980 年代高獲利的事業卻這樣埋下幾年後近乎毀滅的種子，因為全美航空的董事們為了讓整個組織的同事持續讚賞他們，並維持友誼，因此提供相當好的薪酬，這讓全美航空即便不見得是成本最高的航空公司，也是成本最高的航空公司之一。當低成本的廉價航空準備好去吸引尋找最低票價的客戶時，這並不是很好的情況。全美航空因為優質服務，與擁有積極主動、熱情好客的員工而自豪，大家認為，這種差異化會繼續讓公司收取溢價。

除了高昂的固定成本和整體營運成本以外，與皮埃蒙特航空的合併，使公司規模擴大一倍，但也遇到文化衝突。全美航空的人員在前皮埃蒙特人身上感受到他們的「情感抗拒」（emotional resistance）[50]，他們對於全美航空的員工和強加給他們的操作流程與失去身分感到不滿。柯洛德尼認知到，從「文化的角度來看，這兩家公司有差異[51]」。

遭到攻擊

行動派投資人卡爾·伊坎（Carl Icahn）在 1985 年取得
環球航空（Trans World Airlines）的掌控權，並立即打電話給
柯洛德尼，推動環球航空與全美航空合併，「他常常打電話
過來，我們一次會聊三、四十分鐘。他會說我們付給員工的
薪水太高……而且如果我們與環球航空合併，他會迫使我們
採取跟環球航空一樣對員工的減薪措施。我告訴他，在那樣
的狀況下，他會有很多非常不高興的員工提供非常糟糕的服
務[52]。」

伊坎試圖阻止與皮埃蒙特航空的合併，最後在全美航空
董事會與皮埃蒙特航空董事會開會批准啟動併購流程的那天
（1987 年 3 月 4 日），伊坎寫信給柯洛德尼。在信中，他
提出要以 16.4 億美元（以全美航空發行的 3,156 萬普通股來
看，每股 52 美元）收購全美航空。環球航空已經是全美航
空最大的股東，伊坎表示，如果不同意他「友好的」併購協
議，他就準備敵意併購。

很快的，柯洛德尼就得到一項法庭裁定，禁止環球航空
收購更多全美航空的股票。[53] 與皮埃蒙特航空的合併得到批
准，環球航空撤回併購提案。在那個月的月底前，環球航空
以 1.8 億美元賣出之前以 1.78 億美元買進的全美航空股票。

儘管成功阻止一樁襲擊，但還有很多人虎視眈眈。麥
可·史坦哈德（Michael Steinhardt）管理一檔規模 13 億美元
的基金，以採取行動派交易聞名，這檔基金在 1989 年 7 月

買進全美航空 5.89％的股票，似乎準備好要發起敵意收購。史坦哈德公開喊話，像是提到「我們可能會考慮取得這家快速成長的航空公司掌控權」，這對於安撫全美航空總部的情緒並沒有幫助。

董事們認為有需要捍衛公司。因此他們批准一項毒藥丸計畫，如果潛在的蓄意收購者取得集團 20％以上的股票，就給予現有股東以低於市場價格買進股票的權利。他們還授權買回高達 500 萬股的庫藏股。

史坦哈德對這個做法的回應只是買進更多股票。顯然全美航空的董事會採取的行動還不夠，他需要一隻 800 磅重的大猩猩來把史坦哈德打發走。

有個朋友建議柯洛德尼去找巴菲特談談，巴菲特可能會願意保護公司和經理人不受到敵意併購襲擊。他與財務長威廉‧洛特斯（William Lotus）一起去奧馬哈，與巴菲特在他最喜歡的高瑞特牛排館（Gorat's）吃午餐，「我們花幾個小時談論航空業，這是非常友好的輕鬆談話，而且我也吃了一個很棒的丁骨牛排。」柯洛德尼回憶[54]。

然後他們開始談正事。巴菲特有意把波克夏的資金投入全美航空，但是不是以普通股的形式，他充分意識到航空業的競爭愈來愈激烈，而且認為特別股是比較安全的選項。兩星期後他們達成協議。8 月 7 日，全美航空賣給波克夏價值 3.58 億美元的十年期可轉換特別股，年利率是 9.25％。

為了讓全美航空的董事們相信巴菲特並不會變成蓄意收

購者，他同意不參與任何航空公司的收購，並承諾在沒有事先得到全美航空的董事批准前，持有可投票權的股票比例不會超過 14%。此外，他也被剝奪處分股票的權利，他的股票需要先給公司或公司指定的人有機會以合理的價格購買。而巴菲特得到的回報是，有權利推舉兩名董事。

兩年後，這些特別股能夠以每股 60 美元轉換成普通股（1989 年秋天，普通股的股價大約是 52 美元）。如果這些特別股轉換成功，會占 12% 的股份。因此董事們獲得一個受到約束與友好的大股東，這個舉動大到足以讓華爾街的侵略者感到反感，而且不會有波克夏可能要完全掌控公司的威脅。

《華盛頓郵報》（*The Washington Post*）的葛瑞米・布朗寧（Graeme Browning）認為巴菲特很精明，「巴菲特確保全美航空的特別股與可轉換股票支付 9.25% 的股息，當時其他公司的股息比這個數字低幾個百分點，巴菲特實際上是用折扣價來換得友好投資人的身分，也就是成為「白衣護衛」，這是華爾街對這類投資人的稱號[55]。

巴菲特喜歡這筆投資，但是他知道，這筆投資產生的效益，並不會比把同樣的錢投資在一家被低估、經濟前景很好的企業普通股那樣，產生讓人驚奇的報酬率。如果「產業情況妨礙績效表現」[56]，那我們只能預期得到普通的報酬。在激烈競爭的航空業，這種阻礙顯然很有可能發生。但在當時便宜的普通股很少見的情況下，至少波克夏為 3.58 億美元

的資金找到一些出路。

他確實希望，如果產業條件沒那麼惡劣，全美航空的特別股會產生相當吸引人的報酬：「幾乎在任何情況下，我們都希望這些特別股能夠把本金加股息還給我們。然而，如果我們得到的就是這樣，那績效就會令人失望，因為我們放棄一些彈性，而且錯過一些在這十年間必然會出現的重大機會。在那樣的情況下，在典型的特別股對我們沒有任何吸引力的期間，我們只會得到特別股的殖利率。波克夏能夠從四種（可轉換）特別股得到滿意的績效，唯一的方法是讓被投資的公司普通股股價有很好的表現[57]。」

全美航空 13 年來年年有獲利，加上原來的全美航空、太平洋西南航空、皮埃蒙特航空合併後產生綜效的前景，使我們有理由相信這家公司有某種強大的正向獲利能力（positive profit forces），可以抵抗整個產業的經濟前景。

巴菲特堅信，良好的全美航空管理階層，以及有著穩定與關注公司的股東（全美航空的董事長和副董事長都透過持有波克夏的股票，把淨資產很大一部分拿來投資全美航空）結合起來，會使全美航空的所有股東受惠。

此外，巴菲特身為一個負責任的主要股東，他承諾他和蒙格會以「支持性、分析性與客觀的方式」，與這家公司、以及其他波克夏以特別股持有的公司互動，「我們意識到我們正在與經驗豐富的執行長合作，他們對自己的事業有很強的掌控力，但在某個時刻，他們很高興有機會可以從非同業

或與過往決策沒有關係的人身上測試他們的想法[58]。

不幸的是，巴菲特的樂觀後來證明是錯的。

巴菲特的錯誤

波克夏收購全美航空股票才幾個月，全美航空的經理人就表示 1989 年和 1990 年都會虧錢，這個消息使普通股的股價跌到 30 美元左右，遠比波克夏值得把特別股轉換成普通股的 60 美元價格還低很多。

在 1990 年的信中，巴菲特以諷刺的筆調表達自己的尷尬，他告訴股東，在買進全美航空股票的時候，他「精準的掌握時機」，可以說是「我幾乎是在這個產業遇到嚴重問題的精準時刻投資這個事業。」他補充說，沒有人逼迫他這麼做，用網球術語來說是「犯了非受迫性失誤」，幾乎所有可能出錯的地方都犯錯了。

士氣低落

皮埃蒙特航空的前員工不滿情緒升溫。巴菲特若有所思的說：「這種困擾我應該要預料到，因為所有航空公司合併之後都會引發的經營動盪[59]。」

由此產生的經營與服務問題，導致全美航空失寵，被業界評為準點率最差的航空公司。柯洛德尼承認有這個問題，他在 1990 年 9 月跟《華盛頓郵報》說：「當經濟正在成長的時候，成長可以掩蓋很多罪惡[60]。」

產業結構日益商品化

巴菲特指責「某個航空公司不計後果的訂價策略」[61] 加速航空業財務的惡化。任何航空公司都不可能擺脫票價下跌的壓力,因為乘客可以很容易觀察到無數家競爭公司都拚命在搶生意,航空公司往往會提供大致相同的服務,因此乘客會為了低價貨比三家。

當同業有些人笨到提供不敷營運成本的機票價格時,更為理性的參與者會跳出來試著以更高的價格出售機票,「這樣的定價方式給所有業者帶來麻煩,這證明一件重要的事實:在銷售大眾商品類的產品時,要比最愚蠢的競爭對手聰明很多是不可能的 [62]。」

破產法讓情況變得更糟,因為航空公司在破產保護下繼續經營,破產保護會讓航空公司減少和消除先前的債務負擔,因此過剩的產能並沒有消除,而且因為債務成本的負擔已經解除,使得這些殭屍企業往往會以很激進的方式訂價。

致命空難

1989 年 9 月 20 日,一名經驗不足的飛行員在紐約拉瓜迪亞機場(LaGuardia Airport)起飛時衝出跑道,導致 21 人受傷、2 人死亡。負面新聞充斥,員工士氣受損。

經濟衰退

1989 年,為了抑制通貨膨脹,聯準會升息,導致房地

產榮景逆轉，企業和消費者普遍喪失信心，接著就出現經濟衰退。

1990 年 8 月 2 日伊拉克入侵科威特之後，油價上漲一倍以上，使糟糕的經濟前景雪上加霜。燃料成本高升和消費者需求疲軟是很可怕的組合。最近增加的航空運力，碰上需求的小幅成長，甚至沒有成長，導致航空公司面臨空機飛行或降價來讓座位填滿的窘境。

全美航空裁員 7％，並採行其他削減成本的措施，但 1989 年和 1990 年還是虧損（1989 年虧 6,300 萬美元，1990 年虧損 4.54 億美元）。當然，普通股的股價一路下跌到 14 美元。

儘管投資的第一年碰到麻煩，但巴菲特還是在 1991 年 2 月寫道，他堅信「我們的投資應該會很順利」，但是他承認這筆投資現在來看，並不如投資時那麼安全。

沒有最糟，只有更糟

1990 年是很糟糕的一年，但 1991 年更糟。實際上，這是航空業史上最糟糕的一年。大型航空公司被迫破產，包括泛美航空（Pan Am）、環球航空、美國大陸航空（Continental）、中途航空（Midway）和美國西方航空（America West）。存活下來的一些航空公司則接著大幅降低票價，以至於像全美航空這種沒有法院保護的航空公司，也被迫把票價訂得比成本還低。

巴菲特意識到，波克夏花 3.58 億美元買進的特別股不再那麼有價值，因此他把特別股的價值下調到 2.327 億美元。他認為這個產業依然無利可圖，「實際上，法院一直鼓勵破產的航空公司繼續經營，這些航空公司可以暫時收取比產業成本還低的票價，因為破產的公司不需要跟有償付能力的同業一樣，要付出很高的資金成本，而且他們為了避免停業，會藉著出售資產來彌補損失。破產的航空公司採用『拿家具當薪柴』這種犧牲長期價值的機票訂價方式，導致先前在成本價附近經營的航空公司垮台，創造出一種連鎖反應，導致整個產業完全崩潰 [63]。」

　　巴菲特對航空業很失望，即使他知道飛機帶來龐大社會效益，但仍無法克制自己去嘲諷萊特兄弟對股東的不利影響，這個嘲諷現在眾所周知。巴菲特在寫 1992 年的致股東信時，一想到航空業像旅鼠一樣瘋狂的追求更多沒有實質效益的營收，就感到非常憤怒：「業績成長本身並無法告訴我們價值有多少。確實，成長往往會對價值產生正面影響，有時影響程度相當驚人，但是這種效果的不確定性很大。舉例來說，投資人常常投資國內的航空公司，來資助無利可圖（或是更糟糕）的成長。」

　　這項觀察引發一些思考──不論是聰明的投資人，還是公司高層，在配置資產時，都該思考「什麼是理性的資產配置」？

判斷股票的價值

　　在判斷一檔股票、債券或一家企業的價值時，巴菲特鼓勵我們回到約翰・伯爾・威廉斯（John Burr Williams）1938年出版的《投資價值理論》（*The Theory of Investment Value*）書中所闡述的基礎知識。他贊同把價值看成是由估計的未來現金流入與流出所決定，每個時期預測的淨現金流量都以適當的利率折現。

　　這種將現金流量折現的邏輯，可以應用在 5 到 10 年內很不確定會產生多少現金的公司股票，同樣也可以應用在有明確支付金額與日期的債券上。

　　當然，與債券的持有人相比，分析師估算股東應該得到多少現金的任務更為艱鉅。股票的買賣受到許多質化因素影響，包括員工士氣、競爭對手的行為、不斷改變的顧客偏好，以及經理人的能力，因此會出現很明顯的變化，「管理階層的品質很少會影響債券利息，管理階層的無能或不誠實，才是導致債券停止付息的主要原因。相較之下，管理階層有能力大幅影響股票的『利息』[64]。」

　　儘管評價股票很困難，但在貼現現金流的框架裡思考問題還是比較好，而且要思考未來的關注焦點與貼現率的使用紀律，而不是懶散的採用像是以去年獲利計算的本益比，或是更糟的是，使用稅前息前折舊攤銷前利潤（EBITDA），或是更可怕的是，使用調整後的稅前息前折舊攤銷前利潤這類的指標。

經理人與現金流量折現

除了投資人使用現金流量折現法來評價股票之外，企業經理人考量公司的資產基礎成長時，也應該應用這個方法。這會讓他們更深刻的理解到「對事業的投資只有在可以得到誘人回報的時候，成長才會讓投資人受惠，換句話說，只有當用於成長的每一塊錢投資，都能創造超過一塊錢的長期市場價值的時候。而在低報酬的業務需要額外資金的情境下，成長會讓投資人受害[65]。」

航空公司的成長無疑會損害投資人的利益。對普通股股東來說確實如此，對特別股股東來說也很糟糕，因為營業虧損是如此嚴重，以至於讓人懷疑全美航空還能不能繼續發放特別股的股息，因此巴菲特估計波克夏持有的全美航空股票價值減少 35%，來到 2.327 億美元。

應用現金流量折現的邏輯來建立投資組合

你想買進的投資標的，應該是以現金流量折線法計算後確認的價值，來判斷哪個是最便宜的標的，「無論業務是否成長、盈餘是否呈現上下波動或很平穩、或是股價與目前的盈餘和帳面價值相比較高或較低，都不重要[66]。」

許多經理人都認為股東希望優先考慮營收成長或每股盈餘成長，而不是創造的價值多寡，我發現要糾正這種觀念是不可能的。這些經理人在本業經營時，任何全新的資產配置創造的報酬，常常都比股票市場要求的報酬率還低，也比公

司前幾年以現有資本產生的報酬率還低。舉例來說，在加州經營的 200 家商店可能會產生 40％的資本報酬率，而保留盈餘配置在俄亥俄州的相同商店，每年產生的報酬率出乎意料只有 2％，因為那裡的特許經營權比較弱（也就是人們心中的品牌印象比較弱）。

因此，許多經理人感覺有必要做些什麼，藉此表明公司還在前進，他們認為，由於俄亥俄州的商店開業看起來會讓營收增加，而且因為這些商店有額外獲利，讓每股盈餘看起來會增加，而且市值也會增加，他們卻忘了如果把投資在俄亥俄州的這些資金放到股票市場，投資人可能會獲得更好的報酬，報酬率或許有 8％。顯然，理性的投資人寧願把多餘的現金交給他們去配置到其他地方，而不願意用在報酬率不斷下降、而且比那些資金的機會成本還低的計畫上，「拋開價格問題不談，最好的企業是能夠在較長的期間，能大量利用額外的資金來取得非常高的報酬率，最糟的企業是必須或願意去做相反的事情，也就是持續利用愈來愈多的資金來得到非常低的報酬。不幸的是，第一種類型的企業很難找到：大多數高報酬的企業需要的資本相對較少。如果這類企業把大多數的盈餘拿來配息給股東，或是大量買回庫藏股，股東通常會受惠[67]。」

流向股本的現金很複雜，予以簡化

說得很好，我們應該會對未來的現金流量進行合理的估

計，然後以資金的機會成本進行折現，但是對投資人來說，這往往是一項艱鉅的任務。從現在到五年後，通用汽車或特斯拉的現金流是多少？這個問題很難回答。巴菲特對於如何減輕這項負擔有兩個建議——

1. 堅持投資在你有理由相信可以理解的企業：「這意味著這些企業必須相對簡單而穩定。如果一個企業很複雜，或是常會不斷改變，我們就無法明智的預測未來的現金流量。」[68] 因此，很難理解典型的生物科技公司或矽谷的新創公司，而像可口可樂或迪士尼這種證明在穩定的環境下有穩定業績的公司要簡單得多。你不必了解所有產業，你必須知道你的知識基礎在哪個範圍裡，「對大多數投資人來說，重要的不是他們知道多少，而是他們如何務實地去確認他們有什麼東西不知道。只要投資人避免犯下大錯，需要做對的事情就很少。」

2. 確保你對內在價值的估計和「市場先生」的價格之間差距很大：這會允許你在估計過程中可以犯錯，但還是要為了安全去增加防禦措施，「我們堅持購買價格要有安全邊際。如果我們計算出的普通股價值只比股價高出一點，我們就沒有興趣買進。班傑明·葛拉漢（Benjamin Graham）極力強調的安全邊際原則，我們相信這項原則是投資成功的基石。」[69]

全美航空的思科菲爾德的時代

1992 年夏天，柯洛德尼退休，他選定的接班人賽斯·思科菲爾德（Seth Schofield）成為董事長兼執行長。

思科菲爾德從 18 歲開始擔任地勤人員，負責托運行李、銷售機票和辦理登機，他是非常受歡迎的「藍領人士」，以關心員工並和工會負責人關係密切而聞名。巴菲特非常喜歡他與他的行為，「賽斯·思科菲爾德正在對航空業的營運進行重大調整，以拉高公司成為少數產業裡倖存者的機率，在美國，沒有比經營航空業更困難的工作了。航空公司的經理人需要動腦、有膽識與經驗，而賽斯具備這三項特質[70]。」

就接任這家公司領導權的時機點來說，1992 年夏天並不是好時機，就在幾個星期前，公司才公布財報出現高達 3.05 億美元的鉅額虧損。公司還受到兩起致命事故的影響，[71] 這兩起事故不僅打擊員工的士氣，也損害公司在乘客心中的印象。更糟的是，還有長期下來薪資成本遠比競爭對手還高的問題，以及工會強制性的制定嚴格的工作規定。

工會在 1991 年罷工中受挫，但並不足以阻止全美航空因為更多罷工和遭遇更多競爭而使財報虧損加劇。最大的衝擊是低成本的西南航空（Southwest Airlines）在 1993 年開闢巴爾的摩航線。他們大幅降價，不想在國內市場落後的全美航空把機票價格訂得比西南航空更低，引發另一輪的機票降價，這輪殺價直到巴爾的摩飛往克里夫蘭的機票只要 19 美元才停止。當然，結果是鉅額虧損。更糟的是，美國大陸航

空開始提供從北卡羅萊納州起飛的低價機票，而美國航空（American Airlines）、達美航空（Delta Airlines）和聯合航空也持續增加運力並降低票價。

英國人伸出援手

董事會充分意識到虧損不斷擴大，資產負債表上的債務激增到 22 億美元，因此找到一種取得一些現金和客戶的方法。1993 年，董事會同意把 44％的股權賣給英國航空（British Airways），換得 7.5 億美元現金（由於聯邦政府對外國投資的規定，英國航空最多只能取得 21％的投票權）。

這個聯盟匯集主要專注在美國經營的全美航空（每年有 5,500 萬名乘客），以及專注在國際航線的英國航空（每年服務 2,400 萬名乘客）。兩家航空公司都可以把客戶引進對方的網絡，把客戶要去的目的地擴大到 77 個國家，而且可以整合行銷與發揮其他功能。思科菲爾德表示，這次交易會「確保我們得以存活下來」。[72] 巴菲特同意這有助於避免公司破產，並期望現在這個做法「最終會走向成功」[73]。

英國航空在全美航空董事會取得四席董事，而且他們認為巴菲特和蒙格也加入董事會是「特別重要的事」[74]。巴菲特認為，當他專注擔任波克夏的執行長，積極參與工作的時候，接受第五個董事職位的判斷並不明智。但他還是同意加入，並表示：「有時候大股東應該貢獻自己的力量。」[75]

儘管華爾街意識到英國航空這筆交易的好處，而且適當

的推高全美航空的股價，但這只是暫時的，因為投資人更加擔憂這個產業似乎永無止境的在破壞價值。因此，全美航空的普通股價格只有 14 美元，遠低於 1989 年波克夏買進特別股的 52 美元價格，甚至比轉換價 60 美元還低。顯然，隨著這家航空公司在 1992 年、1993 年和 1994 年的財報出現虧損，轉換權的價值變得愈來愈小。

價值消失

事態變得如此糟糕，以至於在 1994 年 9 月，全美航空的董事會決定無法發股息給波克夏認購的特別股。巴菲特和蒙格面對現實，確認這些特別股的公平價值（fair value）現在是 8,950 萬美元，也就是說，他們付出的 1 美元，現在只剩下 25 美分，理由是，這種低評價既反映出有一天會有可能恢復全部的價值，「也反映出一種相反的可能性，股票最終會變得一文不值[76]。」

《財星》雜誌在 1994 年 11 月寫到[77]：「快問快答：『最快成為航空業百萬富翁的方法是什麼？』答：『先有十億美元。』這是來自巴菲特的笑話，根據《財星》雜誌估計，巴菲特對陷入困境的全美航空集團投資 3.58 億美元，帳面損失大約 2 億美元。」

因為巴菲特當時是知名的成功投資人，所以他在全美航空的誤判在投資界引起不小轟動，或許他終究不會百戰百勝？這個老頭真的輸了嗎？他已經 65 歲，或許應該要

退休？

　　當哥倫比亞大學的學生問他為什麼投資全美航空時，他打趣地回答：「我的心理師也問我這個問題。實際上，我現在有個 0800 的免付費電話號碼，如果我有衝動要買航空公司的股票，我會打這支電話過去。我會說：『我是巴菲特，我買航空股上癮了』，然後他們就會勸我不要買[78]。」

　　他可能是在公開場合開玩笑，但是在私底下，他對於全美航空沒有降低成本感到憤怒，至少這個舉動是讓公司獲利的一線生機：全美航空在每個可售座位哩程（available seat-mile）上的成本是 10.5 美分，相較之下，其他航空公司是 6.5 美分。他威脅說，如果高階經理人無法讓工會讓步，他和蒙格會辭去董事會的職務。需要在管理費用中削減 10 億美元才有一絲希望，根據《財星》雜估計，其中有 5 億美元來自勞動成本。

　　分析師、記者、股東、高階主管和很多低階員工都明白，除非降低成本，不然公司會走向破產的命運。不過飛行員工會卻不斷要求更多福利，之後，秋天又發生一起致命空難，導致機票銷售連續幾個月下降，因為憂心忡忡的乘客避開這家被認為安全紀錄不佳的航空公司。

投資人的失敗告白

　　憤怒的巴菲特在 1994 年《致股東信》中列出他的「今日犯錯」清單，他本來想要假裝是查理犯的錯誤，但是「每

當我試著用這種方式解釋事情時，我的鼻子就會變長」。[79]
清單中第一個是他以 3.58 億美元買進全美航空的特別股，
這個錯誤是他「草率分析」的結果。會這樣做是因為他認為
自己買下的是更「優先」的證券（比普通股更安全），或是
因為自己太「傲慢」。

他責怪自己，對於一家很難降低成本的高成本航空公司
面臨的問題，並沒有給予足夠的重視。1970 年代，這些成
本並不是什麼大問題，因為航空業在監理機關的保護下，不
用受到競爭的威脅，因此可以將額外的費用轉嫁給客戶。

即使是在 1980 年代，新成立的低成本競爭公司也很小，
而且只在少數的航線上發動攻勢，這使得傳統公司可以在本
國市場上以有利可圖的方式訂價。但是「在這段期間，由於
較長期的問題大部分無法察覺，但卻悄悄在擴散，無法維持
的成本變得更加根深蒂固，難以撼動」[80]。

破產法使問題更加嚴重，破產法允許破產的航空公司藉
由降低債務來重新開始，「就像西南航空公司執行長賀伯·
凱勒爾（Herb Kelleher）說[81]：『航空公司的破產法已經成
為一個健康水療中心。』」

真正的麻煩在 1990 年代初期出現，當時低成本的航空
公司運力變得很龐大，而且全美國的票價都在下降，「在不
受監管的大宗商品事業，公司必須把成本降低到有競爭力的
水準，不然就會破產，這個原則對你們的董事長來說應該是
顯而易見的，但是我沒注意到[82]。」

到了 1995 年春天，他們受夠了，蒙格和巴菲特表示打算要辭去全美航空董事會的職務，「但是，如果賽斯希望向我們諮詢意見，我們很樂意盡其所能提供任何協助[83]。」

轉機

五年內累積虧損 24 億美元之後，賽斯・思科菲爾德領導公司在 1995 年轉虧為盈。但不幸的是，他還是無法從強硬的工會那裡取得足夠的讓步，藉此保證未來有獲利。《華盛頓郵報》評論說，諷刺的是，第一眼看到的獲利變成了問題，因為當這家航空公司開始賺錢的時候，「工會成員認為讓步的必要性愈來愈小[84]。」思科菲爾德一直面對這種棘手的困境，在 1995 年大部分的時間裡，巴菲特都試圖把波克夏持有的特別股以面額 50％的價格賣出去，但是找不到任何買家。

1995 年 9 月，普通股股價跌到 8 美元，沮喪的思科菲爾德辭去董事長兼執行長的職務，幾個月後，又出現另一次打擊：英國航空和美國航空結盟，壟斷利潤豐厚的「美國─倫敦」航線，而且把全美航空排除在外。美國航空和英國航空共享乘客、協調票價、時刻表和票務，而且在某些航線上利潤共享。

全美航空的員工感覺自己被背叛，提起訴訟要求終止與英國航空的協議，畢竟，這項安排讓英國航空在美國的董事會上有很大的權力，但對於全美航空進軍歐洲市場來說的幫

助不大，因為英國航空阻止全美航空這樣做。整個 1996 年，兩家航空公司充滿火藥味的離婚程序激烈進行。

1996 年 1 月，史蒂芬・沃夫（Stephen M. Wolf）接任全美航空的領導工作。身為聯合航空的前任執行長，沃夫決心讓全美航空不再是一家高成本、低毛利、辛苦經營的中型航空公司。其中一個可能是縮小規模，成為一家區域性的航空公司；不然就現代化，並發展成為重要的全球競爭對手，擁有最先進的機隊、可控管的成本，以及有獲利的航線，後者也是他偏好的選項。

這些都是他給工會的選項。為了表明他追求的是成長，他安排在接下來十年裡向空中巴士買進 400 架價值 150 億美元的全新噴射客機，取代幾家製造商製造的舊混和機隊（舊機隊的每個機型都需要單獨的維修程序、備用零件庫存和人員培訓，成本很昂貴）。

這就是邀請飛行員、機組人員和地勤人員關注未來的全新絢爛願景。當他們興奮的考量那個光明的情境時，狡猾的沃夫已經完成他的提議——飛機已經訂了下去，但隨時可以取消。如果工會拒絕講道理，沃夫就會帶著公司朝著相反的方向發展，結果是取消航線並大規模裁員。他們選擇要合理的薪資（舉例來說，飛行員平均年薪 12 萬美元），或是冒險看到大多數同事消失。

喔，還有第三個選擇：沃夫透露，他正在與聯合航空和美國航空討論要把公司賣給其中一家。身為工會領導人，你

是否希望由他們的經營階層管理？這些經營階層可能會在公司合併後裁撤重疊的航線。

沃夫希望得到工會的讓步，每年可以削減 5 億美元的成本，把每個可售座位的成本從業界最高的 12.69 美分，降低到接近西南航空的 7.5 美分。

讓步

談判一拖再拖，到了 1997 年春天初期，沃夫警告說，除非在 6 月 30 日之前達成協議，不然他會開始解雇飛行員和其他員工。如果在 6 月之後事情還沒有朝適當的方向發展，那麼在 9 月 30 日空中巴士要求確認訂單的時候，沃夫會建議撤回訂單。

《華盛頓郵報》寫道[85]：「關鍵時刻即將到來。沃夫認為，如果不削減成本，這家航空公司就無法買飛機，就不能與那些在東方世界的核心市場拓展業務、採取低成本措施的新競爭對手競爭。」

4 月，全美航空（US Airways，最近改成這個名字）的飛行員工會發言人吉姆‧嘉德納（Jim Gardner）告訴《華爾街日報》：「飛行員與管理階層都相信，公司唯一的出路就是成長，而不是縮減規模。」[86] 儘管有這樣的期望，他們還是不會為了與西南航空和其他航空公司競爭，允許全美航空變革。

沃夫提到一連串航空公司之所以會倒閉，就是因為等太

久才要工會讓步來拯救自己，但是與工會的僵局還在持續。

5月，一份「整合計畫」被揭露，這份計畫包括關閉三個維修設施和兩個預定中心，還取消九個城市的航班。巴菲特在5月的公開聲明中試著勸說：「如果勞工團體有意願，我知道管理階層有能力讓這家航空公司成為人人期望的全球競爭玩家[87]。」

最後，在1998年7月，工會讓步——飛行員以壓倒性的多數批准新的敘薪標準，並讓營運更有效率。第二天，沃夫繼續訂購首批30架A330飛機，執行他在橫跨大西洋市場的競爭計畫。結果公司的普通股股價跳升到73美元。

轉換價60美元的特別股現在變得很有價值。而且，之前沒發的股息現在也補發了。此外，由於股息發放較晚，全美航空不得不遵守在發行特別股時，巴菲特和蒙格精明加入的一項條款，那就是增加補償金。

「全美航空的復甦幾乎是奇蹟，在這次投資中觀察我的舉動的人都知道，我已經建立一個毫無瑕疵的成功紀錄。我最初買股票的時候做錯了，後來我也犯錯了，而且我還多次試圖以半價拋售我們全部的持股[88]。」

巴菲特一如既往地讚揚他的重要經理人：「公司的兩項變化，與公司顯著的營運反彈同時發生，這兩項變化是：(1)查理和我離開董事會，以及(2)史蒂芬・沃夫成為執行長。我們很自豪，幸運的是，第二件事是關鍵：史蒂芬・沃夫在航空公司的成就非凡[89]。」

1998 年 3 月 15 日，全美航空要求贖回特別股。1998 年春天，巴菲特在給波克夏股東的信中寫道：「現在幾乎可以肯定的是，我們的全美航空股票會產生可觀的獲利……而且這樣的獲利甚至是不合理的……龐大。」他沒有公開揭露獲利是多少，但是我們可以推測年獲利超過 9.5 ％。除了每年的股息之外，全美航空還會付給波克夏轉換權利的價值，因此年報酬率遠遠超過兩位數字。

巴菲特的結論是他們非常幸運：「在航空公司反覆出現樂觀情緒、而且這種樂觀情緒總是會誤導人的時候，我們確實能在 1998 年賣出我們的股票，獲得巨額收益。在我們賣出股票後的十年間，這家公司破產了，而且還破產兩次[90]。」

股東價值徹底被摧毀

在波克夏出售特別股兩年後，全美航空的股價從 1998 年的 83 美元高峰跌到 26 美元，然後在 2001 年 9 月 11 日雙子星大樓恐攻事件下，乘客的搭機需求減少，公司在 2002 年根據破產法第十一章申請破產，2003 年走出破產困境。

由於公司無法削減足夠的成本，2004 年公司再次進入破產程序，在業績極度衰弱的情況下，公司在 2005 年與美國西方航空合併。全美航空的老股東並不好過，他們被排除在外，失去所有錢，但公司債的持有人卻得到新集團 11 ％的股份。但至少合併後的機隊裡還是保有全美航空的品牌。

2013 年 12 月，美國航空與全美航空合併，成為世界最大的航空公司。同一年，巴菲特在波克夏股東會上對股東表示：「投資人投資在航空公司和飛機製造商上已經有 100 年，但績效非常糟糕。（這個產業）對投資人而言是一個死亡陷阱。」

　　2015 年 10 月 16 日星期五，艾德・柯洛德尼 86 歲，搭乘最後一班全美航空的航班。一年後，波克夏買進四大美國航空公司的股票，包括美國航空，這些投資與投資背後的思維是另一章要說的故事。

學習重點

1. **如果產業的經濟效益慘不忍睹，那就最好離開。**儘管特別股的殖利率非常好，但產業的競爭加劇，導致公司嚴重虧損，使得巴菲特整個投資幾乎都要虧空。

2. **產業的經濟效益可能會改變，所以你必須隨時了解最新動態。**1980 年代和 1990 年代，改變的驅動力在監理機關，而在 2020 年，這種驅動力則是一種病毒。其他潛在原因包括社會變遷（例如環保趨勢）、技術顛覆（例如線上會議），以及經濟方面的變化（例如不同國家在製造和運輸上的相對成本）。

3. **合併往往會讓股東價值降低。**合併會帶來很多出錯的機會，例如員工不滿或薪水過高。

4. **成長並不重要，價值才是關鍵。**許多公司的董事們感覺自己的責任是增加收入（營收），並期望這能使獲利大幅增加。但是大量的成長會摧毀價值。關鍵要素是實現成長所需要的股東資金，相對於這些資金所產生的盈餘多寡。通常，所有新增盈餘的現值加總，會遠低於為了滿足管理成長目標，而從股東那裡籌措到的資金。航空業的情況甚至更糟糕——既使用股東的資金，現有資金與新增的資金投入卻產生損失。

5. **價值是對未來的現金流入與流出做出預測，在每個預測的淨現金流量上按照投資項目、資產風險的折現率折現。**

投資人則是尋找相對於資產價值而言最便宜的資產。

6. **熟悉你的能力圈**。對大多數投資人來說，重要的不是他
們知道多少，而是他們如何實際地確認自己知道與不知
道的界線在哪裡。

美國運通（American Express）

投資概況	時間	1991 年到現在
	買入價格	1991 年：3 億美元（每股 21.43 美元） 1994 年：4.239 億美元（每股 30.81 美元） 1995 年：6.69 億美元（每股 30.83 美元） 1998 年：7,700 萬美元（每股 71.57 美元）
	股份數量	1994 年：買進「一種改良式的普通股」，在 1994 年轉換成 1,400 萬股普通股 1994 年：加碼 1,380 萬普通股（占美國運通 5.5%） 1995 年：加碼 2,170 萬股（持股總計占 10%） 1998 年：加碼 108 萬股（持股總計占 11.3%） 美國運通買回庫藏股之後，波克夏現在持有 18.8%
	賣出價格	持有中
	獲利	超過 2,000%，而且還在增加

1991 年的波克夏・海瑟威
股價：6,550 ～ 9,100 美元　市值：73.8 億美元
每股市值：6,437 美元

　　1964 年，時年 33 歲的巴菲特買進美國運通，吸引他買進的原因是美國運通毋庸置疑的商業模式優勢，以及顧客心目中的品牌價值。儘管公司裡有個沒沒無聞的子公司虧了一大筆錢——有個騙子留給美國運通 6,000 萬美元的帳單（請見卷一第 8 筆投資），這些特許經營權的特質依然存在。巴

菲特把這筆 1,300 萬美元的投資（美國運通 5%的股份，占合夥投資基金資產的三分之一）變成大約 3,300 萬美元。

　　類似的邏輯也適用於 1990 年代初期，當時巴菲特正接近標準退休年齡，但他一點也沒有放慢腳步，還是把一大筆波克夏的錢拿去投資。美國運通多年來在簽帳卡、旅行支票和相關服務等核心業務之外的事業亂花錢，現在又面臨 Visa 卡或萬事達卡持續成長帶來的競爭壓力，也讓「市場先生」對這家公司抱持懷疑的態度，想要知道持續虧損的一些部門是否能夠止血，並懷疑公司的領導階層是否能提出可靠的計畫。

　　然而在廢墟之下，優質特許經營權事業依舊在發光。持卡人依然很忠誠、仍然喜歡擁有攜帶卡片的便利、受到可以成為特定持卡人俱樂部會員帶來的心理滿足感吸引、把個人的自我意識中的「成功」與品牌聯想在一起，而且還是很重視美國運通提供其他一系列金融服務的認可。度假的人與經理人相信美國運通的旅行支票能夠在全球數千個地點使用。

　　華爾街關注近期犯下的大錯，巴菲特看到的則是特許經營權事業。華爾街把重點放在近期的數字，巴菲特則著眼在適當的指引下，十年、二十年後的獲利水準。華爾街檢視的是這家公司的現況，巴菲特則看到這家公司堅實的基礎，這個基礎建立在誠信與服務的名聲之上，有助於在美國和全球進行重點式的擴張。

美國運通的特許經營權事業

到了 1990 年代，美國運通已經建立兩大特許經營權事業，這兩個事業都是建立在客戶需要比攜帶現金更安全、更有效率的方式去支付商品與服務之上。

卡片

美國運通簽帳卡在 1958 年首次使用，演變下來已經解決許多問題。

首先，富人在餐廳、飯店、衣服和航班的消費上比一般人的平均消費還高，他們可以在不帶數百美元的現金下支付費用。在國內或國外用卡片來支付商品、體驗或服務的費用，然後在大約一個月後收到美國運通的帳單明細，並支付尚未付錢的款項，實在很方便。如果每個人都知道美國運通只會發卡給在財務狀況和可靠性有一定水準的人，那就更好了，刷一張擁有如此獨特魅力的卡片，並不會傷害一個人的自尊心。

然後還有商家，如飯店、汽車租賃公司、航空公司……等，面對著美國運通吸引高消費持卡人的問題，他們知道美國運通卡會向他們收取很高的費用（舉例來說，美國運通卡會把報帳的金額扣掉 2.5％左右），但是如果接受美國運通卡對於是否會成交的關係不大，不接受這樣的費用就沒關係。拒收卡片的零售商賭的是，想要買一套西裝的經理人可能不會沿著街道走到另一家櫥窗上有顯著標誌的商店，只因

為標誌上面寫著「這裡接受美國運通卡」。

它解決的第三個問題是對企業主來說，當數百萬名員工被鼓勵在外地或返回公司時，可能遇到在行政上的繁瑣事項。他們對於美國運通企業卡的創新表示歡迎，這張卡可以交給重要的員工，然後把一個月內的飯店住宿與辦公用品的費用累積起來。各種費用先由美國運通合併起來，公司要做的就是在大約一個月後支付全部的費用。不只銷售團隊不再需要費心整理大量的報帳核銷單據，奔波世界各地的董事會高層也是如此。

更好的是，這些公司和他們的員工可以得到美國運通的紅利，金額多寡取決於消費水準，舉例來說，消費金額的0.5％可以換成現金紅利，或是累積飛行里程。會員酬賓計畫（The Membership Rewards Loyalty Program）對一般大眾和企業都有很大的吸引力。他們刷卡可以賺取紅利點數，然後可以兌換各種商品和服務，或是現金。

黃金卡或白金卡會員可以獲得更廣泛的福利，從使用機場貴賓休息室與房間升級，到提供信用額度，但是美國運通對這類會員收取數百美元的年費，而標準卡片的年費在100美元以下。

持卡人還可以因為「免費的」商務旅行意外險計畫或全球客服人員受惠。[91] 還有租車遺失和碰撞保險計畫（Car Rental Loss and Damage Insurance Plan，理賠範圍包括損害或竊盜、意外傷害、死亡等等），以及購物保障計畫（Purchase

Protection Plan，美國運通對於購買 90 天內被盜或意外損害的商品進行賠償）。

巴菲特在波克夏 1995 年的股東大會上解釋卡片業務對美國運通的重要性：它仍然是「世界各地財務誠信和貨幣替代品的代名詞……到目前為止，（美國運通）未來許多年最重要的因素會是……卡片。我們認為美國運通的管理階層對於……如何保持卡片的特殊性考慮得很周到[92]。」

旅行支票

在旅行支票發明以前，對於出國旅遊的人來說，在支付像飯店費等服務的費用時，都要做出困難的抉擇：不是要帶著大量的現金，就是要透過國內銀行安排信用狀，以便透過當地的銀行提取現金或付款。

不過第一個選擇會有現金遭竊的恐懼，第二個選擇則是有很麻煩和受限制的問題（你必須去那家銀行）。

1891 年，美國運通的一個員工發明旅行支票。100 年後，這家公司成為世界領先的發行商。你可以在旅行時準備一本旅行支票簿，你把現金交給美國運通，他們會以你的名字列印支票，這些支票可以用數十種貨幣計價。當你到達旅行地時，你要在每一張支票上簽名。

然後，當你在國外買東西時，你需要在飯店老闆、店家老闆、租車公司在場的情況下再次簽下支票。他們會檢查這兩個簽名是否一致。這些組織會得到美國運通的付款保證，

在全世界，美國運通的保證都值得信賴。

旅行支票遺失或被竊的客戶則可以從美國運通那裡獲得退款，或是補發。

美國運通則向買進旅行支票的人收取費用，並從匯率和浮存金中受益。對巴菲特來說，這家公司有浮存金存在是很有趣的特質：從旅行支票買家那裡收到的所有現金都存放在公司內部，直到他們出國花掉支票與換回現金，至少它為集團有機會提供巨大的現金流，更重要的是，它還可以產生利息——浮存金通常會投資在安全取得收入的來源（通常是評等較高的債券，主要是美國中長期公債）或地方政府票券和公債。

資訊優勢

美國運通提供服務給數百萬名客戶，而且他們的消費模式會產生大量的數據。數據分析既可以藉由客製化來提升服務水準，也有機會銷售新產品和服務。美國運通長期以來一直根據各種特徵，包括收入、生活方式、食物偏好和飛行模式等等，將客戶分成不同群體，以便推薦給每個群體適合的服務和產品。

即使是在 1990 年代之前，這些數據可以幫助美國運通銷售比許多主要零售商更多的消費品。它還幫助一個出版數十種雜誌、價值 1.5 億美元的出版部門成長，然後還有利用這些資訊交叉銷售一系列產品的龐大金融服務部門。[93] 在

1990 年代初，這個部門的銷售金額占集團銷售金額 22％，它被稱為投資人多元化服務（Investors Diversified Services，不過後來改名為美國運通金融顧問〔American Express Financial Advisors〕，後來從美國運通分拆出來，成為阿默普萊斯金融公司〔Ameriprise Financial〕），透過數千名理財規畫人員提供財務規畫、財富管理、共同基金和保險等服務。

美國運通銀行還可以利用客戶資料來宣傳。雖然銀行只占集團銷售金額 5％，但它在 37 個國家有超過 80 間分行，並以身為當地的代表提供其他業務，它鎖定的是高資產淨值的企業家。

還有另一個事業是提供旅行安排，包括旅行計畫、預定服務、票務、旅行費用管理等等，跟旅行社的業務類似。

重視品質

幾十年來，美國運通的員工一直被灌輸的文化是要致力提供最優質的服務。1977 年至 1993 年間領導美國運通的詹姆斯‧羅賓遜三世（James D. Robinson III）經常提到：「品質是我們唯一的專利保護。」他也喜歡說：「只承諾你可以兌現的承諾，並提供超出承諾的服務。」

羅賓遜三世引進衡量品質的量化標準，像是接電話需要的時間（在 1980 年代平均是 7 秒），以及從客戶通知美國運通卡掉了到更換卡片經過多少小時（在 1980 年代的標準也是 24 小時）。就像麥當勞建立麥當勞漢堡大學（McDonald's Hamburger University）一樣，美國運通也建立他們的品質大學（Quality University）。

　　員工付出額外努力去幫助顧客的故事很多，有時就跟字面上的意思一樣，例如有個波士頓的員工半夜起床到機場送卡片給滯留在機場的顧客。

　　對品質無止境的關注與廣泛的市場行銷（1980 年代末期一年會花超過 2.5 億美元，是 Visa 和萬事達卡花費總額的兩倍），使得美國運通成為 1990 年代世界十大最受認可的品牌。以安全、誠信、服務客戶的形象定位，讓這個品牌擁有競爭優勢。

　　這些因素使美國運通卡有高額的獲利，即使 Visa 和萬事達卡掌控世界上四分之三的信用卡市場。透過向商家收取高額交易「折扣」，他可以從商家那裡得到一半的營收。它也可以要求客戶支付高額的年費，Visa 和萬事達卡則沒收年費。它依賴獨特、享有聲譽的品牌，如果你能夠越過門檻，你就可以使用一系列精心客製化的服務，而且會因為成為菁英俱樂部成員而感到滿意。一般來說，會員每年的消費金額大約是 Visa 卡和萬事達卡客戶的四倍。

網路與規模經濟

　　美國運通建立一個全球支付網絡，擁有數萬個接受它的信用卡的商家（在 1990 年代初期，美國運通在 160 個國家經營，並提供 32 種貨幣業務）。這讓它享有成熟業者優勢

（incumbency advantage），再加上產品的不斷改進，使新進廠商要創立並行的網絡變得極為困難。

此外，數十年來廣告和其他建立品牌的行動，在會員或有志成為會員的人心中累積的影響，其他品牌難以追上。而且之後與達美航空、英國航空、希爾頓飯店等公司建立的合作夥伴計畫生態系，樹立起強化品質的形象，並提供量身打造的折扣，新進廠商也難以複製這種計畫。

鑄下大錯

美國運通的核心業務在 1980 年代初期投入大量現金，讓詹姆士·羅賓遜三世看到創立「金融超市」的機會，提供客戶愈來愈多的一系列服務。當然這會產生綜效，重要的是，能夠向持卡人和旅行支票的客戶推銷更多產品，不是嗎？

照理來說，客戶應該喜歡在不用離開美國運通旗下公司的情況下，取得六種不同的服務。而且在後勤的工作中肯定會產生規模經濟，不是嗎？

因此在 1981 年，美國運通以 9.32 億美元收購美國第二大券商，也就是投資銀行與零售經紀公司謝爾森勒布羅德公司（Shearson Loeb Rhoades）。1983 年，瑞士的私人銀行「貿易發展銀行」（Trade Development Bank）加入，市值又增加5.5 億美元，而且在 1984 年，以 7.9 億美元買下投資人多元化服務公司。

為了進一步增強實力，美國運通在 1984 年以 3.6 億美元收購投資銀行雷曼兄弟，接著又在 1987 年以 9.62 億美元收購零售經紀公司赫頓公司（E.F. Hutton）。對於一家市值在 100 億至 140 億美元的公司來說，這是一筆巨額支出。

許多在 1980 年代風靡一時的金融服務集團最後都以失敗告終。美國運通的實驗取得部分成功，舉例來說，投資人多元化服務就很出色，但是大部分的實驗都讓人失望。

許多服務並沒有整合成一體的感覺。信用卡部門的高層不想把他們高貴的品牌與謝爾森的投資銀行業務連結起來，他們懷疑謝爾森的冒險性格與常常發生的疏漏會損害他們的形象。他們也不願意把耐心建立起來的寶貴客戶清單交給謝爾森或雷曼兄弟那些強勢推銷、著重交易的人。

除此之外，大多數持卡人都喜歡貨比三家去尋找有價值的金融服務，而不是向一個組織購買所有的服務。

這個集團也變得很笨重。在擴張的過程中，各部門的主管可以不受阻礙的擴大自己的領域，而且權力也從集團中心下放。有些老闆不受約束，而且過度自信，犯下的錯誤對集團產生重大的影響。

由於風險控管不當，保險子公司消防員基金（Fireman's Fund）和貿易發展銀行出現虧損。謝爾森讓集團面臨極大的風險和虧損，包括承保出錯、商業房地產的資產決策錯誤到過渡性臨時貸款（bridging loans）的訂價偏低，以及拉丁美洲的貸款崩盤。

虧損很大，使得羅賓遜三世無法不投入更多資金到謝爾森裡，讓謝爾森維持運作。高階管理階層把過多的注意力放在解決許多虧損部門的突發問題上，以至於忽視核心的信用卡和旅行支票業務。

這些問題似乎還不夠多，這個集團的策略還包括跨足非金融服務事業，像是高單價的海狸溪會議中心（Beaver Creek Conference Centre）和一家畫廊。

還有一些不道德的行為出現。薩夫拉事件（Safra affair）就是一個突出的例子——當貿易發展銀行被美國運通收購時，愛蒙德・薩夫拉（Edmond Safra）擔任銀行負責人，他以為可以按照自己的方式在美國運通的保護下經營這家銀行，卻在兩年後的 1985 年，他因不滿經營受到限制而辭職，當薩夫拉試著建立一家新銀行時，他成為被造謠中傷的對象。

為了抹黑薩夫拉，美國運通的人在報紙上散布假造的謠言，這種不專業、沒有原則的行為引起媒體的廣泛關注，損害美國運通的公眾形象，難堪又丟臉的美國運通在 1989 年同意向他道歉，並付 800 萬美元給薩夫拉選擇的慈善機構。

隨後各組織競相發行信用卡，競爭變得更加激烈，這樣的競爭以 Visa 和萬事達卡為首，但西爾斯百貨（Sears）的發現卡（Discover Card）、奇異（General Electric）、福特和 AT&T 等大集團也加入競爭，這使得美國運通的簽帳卡和信用卡業務難以推展。

美國運通向商家收取的費用也引發廣泛抗議，波士頓費用黨（Boston Fee Party）帶領許多餐飲集團發起抗議。有個特別讓人難忘的插曲是，有位廚師在美國的電視台上用刀刺穿一張美國運通卡。美國運通之所以可以向商家收取高額的手續費，是因為持卡人的消費比持有其他信用卡的人消費得更多，因此零售商特別熱中為他們提供客製化服務。但是到了 1980 年代末期，美國運通可以說做得太過分了，結果開始被「抵制」，這意味著商家會要求顧客使用另一張卡或是現金，結果美國運通的市占率節節下降。

約翰·伯恩（John J. Byrne），也就是 1976 年拯救蓋可公司的那個「傑克」·伯恩（Jack Byrne）[94]，在 1992 年 9 月的董事會議上以美國運通董事的身分發言時，對 1980 年代發生的事情做了總結：「在羅賓遜三世任職期間，股東損失 30 至 40 億美元[95]。」

因此，儘管核心業務帶來獲利與高資本報酬率，但截至 1991 年夏天的八年來，股價毫無表現（見圖 3.1）。

巴菲特的兩筆交易

謝爾森雷曼兄弟的虧損和其他業務的惡化，使美國運通的財務結構更為脆弱。這導致 1991 年 7 月標準普爾把美國運通主順位債務（senior debt）的評等從 AA 降至 AA-，針對這家過去被視為擁有堅若磐石的業務與資產負債表的公司發出非常負面的訊號。這讓提供給持卡人寬限期需求的借款成

圖3.1　美國運通 1983 年夏季至 1991 年夏季的股價

本上升，而且在金融市場上，公司的商業本票、票據和證券
化商品的接受度也降低。

　　到了 1991 年 7 月中旬，羅賓遜三世知道必須採取一些
措施來籌措現金，並改善資本結構，他不得不出售股票。參
與美國運通財務委員會的傑克‧伯恩立刻想到他的好朋友巴
菲特，羅賓遜三世也同意伯恩的構想。

　　巴菲特回憶說：「我告訴傑克我感興趣，他要吉姆打電
話給我。」[96] 巴菲特與羅賓遜三世的談話很順利，一個星期
後的 8 月 1 日，波克夏投資美國運通 3 億美元（他原本想要
投資高達 5 億美元，但是羅賓遜三世只要 3 億美元）。巴菲
特充分意識到這項特許經營權業務的歷史優勢，但在 1991

年，他跟其他投資界的人一樣，很擔憂這家公司釀出的一系列問題。公司有需要阻止損失，如果沒有讓損失止血，這些損失就會壓垮整個集團。

更重要的是，美國運通不會再跟以前一樣占據主導地位。相互競爭的信用卡供應商正在快速成長，消費者被免年費與付款期間更長的條款所吸引，自然附帶高利率；另一方面，競爭者也以較低的手續費來吸引商家。

這種特許經營權的未來很不確定，這讓巴菲特在 1991 年無法承諾要投資普通股。相反的，他買進一種不常見的特別股，就是優先權益可累積贖回特別股（preferred equity redemption cumulative stock），這類債券的固定利息為 8.85%，比標準的特別股股息還高，優先權益可累積贖回特別股必須在 3 年後轉換成美國運通「最多」1,224.5 萬股的普通股，[97] 但如果普通股的市值在 1994 年 8 月超過 4.14 億美元，那轉換比例就會下修，這樣波克夏就不會收到市值超過 4.14 億美元的股票。

巴菲特在 1991 年的信中，說明優先權益可累積贖回特別股的獎勵概況：「儘管我們在債券轉換後得到的普通股價值有上限，但是沒有下限。」但如果 1994 年 8 月 1 日的普通股股價低於 24.5 美元，損益兩平的水準下是 3 億美元，那麼轉換期間至少可以延長一年。

巴菲特接受這種上漲限制是很不尋常的，但羅賓遜三世堅持要這樣做。巴菲特幾乎沒有其他途徑來以這種投資報

酬率進行投資（股息之所以提高，正是因為失去很多上漲空間），而且他希望這種特許經營權事業未來可以變得更強大。

他也對這家在 25 年前幫助他創造財富和聲譽的公司有些依戀。這位波克夏的董事長在接受《奧馬哈世界先驅報》（*Omaha World-Herald*）的採訪時開玩笑說，羅賓遜三世並沒有提出要讓他用信用卡支付交易費用。

雖然巴菲特沒有取得董事席位，也許是因為他已經是華爾街競爭對手所羅門公司的董事，他告訴美聯社他會「在被問到意見的時候發言」。

1994 年 8 月，美國運通藉著向波克夏發行 13,997,141 股普通股（超出最初規定的 1,224.5 萬股，額外的股份是因為稍早分拆雷曼兄弟所做的補償），強制贖回優先權益可累積贖回特別股。

此時，巴菲特需要做出決定——該繼續持有這 1,400 萬股的股票，還是全部賣掉去找尋其他的投資機會。一方面美國運通出色的執行長哈維・格魯布（Harvey Golub，羅賓遜三世的繼任者）似乎有可能把公司的潛力發揮到最大，[98] 而且也能把核心事業的特許經營權發揮到最大。另一方面，「這種潛力的大小是個問題。美國運通面臨殘酷的競爭，競爭對手是 Visa 領導的眾多發卡銀行 [99]。」

巴菲特衡量這些論點之後，他傾向賣出股票。但在那個月的思考期間，他與赫茲租車執行長法蘭克・奧爾森（Frank

Olson）一起打高爾夫球，「這是我很幸運的地方……法蘭克是出色的經理人，對信用卡業務有深入的了解，所以從第一洞發球開始，我就開始問他這個產業的狀況。當我們到第二洞的果嶺時，法蘭克說服我相信美國運通的公司卡是很棒的特許經營權事業，而且我已經決定不要賣股票……當然我很感激法蘭克。但是我們的共同朋友喬治·葛里斯佩（George Gillespie）說，我搞錯感謝對象了。畢竟他強調，是他安排這場球賽，把我分配到法蘭克那個四人組[100]。」

恢復特許經營權讓巴菲特加碼

早在高爾夫球賽前，巴菲特就觀察到理性的回歸。

首先，高層出現改變。在羅賓遜三世在受到投資人和董事會的壓力下辭職後，哈維·格魯布在 1993 年 2 月挺身而出，接下他的位置，格魯布是經驗豐富的美國運通人，自 1984 年以來一直是非常成功的投資人多元化服務公司金融服務部門的老闆，1991 年 11 月之後也是信用卡與旅行支票業務的老闆，他有一個策略，包含三部分——

1. 建立核心的特許經營權事業，特別關注在「品牌價值」上，也就是巴菲特耳中聽到的音樂

2. 透過賣出業績不佳的部門來募集資金，以及

3. 削減成本。

第二，一系列非核心業務接連快速賣出，籌措到數十億

美元的資金。到了 1992 年 4 月，一家資訊服務的子公司第一數據（First Data，提供 Visa 和萬事達卡等多家信用卡公司信用卡處理業務）把 46％的股權公開出售，籌措到大約 11 億美元。隔年 3 月可以看到第一數據的持股又減少到大約 22％，又籌措到 11 億美元。

1993 年，出售謝爾森雷曼兄弟的零售經紀與資產管理業務，價格是 10 億美元加上這些業務一部分未來獲利。而且波士頓公司（Boston Company）、一家私人銀行、一些信託與共同基金管理事業，以及謝爾森雷曼赫頓房貸公司（Shearson Lehman Hutton Mortgage Corporation）合起來以 14.5 億美元的價格出售。

1994 年 5 月，雷曼兄弟部門以免稅分配的方式獨立出來，分拆給美國運通的股東（這是一種特殊的股息：一股雷曼兄弟股票換取五股美國運通股票）。在這之前，美國運通提過這筆對雷曼兄弟的「投資」花了 24 億美元。

這些作為的目的是要達到格魯布設定的目標——

1. 股東權益年報酬率達到 18％至 20％

2. 每股盈餘每年增加 12％至 15％。

1995 年，恢復活力的信用卡業務擴張到 27 國。這家公司開始強化信用卡服務，像成立品牌 Optima 卡，用來與簽帳卡區隔，來跟 Visa 和其他信用卡公司競爭。那年他們也第一次進軍外國，到了英國。

送錢給股東

格魯布策略的第三部分對巴菲特來說肯定是關鍵，因為它讓我們深入了解董事們考量股東利益的程度。

1992 至 1994 年間，董事們在改善核心業務、透過出售非核心事業並削減成本來籌措資金上做得非常出色，讓美國運通產生的現金流明顯高過維持特許經營權事業所需的現金流。看起來，在目光所及的範圍裡，它們都會繼續這樣做。

美國運通並沒有像大多數經理人那樣囤積資金或大肆收購，而是透過買回庫藏股，悄悄的把資金還給股東。它們了解自己的能力圈，而且任何額外的投資都必須產生良好的報酬率。這些董事們在 1994 年的年報中表達他們的意圖：「如果保留盈餘比投資機會需要的資金還多，公司就會以買回庫藏股的方式把多餘的資金還給股東。1994 年間，公司已經從幾年前需要強化資本狀況，發展到公司有資金去支持公司的信用評等、在核心業務的成長機會上注入資金，並透過買回庫藏股計畫來把資金還給股東。」

股東收到現金的時間是從 1994 年 9 月公司以平均 30.37 美元的價格買回 1,460 萬股股票開始，之後大多數的年份都進行大規模的買回庫藏股計畫，1998 年的金額達到 18.9 億美元，2019 年則是 46 億美元。

波克夏成為最大股東

這些振奮人心的跡象，使巴菲特愈來愈相信美國運通會

是很棒的投資。1994年，波克夏不僅保留優先權益可累積贖回特別股轉換的1,400萬股股票，還額外加碼1,380萬股（平均價格是30.81美元），這使得波克夏的持股比例增加到5.5%。

波克夏對美國運通的投資高達7.24億美元，在非控股公司的投資中，僅次於投資12.98億美元的可口可樂。接著在1995年3月，巴菲特額外加買2,170萬股，平均價格30.83美元，讓持股比例接近10%。巴菲特總共投資13.93億美元，甚至比當時投資可口可樂的金額還高。

銀行監理機關不贊成一家非銀行組織對一家銀行有很大的影響力，因為可能會有潛在的利益衝突（美國運通銀行和其他金融部門業務讓巴菲特在貸款等業務有可能獲得優惠待遇），1995年，波克夏的持股比例被認為對美國運通有影響力，因此，巴菲特覺得有必要削減波克夏的掌控能力。

2月，他寫信給格魯布，提到「如果波克夏收購美國運通10%以上有投票權的股票……（1）波克夏不會在未經美國運通事先同意下，處分任何股份給持有超過5%的人，（2）只要哈維‧格魯布還是執行長……波克夏就會根據董事會的建議投票。」

1998年，美國運通受到亞洲金融危機衝擊後，波克夏逢低買進，又加碼108萬股，花了7,700萬美元。每股價格是71.57美元，是先前買進價格的兩倍以上。考量1998年已經是連續第六年超過每股盈餘成長12%至15%的目標，

以及股東權益報酬率 18％至 20％的目標，很容易可以證明較高的股價是合理的。

不斷成長

到了 1990 年代末，董事們把事業的重心從削減低營收成長業務的支出，轉變成讓核心業務的業績成長率維持在10％至 13％。他們成功讓美國運通卡的使用範圍大幅增加，不只在旅遊和商務上使用，在加油站、超市、零售商店和電信等地方的日常支出也可以使用。

另一項轉變是，在 1995 年的時候，美國的卡片帳單中只有 4％是信用卡消費，到了那個 20 世紀末，這個比例來到 19％。

1999 年，美國運通卡支援的幣種數量達到 50 種，有效卡有 4,600 萬張（見圖 3.2）。稅後獲利從 1992 年的不到 5億美元，到了 1999 年增加到將近 25 億美元（見圖 3.3）。股價因此在 1990 年代上漲將近六倍（見圖 3.4）。

基於完美預期的內在價值

1994 年 8 月 1 日，波克夏買進美國運通第一批普通股的時候，公司的市值是 120 億美元。「市場先生」是太樂觀、太悲觀，還是判斷正確？為了試著回答這個問題，我要估計公司的年收入，並從中推導出公司可能的內在價值。

在下面的計算中，我做了一個簡化的假設，但與實際情

圖 3.2　美國運通發行的有效卡數量

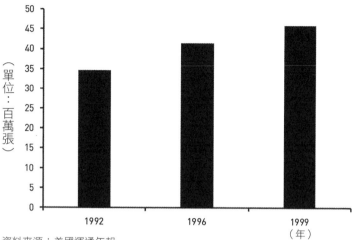

資料來源：美國運通年報

圖 3.3　美國運通的淨利

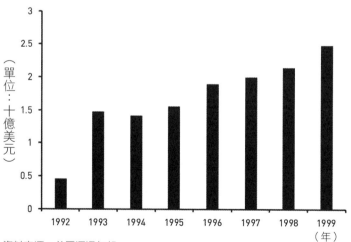

資料來源：美國運通年報

圖 3.4　美國運通 1991 年 7 月至 1999 年 12 月的股價

資料來源：ADVFN

況相距不遠：美國運通每年需要在資本項目上花費的金額，
以及增加營運資本來維持特許經營權事業和規模，還有投資
在增加附加價值的計畫金額，與帳戶裡的非現金，像是折舊
和攤銷大致相同。

　　有了這個假設，股東盈餘（owner earnings）就會等於淨
利。[101] 這讓我們可以藉著使用已公布的淨利數字來估計內
在價值，而不必對已公布的盈餘進行調整，否則可能需要獲
得股東盈餘估計值，才能估算內在價值。

　　為了計算內在價值，投資人需要查看公司的財報，以及
公司在戰略地位與管理方面的品質，才能衡量未來可能的獲
利能力。這是巴菲特在 1994 年經歷的一個過程，當時他掌

握未來股東盈餘的估計數字。

他的出發點可能是觀察到 1993 年「股東盈餘／淨利」大約是 15 億美元，以及預期 1994 年的數字是 14 億美元。他很可能也有檢查幾年前的數字，並將核心特許經營權事業的獲利與非核心事業的獲利分開，非核心業務往往會產生呆帳和損失。

如果他採取保守的作法，而且假設未來幾年的情況沒有什麼變化，也就是股東盈餘一直維持 14 億美元，而且折現率是 10％，[102] 他就會計算出內在價值是 140 億美元，略高於當時 120 多億美元的市值。

但是這個估計並沒有考慮到出售拖累業績的投資銀行和證券業務。如果它能讓自己保持一點樂觀的態度，想像新經理人會有效的重新關注在核心事業上，而且會藉著賣出表現不佳的部門來籌措資金，那麼或許股東盈餘會逐年上升。我們就假設股東盈餘平均每年成長 5％好了。

在這種情況下，估計的內在價值會是 280 億美元，這個市場價格提供非常大的安全邊際。

事後來看，我們都知道 1994 年後的淨利（見表 3.1）。以我們的完美預期，可以用實際的「未來股東盈餘／淨利」來計算 1994 年的內在價值，表 3.1 最後一欄顯示折現回 1994 年淨利的現值。

顯然淨利固定在 14 億美元的保守假設後來證明大錯特錯。在短短六年內，這個數字就加倍，年複合成長率是

表 3.1 美國運通的淨利與折現後的淨利

年份	淨利	折現率 （每年 10%）	折現回 1994 年的淨利現 值（單位：十億美元）
1995	1.56	0.9091	1.42
1996	1.90	0.8264	1.57
1997	2.00	0.7513	1.50
1998	2.14	0.6830	1.46
1999	2.48	0.6209	1.54
2000	2.81	0.5645	1.59
2001	1.31	0.5132	0.67
2002	2.67	0.4665	1.25
2003	2.99	0.4241	1.27
2004	3.45	0.3855	1.33
2005	3.73	0.3505	1.31
2006	3.71	0.3186	1.18
2007	4.01	0.2897	1.16
2008	2.70	0.2633	0.71
2009	2.13	0.2394	0.51
2010	4.06	0.2176	0.88
2011	4.94	0.1978	0.98
2012	4.48	0.1799	0.81
2013	5.36	0.1635	0.88
2014	5.89	0.1486	0.88

年份	淨利	折現率 （每年 10%）	折現回 1994 年的淨利現 值（單位：十億美元）
2015	5.16	0.1351	0.70
2016	5.41	0.1228	0.66
2017	2.75	0.1117	0.31
2018	6.92	0.1015	0.70
2019	6.76	0.0923	0.62
2020	3.14	0.0839	0.26
假設持續存在	6.76 （6.76/0.1） = 67.6	0.0839	5.67
1994 年的內在 價值估值（折 現後的總值）			320 億美元

資料來源：美國運通年報

14.9%。

　　無可否認，美國運通受到後網路泡沫時代的經濟衰退（2001 年的 911 恐怖攻擊，導致美國運通 11 名員工死亡），以及 2008 年全球金融危機的沉重打擊。儘管如此，即使在這些衝擊之後，獲利並沒有大幅下降，而且很快就恢復。

　　2019 年，美國運通的淨利是 67.6 億美元，而且透過股息和買回庫藏股還給股東 60 億美元。波克夏現在有美國運通 18.8%獲利的「透視盈餘」（look-through earnings），每年的數字幾乎等於波克夏 1990 年代投資美國運通的總額

圖 3.5　美國運通內部資金的股東權益報酬率

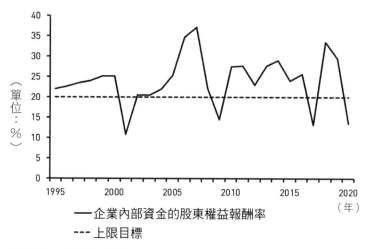

——企業內部資金的股東權益報酬率
--- 上限目標

資料來源：美國運通年報

14.7 億美元。

股東權益報酬率

波克夏投資美國運通非常成功，關鍵因素在於美國運通的經理人有能力超越哈維‧格魯布在 1994 年設定野心勃勃的成長目標：股東權益報酬率每年以 18% 至 20% 成長。

你可以在圖 3.5 看到驚人的高報酬率。只有四年的股東權益報酬率不到 20%，這個目標對於更為平凡公司的高階主管和股東來說只能是夢想。

美國運通的資深團隊刻意把公司的股東權益數量保持在

圖3.6 波克夏 1998 年至 2020 年持有美國運通股票的市值

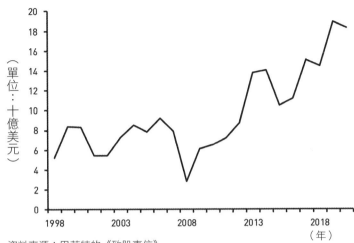

（單位：十億美元）

資料來源：巴菲特的《致股東信》

非常拮据的狀態，他們決定在公司裡不保留任何一美元，除非那一美元每年至少已經賺到 20 美分。無法賺到這麼多錢的資金，則會透過買回庫藏股或發放股利來還給股東。

股價的反應

截至 2020 年底，波克夏持有的市值從買進成本 14.7 億美元，增加到 18.3 億美元（見圖 3.6）。

除了股價上漲之外，波克夏還收到幾乎是買進股票成本兩倍的股息。2005 年 9 月，波克夏收到分拆出來的美國運通財務顧問部門股票，這個新公司稱為阿默普萊斯金融公

司。波克夏擁有 3,030 萬股的股票，持股比重 12.2%，價值 11 億美元（他們在 2008 年 5 月賣掉全部的股票。）

2020 年，波克夏持有的每股美國運通股票得到 1.72 美元的股息，總計收到 2.61 億美元。

不要賣掉出色的特許經營權事業

請注意圖 3.6，2001 年股價跌了三分之一，2008 年股價跌了三分之二，不過巴菲特在這兩次景氣衰退的情況下選擇不賣出股票，儘管經濟衰退很明顯會對旅遊、信用卡消費、呆帳和淨利造成影響。

他把美國運通視為他的「四大卓越公司」之一。[103] 他永遠不會賣掉這些公司。一如既往，他重提在商業與投資中對長期夥伴關係的熱愛，說道：「我們把這些持股視為有興趣與卓越的公司合夥，而不是基於他們的短期前景而在市場買賣的證券[104]。」

長期來看，他的堅定立場證明是對的。這種承諾與忠誠，不只讓巴菲特與美國運通董事會的關係得以加強，還避免試圖猜測市場高點和低點的陷阱。

目前美國運通的股價超過 140 美元，請注意，這個價格是 2000 年 1 股股票分割成 3 股股票之後的股價，所以每股「舊股」實際上已經從 1994 年大約 30 美元，上漲到今天超過 420 美元。（2000 年，波克夏的持股從分拆股票前的 5,054 萬股，增加至分拆股票後的 1.5161 億股。）

變革但保有延續性

60 歲的格魯布在 1999 年宣布，他的全職工作只做到 65 歲。他的工作已經完成，「這家公司的狀況非常好，已經建立起強力的成長引擎。我們的品牌和聲譽卓著、我們的人才和智慧資本優異，而且我們的客戶群龐大又忠誠 [105]。」

他保留充足的時間來交接給新任執行長，格魯布選擇讓備受高度推崇的肯尼斯・錢納特（Ken Chenault）接手，這項選擇也得到董事會和股東的核可。1993 年以來，錢納特一直是格魯布最信任的第二號人物，2001 年，他成為標準普爾五百大公司第三位黑人執行長。

巴菲特在 2006 年的信中表示，他非常欽佩錢納特，他接著提到，身為投資人需要的技能，與經營一家公司所需的技能並不相同：「我認為我無法勝任他們執行的管理工作，而且我知道我不喜歡他們的職位所產生的很多職責，像是會議、演講、出國旅行、參加慈善活動，以及跟政府保持良好關係。對我來說，羅納德・雷根（Ronald Reagan）說得對：『努力工作或許永遠不會傷害任何人，但是為什麼要冒這個險呢？』所以我走輕鬆的路，只是坐下來跟經營自己事業的偉大經理人一起工作。我唯一的任務就是為他們加油、塑造並強化我們的企業文化，並做出重要的資產配置決策。我們的經理人透過努力與高效的工作來回報我的信任。」

錢納特在 2018 年退休，由另一位美國運通人史蒂芬・史奎里（Stephen Squeri）接任。2020 年 5 月，新冠肺炎疫

情肆虐時，巴菲特向史奎里提供跟 56 年前沙拉油醜聞最嚴重時期一樣的建議：「美國運通最重要的是公司品牌，以及渴望與公司建立關係的客戶。」[106] 在很多客戶面臨財務困難時，史奎里加倍努力去維繫客戶關係。美國運通免除滯納金、降低利息，而且削減每月的還款，還幫助客戶得到退款。

護城河與城堡

這種對建立品牌的重視，始終是為了深化經濟特許經營權城堡周圍的護城河，「真正偉大的企業必須擁有持久的『護城河』，藉此保護出色的投資報酬。資本主義的動態變化，保證競爭對手會不斷攻擊任何可以賺取高報酬的事業『城堡』，因此有個難以克服的阻礙對於公司的持續成功很重要，像是成為一家低成本製造商（蓋可公司、好市多），或是世界級品牌（可口可樂、吉列、美國運通）[107]。」

巴菲特警告我們，要注意虛幻的經濟特許經營權。你會遇到很多「羅馬蠟燭」（Roman Candles）（注：這是一種手持的煙火，這裡是一種雙關，對比「羅馬城堡」），這些公司的護城河失去功效，因此當全力以赴的競爭對手成功的時候，經濟特許經營權就會消失。

根據定義，經濟特許經營權必須要很持久，在快速和持續改變的產業中不太可能出現。很多「創造性破壞」會在那些產業裡出現。這對社會來說雖然是件好事，但卻排除投資

的確定性。正如巴菲特所說：「一個必須一直重建的護城河，最終並非護城河[108]。」

如果企業出色的成功取決於領導企業的優秀經理人，就會產生一種錯覺：「當然，一位出色的執行長對任何企業來說都是一項巨大的資產，而在波克夏，我們擁有大量這樣的經理人。他們的能力創造數十億美元的價值，如果由典型的執行長來經營他們的企業，就不會有這樣的成果。但是如果一家企業需要一個超級巨星來創造出色的業績，這個企業就不會被認為是偉大的企業。在你那裡最好的腦神經外科醫師領導的醫療合作團隊，可能會享有不斷成長的高額利潤，但是這並不能說明這個團隊的未來。當這位外科醫師離開的時候，合作團隊的護城河就會消失。你可能可以指望梅約診所（Mayo Clinic）的護城河會繼續存在，儘管你無法說出執行長的名字[109]。」

經濟特許經營權的投資不一定會優先考慮特定出色事業的盈餘成長，相反的，它首先考量的是要有高資本運用報酬率（returns on equity capital employed）。不論企業產生的現金流是投資在自身的經營來產生成長，還是由投資人拿走，都要以每增加一塊錢可以得到多少報酬當作衡量標準，把錢重新投資在其他高股東權益報酬率的地方。「我們在一個穩定的產業裡追求的是長期的競爭優勢。如果這伴隨著快速的自然成長，那就太好了。但是即使企業沒有自然成長，這樣的企業還是有價值的。我們會簡單地利用企業豐厚的利潤，

用這些利潤去購買其他類似的企業 [110]。」

　　美國運通需要一些投資來讓事業成長，但與公司產生的現金相比，投資並不算多，因此，它把錢交給股東的數量是 1990 年代初期的很多倍。巴菲特把從美國運通那裡得到的數十億美元分配給其他出色的事業，這些故事後面會詳細說明。

學習重點

1. **注重經濟特許經營權**。即使經理人在其他事業上浪費時間和金錢,它仍然強大嗎?

2. **公司偏離軌道後,要有重回正軌的能力**。目前的經理人是否能夠理性的選擇正確的發展方向,並執行變革?

3. **與透過冷漠、不友善或廉價服務在短期內獲得數百萬美元相比,企業的聲譽更有價值**。巴菲特在 1960 年代建議美國運通的董事,不要爭論該不該付錢給在沙拉油醜聞中損失錢的人。他在 1990 年代強調服務的品質與行銷。在新冠肺炎疫情中,他建議面臨財務困境的持卡人時,提供慷慨、靈活、優異的服務。

4. **產生高股東權益報酬率的公司不應該擴張或多元發展,除非額外增加一美元的投資可能產生良好的報酬率**。當所有增加價值的投資都有資金挹注,經營良好的公司會把額外的現金回饋給股東。

鞋業集團：布朗、羅威爾鞋業與德克斯特鞋業（The Shoe Group – H. H. Brown, Lowell, Dexter）

投資概況	時間	1991 年至今
	買入價格	布朗鞋業，1991 年 7 月：1.61 億美元 羅威爾鞋業，1992 年 12 月：4,600 萬美元 德克斯特鞋業，1993 年 11 月：波克夏 2.14% 的股權，價值 4.33 億美元
	股份數量	所有股份
	賣出價格	持有中
	獲利	並未揭露，但坦承獲利讓人失望

1991 年的波克夏 · 海瑟威
股價：6,550 ～ 9,100 美元　市值：73.8 億美元
每股市值：6,437 美元

　　這個故事講述的是巴菲特自己宣稱犯下「最嚴重的錯誤」。[111] 在短短幾年內，買下第三家公司德克斯特鞋業付出的 4.33 億美元就完全蒸發了，如果巴菲特是用現金買進，這件事就不會那麼痛苦的烙印在他心裡。不過，對於一家市值 100 億美元的公司來說，4.33 億美元的損失還可以負擔。

但是他同意支付波克夏 25,203 股的股票，大約占公開發行股數 117.7 萬股的 2.14%。因此，波克夏的股東用公司 2.14% 的股份，換取很快就在競爭對手打擊下，輕鬆被打敗的公司。他們犧牲的股票如今的價格每股超過 39 萬美元，因此，買進德克斯特鞋業的成本已經接近 100 億美元。

無論如何，投資鞋業公司並不全然是壞事，專業製造商布朗鞋業和羅威爾鞋業能夠繼續得到合理的獲利。這些產品的客戶，例如爬上電線桿工作的人、軍人和護士，都需要優質的鋼頭靴或舒適的室內鞋，讓他們可以整天穿著走動，他們非常願意用高價買到合適的鞋款和性能，買便宜貨可能是錯誤的選擇。因此，三十多年來，波克夏一直透過在小眾市場銷售的鞋子和靴子得到很高的獲利。遺憾的是，巴菲特為了創造所謂的「鞋業集團」，而投資進去的錢，有三分之二最後都浪費掉了。

儘管如此，我們投資人還是可以從錯誤中學到很多東西，尤其是當錯誤是由一位經驗豐富的 63 歲投資人犯下的時候。

鞋業集團成員——布朗鞋業

亨利・布朗（Henry H. Brown）在 1883 年開設他的第一家鞋子工廠，在麻薩諸塞州南蒂克市（Natick）的 23 家鞋子工廠中再添一名生力軍。兩年後，這家公司雇用 175 個人，每天生產 2,000 雙鞋子。

1927 年，亨利·布朗以 1 萬美元把公司賣給 29 歲的瑞伊·赫福南（Ray Heffernan），他經營這家公司 62 年，在這段期間，公司因為生產堅固耐用的靴子而深獲好評。[112]舉例來說，Corcoran 靴最初是第二次世界大戰的傘兵靴，而且公司生產的軍靴已經被很多戰場上的士兵使用。它透過收購取得其他知名品牌，例如 Double-H 的西部靴。

不只是軍人願意花 300 美元買一雙靴子（平均價格是 120 至 160 美元）。建築工人、農民，以及伐木工人需到持久的體力、鋼製鞋頭，而且一整天都要很舒適，警察和消防員也一樣，礦工、郵差、騎自行車的人與搜救隊不僅重視鞋子的彈性，還在乎要能防水。

還有這些產品是美國製造，以及美國各級政府機構都偏好本國製造的產品。[113] 而且很多重要客戶需要較短的交貨時間，有時還需要小量生產，這意味著在美國製造比在遙遠的亞洲製造更有優勢。

這些因素使布朗鞋業能夠讓市場成長，而且獲得很好的毛利。到了 1991 年，在超過 2 億美元的營收中，營業利益有 12%。稅前獲利大約是 2,500 萬美元，而且稅後歸屬於股東的獲利大約是 1,500 萬美元。

赫福南出色的管理四家工廠，雇用大約 1,800 名員工，還有超過 100 人的銷售團隊。在他的管理下，公司供貨給數百家小型獨立零售商和批發商，然後這些零售商和批發商會把產品賣給因為工作性質（例如在重工業製造、建築或鋼鐵

業）而需要穿著安全鞋或安全靴的工人，接著他就與軍隊、警察或消防部門等等建立特殊的關係。

經過一生的努力，他在美國創造領先的安全工作鞋和靴子生產公司，並在其他市場（例如西部靴和休閒鞋市場）建立顯著的影響力。到了 1990 年代初，他因病被迫退休，赫福南請他的女婿法蘭克・魯尼（Frank Rooney）繼續經營公司。

魯尼並不是因為娶了某個家族的女兒才成為優秀企業的繼承人。早在他被邀請加入這家公司很久之前，他就在離赫福南很遠的地方建立起聲譽。這位 22 歲的年輕人從華頓商學院（Wharton School of Finance and Commerce）取得學位之後，1943 年在太平洋地區服役。

他的經商生涯是從最底層的工作開始，1946 年，他在波士頓的約翰富特鞋業公司（John Foote Shoe Company）擔任銷售實習生。18 年後，他 42 歲，成為母公司梅爾維爾（Melville）執行長，這家公司的年營收從 1964 年的 1.8 億美元，到 23 年後他退休時成長到 70 億美元。梅爾維爾的盈餘平均超過企業運用資本的 20%。1964 至 1987 年間，股價從 16 美元上漲到 960 美元（平均年複合成長率 19.5%）。

那時梅爾維爾不只是鞋子的製造商，還是銷售商。有數千家商店，包括 Thom McAn 鞋店、折扣服飾店、玩具店與居家用品連鎖店。但是這個集團頂尖的零售事業是 CVS 藥局，銷售藥品、化妝品和其他個人產品。

魯尼的管理方法是把責任下放到組織裡。即使銷售倍增，他也只保留 7 名管理人員，而且他喜歡面對面或透過電話溝通，而不是透過文書溝通，他說他對透過文書溝通很反感。因此，他每年都要跋涉 8 萬公里，拜訪北美各地的商店。

就連他的 8 個孩子也加入旅程。他的兒子史蒂芬（Stephen）記得有很多個星期六會跟一、兩個兄弟姊妹坐家裡的車去巡店，問店員或經理，哪些行銷活動沒有效，以及顧客在找什麼產品，「店內的經理會開始跟他聊天，有些人會認為他只是個好奇的顧客，」史蒂芬・魯尼說，「他們在談話中知道他是老闆時，當然會有點嚇到[114]。」

1996 年，CVS 藥局從梅爾維爾分拆出來，成為 CVS 健康公司（CVS Health Corporation），現在這家公司有 30 萬名員工，以營收計算，在美國排名第四，僅次於沃爾瑪、亞馬遜與蘋果。市值 970 億美元。

當魯尼 29 歲與法蘭西絲・赫福南（Frances Heffernan）結婚時，他未來的岳父突然告訴他，最好放棄要到布朗鞋業幫忙的想法。由於魯尼在接下來三十年的工作表現出色，巴菲特描述這樣的拒絕是「赫福南先生少數犯下的錯誤之一」[115]。

併購交易

赫福南在 1990 年 12 月去世，享年 92 歲。1991 年初，

他的家人做出結論，最好賣掉公司，魯尼因此在高盛的協助下，接下尋找買家的工作。

高盛精心整理一份提供給潛在買家的資料，但真正的進展是從高爾夫球場開始。巴菲特的老友約翰‧盧米斯（John Loomis）1991 年春天在佛羅里達州的球場裡與法蘭克‧魯尼打球，話題轉到布朗鞋業的出售。盧米斯立刻認為這家公司很適合波克夏。「約翰告訴法蘭克，波克夏應該會喜歡這家公司，法蘭克馬上打電話給我。」巴菲特在 1991 年的信中這樣描述。

談話進行的很順利，根據魯尼的說法：「巴菲特說：『嗯，這聽起來很有趣，不要給我高盛準備的任何資料，只要給我過去幾年稽核過的財報數字就好。』」[116] 巴菲特在電話掛掉時想著：「他們會達成協議[117]。」

魯尼把財報傳給巴菲特，他們同意在紐約見面。吃午餐時巴菲特問魯尼和他的姐夫，如果波克夏同意他們開價，他們是否會停止跟其他潛在的買家接觸：「我說：『當然。』而他說：『好，那成交。』因此，我和姊夫在周圍的街道走了一圈，然後說：『好，那就這樣吧。』[118]」

讓魯尼驚訝的是，巴菲特沒有參觀工廠，也沒有見過布朗鞋業任何人，就同意了，「他到底是因為什麼原因要收購一家鞋業公司？我後來問他，他說……『因為你啊。』[119]」波克夏在 1991 年 7 月 1 日付出 1.61 億美元買下布朗鞋業 100％的股權。

巴菲特想要布朗鞋業，除了因為公司肯定有賺錢以外，還有三個主要原因，每個原因都直接與獲利有可能會持續成長有關——

1. 法蘭克・魯尼準備繼續經營這個事業：「我對這次收購很熱中，很大程度是因為法蘭克願意繼續擔任執行長。就像我們大多數的經理人一樣，他不需要因為財務需求工作，他會做這份工作，是因為他熱愛這個事業，而且想要有出色的表現。這類型的經理人無法用正常的「雇用」方式來請他工作。我們必須做的是提供一個表演場所，讓這類企業藝術家願意在裡面表演 [120]。」

2. 擁有優秀的管理團隊：鞋業是很艱困的產業，每年美國出售的十億雙鞋子當中，大約有 85％是進口，而且在這個產業裡，大多數的製造商業績都不好。生產商提供的款式和尺寸很多，導致庫存太多，而且有太多資金卡在應收帳款上。在這種環境下，只有像法蘭克這樣傑出的經理人和赫福南先生創立的團隊，才可以讓企業蓬勃發展 [121]。

3. 提供經理人報酬的絕妙方法：總薪資中，只有一小部分的薪資是固定的，經理人大部分的收入取決於公司獲利相較於用來賺錢的資本投入是否良好，「布朗鞋業有個顯著的特點，就是有個我看過最不尋常的一項薪資制度，但這個制度卻深得我心。一些重要的經理人年薪是 7,800 美元，並加上扣除投入資本後公司獲利的一定比例。因此，這些經理人會真的站在鞋業老闆的立場去經營公司。相較之下，

大多數經理人只是說說，而沒有付諸行動，選擇採用長期激勵、但短期懲罰的薪資制度（而且幾乎總是把股本視為零成本）……渴望大膽展現自己能力的經理人，通常本身就有能力去承擔這樣的風險[122]。」

誰會從這筆交易中受惠？

魯尼認為波克夏和布朗鞋業都能從這筆併購中受惠。波克夏併購一個持續獲利的公司，而布朗鞋業的員工保留他們認為以合適的方式專注於追求高報酬業務的自由。像往常一樣，巴菲特希望他的經理人可以像股東一樣感受和思考，像100％的家族企業一樣經營企業。

此外，布朗鞋業現在可以得到大量資金，有助於透過併購鞋類製造商來增強鞋業集團的實力。魯尼認為加入波克夏是「僅次於自己經營的最佳選擇」[123]。

他也可以加入巴菲特的團隊，「巴菲特就像一雙舊鞋，有著不尋常的性格。他很有趣，他很聰明，他很幽默，他讓人很愉快，他很瘋狂……當他過來拜訪時，他自己做早餐，早餐是火腿三明治和櫻桃可樂。在我看來，他只是在做自己覺得有趣的事，他喜歡與人交流[124]。」

魯尼經營自己的鞋業公司，還有與巴菲特工作帶來的樂趣，讓他在超過傳統退休年齡之後還工作很久的時間。78歲時，他因為《巴菲特的繼承者們》（*The Warren Buffett CEO*）這本書接受作者羅伯・邁爾斯（Robert P. Miles）採訪

時表示，巴菲特給他「目標，而且我是為了要讓他自豪才去經營布朗鞋業。」當時，他還在擔任董事長和執行長，但他對公司第二號重要人物吉姆·艾斯勒（Jim Issler）的大力支持表達感謝。

如何經營一家企業

魯尼的管理哲學深受管理大師彼得·杜拉克（Peter Drucker）的影響，過去經營梅爾維爾時，他每個月都會與彼得·杜拉克開會。他的重要規則是：保持簡單、明確界定業務、關注顧客滿意度（即使會讓短期財務數字很難看），做一個很容易相處的人，藉此吸引並留住對業務表現出熱情、最優秀的人才，始終表現出誠信，授權員工，並讓你的員工覺得工作很有樂趣。

「我們有個策略。我們有個使命，」他說，「這並不複雜，只是要更多基本動作與細節要求，開始行動，界定這個業務。我們談了很多界定自己業務的必要性。這並不如你想的那麼容易，有些人認為這只是為了賺錢，但是我們知道在我們的業務中，其中一個就是要滿足客戶。而且我們相信，如果我們堅持下去，我們就會成功[125]。」

2011 年，魯尼已經 89 歲了，仍然見證這項成功。

鞋業集團成員——羅威爾鞋業

1991 年下半年，布朗鞋業的業績很好，在波克夏擁有

這家公司後第一個完整的會計年度，公司的營收是 2.15 億美元，盈餘 1,730 萬美元，業績有穩定的成長，而且以波克夏用 1.61 億美元投資這家公司來說，算是不錯的收入。

1992 年倒數第二天，魯尼和巴菲特採取下一步行動，以 4,620 萬美元的價格收購羅威爾鞋業公司，創立鞋業集團。

這個做法是採行波克夏原則的一個例子。波克夏鼓勵子公司進行小額併購，只要併購的每一美元至少可以創造一美元的價值。這類行動可以用來擴大產品供應或配銷能力，「透過這種方式，我們已經認識很優秀的經理人，他們的經營範疇因而擴大，這是一種低風險與高報酬的主張。[126]」

羅威爾鞋業的根據地也在新英格蘭，但在波多黎各有一家製造廠，公司的利基事業是提供醫護人員鞋子。Nurse Mates 防滑、輕巧，而且寬跟很舒適，憑著數十年的聲譽，大多數美國護士都穿 Nurse Mates 或競爭對手 Dansko 的鞋子。羅威爾鞋業 1992 年的營業額是 9,000 萬美元，這是因為其他類型的女鞋銷售推動業績成長，但是公司聲譽上的競爭優勢還是在護士鞋[127]。

巴菲特開玩笑提到潛在併購標的有怎樣的限制：「一種趨勢的出現，可能會讓進一步的併購變得很困難。母公司在 1991 年進行一次收購，買下法蘭克・魯尼經營的布朗鞋業，法蘭克有 8 個小孩。在 1992 年，我們唯一的收購是跟比爾・凱澤（Bill Kizer）交易，他有 9 個小孩。1993 年要讓這件事

繼續下去並不容易。[128]」

到目前為止，在鞋業集團的發展故事中，我已經描述兩家有個共同點的公司，他們都在小眾市場服務，在這些市場中，客戶都願意為工作相關的設計、品質與舒適度支付溢價。這個溢價並不大，但是足以產生健康的毛利和資本報酬率。有了這個概念之後，讓我們看看第三家加入的公司——德克斯特鞋業。

鞋業集團成員——德克斯特鞋業

哈羅德·阿爾方德（Harold Alfond）的父親是俄羅斯猶太人移民出身的藍領工人。阿爾方德的職業生涯是從大蕭條時期以時薪 25 美分的鞋廠工人開始，一路做到廠長。到了 1939 年，他 25 歲的時候，在開車到緬因州的市集途中讓一個搭便車的人上車，那個搭便車的人在談話中提到諾里奇沃克（Norridgewock）附近有一家閒置的鞋廠。阿爾方德很好奇，於是不去市集，改去參觀工廠。他想要這間工廠，但工廠要價 1,000 美元，他沒有錢。不過，一年後，他賣掉自己的汽車，與父親合夥買了這間工廠。到了 1944 年，諾爾沃克鞋業公司（Norrwock Shoe Company）以 110 萬美元賣給競爭對手，1,000 美元的投資最後變成 110 萬美元。

1956 年，阿爾方德做出比第一次創業大十倍的賭注，他創立另一家鞋業公司，並斥資 1 萬美元，在家鄉緬因州買下一間廢棄的羊毛工廠。1958 年，他的姪子彼得·倫德爾

（Peter Lunder）加入，成為他的得力助手。

　　起初，德克斯特鞋業公司專注在為西爾斯百貨、潘尼百貨（J.C. Penny）、蒙哥馬利沃德（Montgomery Ward）等百貨公司生產自有品牌的鞋子。直到 1962 年，阿爾方德、倫德爾和他們的團隊才開發出價格合理、而且時尚的「德克斯特牌」男鞋與女鞋。德克斯特鞋業瞄準量販市場。在一流的銷售和行銷團隊幫助下，這些鞋子銷往美國各地的自營商店。

　　德克斯特鞋業在 1980 年代的創新是買下新英格蘭高速公路沿線的購物中心，它把這些購物中心變成工廠的暢貨中心，銷售稍微有瑕疵的新鞋（次級品）與停產的鞋子。這家公司會留些空間放自己生產的鞋子（這些專櫃看起來像小木屋），而且把其他專櫃租給其他製造商。

　　到了 1990 年，德克斯特鞋業擁有超過 80 家工廠的暢貨中心，雇用 4,000 名員工，而且每年銷售 750 萬雙鞋子，營業額超過 2.5 億美元，還跨足莫卡辛鞋（注：美國原住民的一種鞋類，由鹿皮或其他軟皮製成，柔軟舒適，可以長時間行走）、帆船鞋、高爾夫球鞋和運動鞋。

被波克夏收購的歷程

　　1993 年初，巴菲特對於魯尼和艾斯勒的管理方式感到非常興奮，認為他們的管理「極為出色」。[129] 布朗鞋業「是真正的贏家……遠遠超出預期」。[130] 當魯尼和艾斯勒巧妙

的執行羅威爾鞋業的「修復」計畫，而且再一次超出巴菲特的期望時，巴菲特對他們又更有信心了。

因此，當魯尼跟巴菲特建議說德克斯特鞋業非常適合鞋業集團，而且巴菲特應該與老朋友阿爾方德和倫德爾碰面，討論買下德克斯特鞋業時，巴菲特抓住這個機會。

他們碰面的地點就選在佛羅里達州西棕櫚灘（West Palm Beach）的機場。巴菲特回憶說：「我們去一家以第二次世界大戰為主題的小餐館，吃了一個漢堡，並討論鞋子的事。」[131] 他當場就提出以現金收購。

然而阿爾方德和倫德爾對現金不感興趣，畢竟，政府徵收的資本利得稅可能會拿走三分之一。他們想要持有波克夏的股票，巴菲特不會輕易答應這項條件，他需要時間思考。如果要把波克夏的股票交給其他人，因此少拿到未來波克夏產生的一大部分獲利，必須有個非常令人信服的理由。這樣，阿爾方德會成為波克夏僅次於巴菲特家族的大股東。

在接下來幾個月裡，波克夏的股價上漲，讓交換股權變得更容易接受。於是又安排另一個會議，這次會議是在倫德爾位於波士頓的公寓舉行，雙方都認為沒有必要邀請律師、會計師或投資銀行家來開會，他們不需要顧問，也不用付錢給他們。

這些商人達成一個簡單協議：波克夏會發行 25,203 股，占公開發行股票 2.14％，用來換取德克斯特鞋業全部的股票。這項交易在 1993 年 11 月 7 日完成，當時波克夏股票的

市值是 4.33 億美元。

　　巴菲特看到德克斯特鞋業很多優點，它由經驗豐富的家族成員以精實並高效率的方式經營，它有良好的獲利紀錄，而且它的品牌和客戶關係明顯有一定的市場影響力。巴菲特在 1993 年的信中對這間公司讚不絕口：「我可以向你保證，德克斯特鞋業不需要改進。在我和查理的職業生涯中，這是我們見過管理最好的一家公司。」他很感謝阿爾方德和倫爾德充滿熱情的經營這家公司：「最重要的是，哈羅德和彼得能夠保證他們會像公司合併以前一樣繼續經營這家公司，這是他們深愛的活動。在波克夏，我們不會告訴打擊率四成的棒球選手（注：意思是指傑出的人才）如何揮棒。[132]」

　　巴菲特充分理解中國工廠的實力，中國工廠只要付出美國工廠十分之一的薪資，他承認，一般而言，美國鞋類製造商面臨威脅，但是「儘管人們普遍認為國內製鞋產業無法與低薪國家的進口鞋子競爭……但有人忘記把這一點告訴德克斯特鞋業和布朗鞋業聰明的管理人員與技巧熟練的勞工，正是這些管理人員和勞工，讓美國這兩家公司在對抗競爭對手時有很強的競爭力，」這是巴菲特在 1994 年春天的致股東信裡提到的。

　　即使這一年剛過去幾個月，巴菲特就預測 1994 年波克夏的鞋類銷售金額會大幅飆升，從 1993 年的 3.72 億美元，增加到超過 5.5 億美元，這意味著這三家鞋業公司的銷售金額都會成長。

最終，這三家鞋業公司的營收達到 6.09 億美元，遠遠超出他的預期，為波克夏帶來 5,580 萬美元的稅後獲利，「5年前，我們並沒有涉足鞋業。現在我們在這個產業有 7,200名員工，我開車上班時，稱讚說：『沒有比鞋子更好的生意了。』所謂的戰略計畫就只有這樣。[133 134]」

1994 年是鞋業集團的巔峰

鞋業集團的獲利從 1993 年的 2,880 萬美元，躍升到 1994 年的 5,580 萬美元，其中有大約十分之九的成長歸功於德克斯特鞋業的加入。而巴菲特與蒙格對 1995 年的前景充滿期待：「管理階層很滿意德克斯特鞋業 1994 年的業績表現，而且預期 1995 年的表現會更好。這樣的樂觀是因為，最近的批發價格調整，應該有助於減輕前幾年德克斯特鞋業成本增加的影響。此外，隨著德克斯特鞋業全新電腦化的物流中心與先進的製造技術，預期經營效率會提高。[135]」

但德克斯特鞋業的獲利不增反減，降到 3,750 萬美元。巴菲特裝作不在乎，強調美國其他製造業的表現更糟：「我們的製鞋事業去年一整年的獲利低迷，而我們很多競爭對手只賺到微利，甚至虧錢，這意味著我們至少還維持競爭優勢，而且在某些情況下還讓優勢擴大。[136]」

而且他期待鞋業集團 1996 年的獲利可以重新回到最高的水準，因為虧損的競爭對手倒閉，公司的經理人可以利用這個機會，並降低生產和管理成本。

他要波克夏的股東把 1995 年的業績表現視為周期性的問題，現在只是在景氣循環中表現比較差的那年，而不是長期的問題、長期的趨勢。

從某種程度上來說，他是對的，1996 年，鞋業集團的獲利攀升到 4,100 萬美元，經理人利用稍微改善的行銷環境，而且確實削減成本。巴菲特預期 1997 年的營業利益會進一步增加。

但實際情況並非如此，畢竟這種趨勢對德克斯特鞋業來說是非常長期的。1997 年，鞋業集團的獲利降至 3,220 萬美元，營業利益率降至 7.4%，營收下降 1,890 萬美元，剩下 5.42 億美元。

現在，巴菲特在年報中明確指出德克斯特鞋業是出問題的地方。它的銷售金額一年內下降大約 12%，但儘管如此，德克斯特鞋業的管理階層正在「重新定位公司的品牌，希望可以在高度折扣導向的零售環境中更有競爭力」。[137] 波克夏的股東被告知，德克斯特鞋業的管理階層預期，失去的銷量大部分會在 1998 年恢復。

又過了一年，股東很震驚的發現鞋業集團的獲利又下跌了，現在的獲利不到 1994 年的一半，只有 2,300 萬美元，而營收只有 5 億美元，「業績表現不佳，代表三年前開始的趨勢還在延續。布朗鞋業、羅威爾鞋業和德克斯特鞋業等製造商都面臨產品需求減少的問題。此外，主要的零售業者正用促銷來創造營收，這導致毛利持續被壓縮。[138]」

不過巴菲特還是傾向相信經營這些事業的人，並表示他們正在努力讓生產量與減少的銷量水準達成一致，期望他們在營運上的天分，能夠讓獲利拉升到令人滿意的水準。

儘管他們很努力，1999 年的業績還是很糟。獲利再次減半到 1,100 萬美元。巴菲特指出，除了德克斯特鞋業以外，波克夏旗下的所有企業「在 1999 年都有很好的業績」。

他認為問題不在管理能力。德克斯特鞋業的經理人在技能、活力與奉獻精神上與波克夏的其他經理人一樣。不，問題的核心在於「我們主要在美國生產鞋子，國內生產商想要與其他競爭對手競爭已經變得很困難。1999 年，這個國家的人買了 13 億雙的鞋子，大約 93％的鞋子來自國外，那裡的勞動成本一直很低。」[139] 因此，這個問題有戰略意義，德克斯特鞋業缺少與海外廠商競爭的優勢。

後來，鞋業集團不願意打消在低成本國家生產大部分產品的念頭，「我們美國的工廠有忠誠、高技術的工人，而且我們希望盡可能保留這裡的每一份工作。儘管如此，為了存活下來，我們正在國際上採購更多產品，」巴菲特在 1999 年的信中這樣寫道。有些美國工廠在 1999 年關閉，而且鞋業集團必須付出遣散費與搬遷費用。

巴菲特並不完美

2000 年，德克斯特鞋業剩餘的商譽全都被註銷，它收掉更多工廠，剩下的工廠則預計在 2001 年收掉。巴菲特把

圖 4.1　波克夏 1994 ～ 1999 年從鞋業集團取得的稅後盈餘

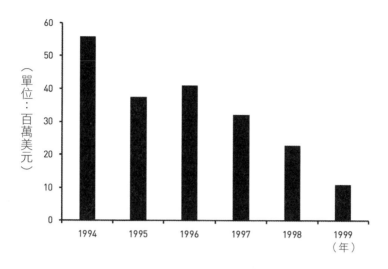

造成這場悲劇的責任歸咎給自己。他的過失引起大家關注到他在職業生涯犯下的錯誤，「我們試圖……維持我們保守的估計，而且專注在如果出現突發意外，不太可能會讓業主造成嚴重破壞的產業。即便如此，我們還是犯了很多錯誤：請記住，我就是那個自以為了解印花交易、紡織、鞋業和二線百貨公司未來表現的人。[140]」

　　他對自己太苛刻了，雖然他在這些產業裡犯了錯，但我們知道其他地方的成功遠遠超過這些錯誤帶來的影響。同樣的，藍籌印花、波克夏的紡織事業和多元化零售事業裡低生產效率的資源也被抽出來，配置到其他產業裡高獲利的投資標的，像是糖果業（時思糖果〔See's Candies〕）、保險業

（例如國家保障公司），以及上市公司股票，像是首都城市媒體公司和可口可樂，而且這些股票之後還上漲 6 倍與 20 倍。

巴菲特花很多時間反思錯誤，是要提醒自己與其他人需要記住會導致犯錯的邏輯思維。我們都需要事後分析，藉此學習如何在投資旅程中增進思考的品質。

由於一開始付出過高的價格買下德克斯特鞋業，使得美國生產過多鞋子的錯誤變得更加複雜。更令巴菲特沮喪的是，這筆款項是用波克夏的股票支付的，這些股票後來價值數十億美元。

鞋業集團的後續發展

2000 年，賈斯汀靴業（Justin Boots）加入波克夏的鞋子事業（卷四會介紹），這次的收購清楚表明巴菲特並沒有放棄這個產業。賈斯汀靴業與布朗鞋業在 2001 年都有獲利。但是德克斯特鞋業的鉅額虧損，使得波克夏鞋子事業稅前總共虧損 4,620 萬美元。

魯尼和艾斯勒被要求接管現在規模已經大大縮小的德克斯特鞋業管理團隊，他們在 2001 年大力幫忙經營德克斯特鞋業，但遺憾的是，經營重點在於大幅減少行銷活動，而不是接觸新客戶。在緬因州，剩下的三間德克斯特鞋業工廠也關閉。

巴菲特預期，經歷 2002 年很糟糕的一年後，波克夏的

鞋子事業整體上「會有合理的獲利」。[141] 但談到德克斯特鞋業，他卻沒有表達出任何樂觀的看法。

德克斯特鞋業並沒有完全消滅，一、兩個品牌、產品線、一些設備被納入布朗鞋業的營運部門中，這對員工來說是毀滅性的影響，光是緬因州的一個小鎮就有 1,600 名員工失去工作。

巴菲特在 2007 年的信中聲稱德克斯特鞋業是一家毫無價值的企業，而且是他「到目前為止」做過最糟的交易。所有經驗老道的投資人都知道，他們這麼多年來犯下很多錯誤，巴菲特也不例外，但是他公開誠實的表達這一點實在不太尋常：「未來我還會犯錯，我可以跟你打賭。巴比・貝爾（Bobby Bare）的鄉村歌曲中有句歌詞解釋收購經常會發生的情況：『我從沒有跟醜女人上過床，但醒來時肯定有幾個醜女人在床上。』[142]」

在 2000 至 2010 年間，吉姆・艾斯勒和法蘭克・魯尼繼續嚴格管理布朗鞋業，這十年來的營收和獲利不斷成長（因為在波克夏每年的股東會上銷售超過 1,000 雙鞋）。

雖然營收增加，但員工並沒有增加，這有部分是因為從海外買進的原料和成品鞋愈來愈多，而且有部分是因為每增加一美元投資並無法帶來更高的資本報酬率，所以避免快速擴張。因此，製鞋業賺得的大多數獲利都流回波克夏母公司，讓巴菲特和蒙格配置到其他地方。

這種模式在接下來十年繼續存在，到了 2021 年，布朗

鞋業的員工人數已經（從大約 1,250 人）減少到不到 830 人，再次表明在獲利核心之外的擴張有嚴格的規定。

儘管現金持續從鞋子和靴子事業流進波克夏的銀行帳戶，但巴菲特對於在德克斯特鞋業上犯下的錯誤永遠感覺心痛。「這是值得列入金氏世界紀錄的一場財務災難，」他在 2014 年信中這樣寫道。

關鍵人物後來怎麼了？

法蘭克・魯尼

法蘭克・魯尼不僅把「梅爾維爾／CVS 藥局」打造成美國前十大公司，也是巴菲特在波克夏鞋子事業上的得力助手，到了 90 多歲還很活躍，是著名的慈善家，擔任至少八個慈善組織的受託人，包括市中心貧民區獎學金（Inner-City Scholarship Fund）、腦性麻痺聯合組織（United Cerebral Palsy），以及史密森協會（Smithsonian Institution）。他在 2015 年去世，享年 93 歲，由結婚 65 年的妻子，也就是法蘭西絲・赫福南繼承遺產，他們有 4 個兒子、4 個女兒、27 個孫子和 5 個曾孫。巴菲特和蒙格永遠感激他的友誼，而且感謝他退休後為波克夏股東所做的貢獻。

哈羅德・阿爾方德

哈羅德・阿爾方德持有波克夏的股票。2001 年在德克

斯特鞋業退休之後，主要致力於慈善事業，捐贈數百萬美元給緬因州的大學、中小學和醫院。哈羅德·阿爾方德基金會（The Harold Alfond Foundation）仍然是緬因州最大的私人基金會，其中大部分的資金都是波克夏的股票。這個基金會為每位在緬因州出生的嬰兒提供 500 美元的大學獎學金，此舉是在鼓勵有小孩的家庭開始為大學儲蓄，因此，我們看到波克夏股東的虧損，變成緬因州小孩的收益，或許整體來看這並不是很糟糕的交易。

早在 1978 年，阿爾方德就收購他非常喜歡的波士頓紅襪隊（Boston Red Sox）少數股權。他在 2007 年去世，享年 93 歲，他把大多數的財產留給 4 個孩子，他們都是身價上億的慈善家。兩個孩子還是對紅襪隊感興趣。即使到了今天，他的家族身價可能還有 40 億美元，這主要歸功於阿爾方德堅持持有波克夏的股票，這檔股票從 1993 年以來已經上漲 27 倍。

彼得·倫德爾

倫德爾幫助他的叔叔阿爾方德，將德克斯特鞋業打造成巴菲特認為很有吸引力的公司，並擔任公司的共同董事長、總裁和執行長。他現在已經退休，但還是對很多企業有興趣，而且先前是波士頓紅襪隊的有限合夥人。倫德爾基金（Lunder Foundation）資助緬因州和麻州的藝術、教育和醫療機構。

吉姆‧艾斯勒

艾斯勒是波克夏‧海瑟威鞋業控股公司的董事長，仍然忠心為巴菲特和蒙格效力。波克夏‧海瑟威鞋業控股公司是由 22 個品牌組成，這些品牌分布在美國、歐洲與亞洲（最著名的品牌有賈斯汀靴業、Tony Lama、Chippewa、Børn、B.ø.c、Carolina、Eurosoft、Söfft、Double-H Boots、Nurse Mates 和 Comfortiva）。它有兩家零售連鎖店和一些美國製造工廠，但主要都是從海外採購，營收超過 3.5 億美元，一年又一年把現金交給巴菲特進行投資。

學習重點

1. **過往的經營表現並無法一直用來預測未來的獲利能力。**
德克斯特鞋業在被收購之前呈現出很好的獲利數字。但在中階鞋子市場中，來自海外的競爭壓力達到新高，注定有個糟糕的未來。

2. **即便在普遍衰退的產業裡，也可能出現擁有競爭優勢的公司，可以擊敗市場，並獲得良好的資本報酬。**布朗鞋業和羅威爾鞋業憑著強大的品牌主導小眾市場，吸引願意因為性能、舒適，或只是因為美國製造，而支付溢價的消費者。

3. **如果你要用自己的公司股票交換另一家公司的股票，請考慮放棄股票的價值與得到股票的價值。**波克夏 2％的股票價值已經有數十億美元。犧牲這些價值，買到後來變得毫無價值的企業。如果是現金支付，就可以限制損失。

4. **當未來的競爭動態已經明顯可見時，要快速採取行動。**
巴菲特持續讚揚德克斯特鞋業經理人的努力，儘管他們無法把事業定位為生產與海外競爭對手一樣便宜的鞋子。

5. **評估長期前景時，企業領導人的能力和品格與戰略實力都非常重要。**收購布朗鞋業的決定性因素是法蘭克·魯尼願意繼續擔任執行長。

6. **當你的團隊需要一個事業「藝術家」時，盡你所能來幫助他們，但不要試著管理他們。**他們需要行動的自由。

巴菲特只是提供一個場所來讓法蘭克‧魯尼表演。

7. **把經理人的薪資跟股東報酬掛勾**。在布朗鞋業，經理人
領取的是小額固定的薪水與高額的獎金，獎金多寡，取
決於用在企業上每一分錢的報酬有多少。

哈斯柏格鑽石商店

（Helzberg Diamond Shops）

投資概況	時間	1995 年
	買入價格	未公開，估計是價值 1.65 億～ 1.83 億美元的波克夏股票
	股份數量	持有 100%的股權
	賣出價格	持有中
	獲利	持續獲利

1991 年的波克夏・海瑟威
股價：20,500 ～ 32,000 美元　市值：172.17 億美元
每股市值：14,426 美元

　　5 月，波克夏在奧馬哈舉行的 1994 年股東會結束後一星期的一個陽光明媚的早晨，巴菲特正要穿過紐約第五十八街和第五大道的轉角，這時一位女士攔住他，那位女士只是想表達她有多享受那場股東會。

　　當時小巴奈特・哈斯柏格（Barnett Helzberg, Jr.）正在紐約與摩根士丹利討論要把公司賣掉，這是一家以家族的姓氏取名、共有 143 家分店的珠寶連鎖店。那位穿著鮮紅色洋裝的女士在 30 到 40 英尺遠的地方叫住在街對面的巴菲特那

時，哈斯柏格聽到他持有 4 股的那間公司董事長的名字，因此他停下來，等著那個女性跟巴菲特說再見。

巴菲特再次過馬路時，哈斯柏格抓住機會。他伸出手說：「你好，巴菲特先生，我是堪薩斯城哈斯柏格珠寶店的巴奈特‧哈斯柏格。」[143] 哈斯柏格想要在巴菲特的臉上尋求一些認可，他的鑽石商店是當時美國最大的珠寶連鎖店之一，但卻沒得到任何回應，不過巴菲特還是很有禮貌地跟他握手，打招呼，並大方地接受他對股東會的讚美。

然後，在短短三十秒內，「就在人來人往、車水馬龍的紐約街道上，我告訴美國最精明的一位商人，為什麼他應該要考慮買下我們家族七十年之久的老牌珠寶生意……我相信我們的公司符合你的投資標準。[144]」

巴菲特回憶這次偶遇時，他第一個想法是，他再一次聽到「合適」這個說法，不過當時的企業推銷員並不是真的了解巴菲特和蒙格採用的收購標準，「事實證明，他們通常只有一個賣檸檬水的攤位，當然這個事業有潛力快速成長為下一個微軟。[145]」

考量到這個公司可能又是個不值得投資的標的，巴菲特打斷談話，禮貌地詢問哈斯柏格是否可以寫信詳細跟他說明，「我心想，這件事就到此為止了。[146]」

哈斯柏格回家後並沒有寄給巴菲特任何東西。他後來說，「我因為保密問題而困擾，我是那種在告訴別人現在時間之前，會詢問他們的社會安全號碼的人。」[147] 然後有一

天晚上，他重新閱讀波克夏年報，而且特別注意到巴菲特邀請符合標準的公司該發送哪些資訊。

巴菲特的併購標準

這是 1995 年以來，巴菲特在年報中定期的「廣告」，他渴望聽到企業的負責人或代表提供符合以下條件的業務資訊——

1. 高價買進（稅前盈餘至少 2,500 萬美元），
2. 表現出持久的獲利能力（我們對未來的預測或「轉虧為盈」的情況不感興趣），
3. 企業在負債很少或沒有負債的情況下賺到良好的股東權益報酬率，
4. 管理到位（我們無法提供這個），
5. 業務簡單（如果裡面有很多技術，我們就看不懂），
6. 一份報價（我們不想在價格未知的情況下浪費我們的時間，也浪費賣家的時間，即使只是初步討論）。

「公司的規模愈大，我們的興趣就愈大。我們希望以30 億到 50 億美元的價格併購，不過，我們對於在一般股票市場上購買股票的建議不感興趣。我們不會進行不友善的收購，我們可以承諾會完全保密，而且非常快速的回覆（通常在五分鐘內）我們是否會感興趣。我們更偏好用現金收購，但是我們收到的內在商業價值與我們發行股票收到的價值一

樣多時，我們會考慮發行股票來併購。」

哈斯柏格考慮一晚。隔天早上，巴菲特完全保密的承諾讓他茅塞頓開。「刮鬍子的時候，我看著鏡子裡那個學習慢半拍的人，開始責備自己的拖延。『他親自告訴你他會保密，他告訴你要提供書面資料，你想要配點音樂嗎？把資料交給他吧。』所以我最後就這樣做了。[148]」

想要理性的收購一家公司，並不只有以上的併購標準。還需要遵守一些更基本的哲學原則。在巴菲特 1995 年的信中，提到他買下哈斯柏格鑽石商店與威利家具（本卷第 6 筆投資），以及最近同意買下蓋可公司另一半的股份（卷二的第 1 筆投資和本卷的第 10 筆投資），闡明他認為併購有固有的風險，並提出他認為需要怎樣的思考過程。

首先要承認的是，雖然有些併購對企業主有利，但大多數都會損害併購公司股東的利益。全球學者一項又一項的研究都顯示出這一點。巴菲特和蒙格一次又一次的看到這一點。了解為什麼公司的董事喜歡以這種方式破壞價值，將有助於我們保持在正軌上。

有個因素是，賣出公司的人會提出一個正在成長的財務預測，這會愚弄一些人，甚至愚弄一些高薪的董事。就像巴菲特說道：「在製造美好前景的過程中，華爾街可以跟華盛頓一較高下。[149]《皮納福號軍艦》（注：維多利亞時代幽默劇作家威廉·吉伯特〔William S. Gilbert〕與英國作曲家亞瑟·蘇利文〔Arthur Sullivan〕合作的歌劇）裡的這句話在

很多時候很適用：『事情很少是表面看來那樣，劣質的脫脂奶油會偽裝成高價值的奶油。』[150]」

巴菲特督促我們把這類預測看作是有很高娛樂價值，但沒有教育價值。巴菲特和蒙格不明白為什麼潛在買家會關注財務預測，他們經常收到這些資料，但不會對這些資料多看一眼。

相反的，他們牢記一個跛腳馬主人的古老故事：「去看獸醫時，他說：『你能幫助我嗎？有時候我的馬走得很好，有時一拐一拐的。』那個獸醫的回答很直接：『沒問題，馬走得好的時候，就把牠賣掉。』」

另一個問題是受到併購樂趣的誘惑，「幾年前，彼得・杜拉克在接受《時代雜誌》採訪時談到事情的核心：『我告訴你一個祕密：買賣交易勝過日常工作。買賣交易讓人興奮，而且感覺很有趣，日常工作則很繁瑣。經營任何東西主要是大量繁瑣的細節工作……買賣交易是浪漫、感性的。這就是為什麼你的買賣交易毫無意義。』[151]」

併購通常是由一個策略計畫所驅動，這個策略計畫會提到公司必須以特定的方式成長，例如收購一個產業的其他參與者，或是進入特定的成長領域，這可能會導致他付出愚蠢的代價來完成計畫。

巴菲特和蒙格的優勢在於他們根本就沒有戰略計畫，這使他們能夠隨意更改方向，無論最大的價值可能來自哪裡，例如為波克夏家族增加一家來自另一個新產業的公司，像是

鞋業或糖果業的公司；買進更多像可口可樂這類上市公司的少數股權；或是買進更多完全持有的企業。

「我們總是會在心裡把我們正在考慮的任何舉動，與我們面對的數十種其他機會進行比較，包括透過股票市場買進世界上最佳企業一小部分的股權。我們進行併購和被動投資的比較做法，是只關注擴張的經理人很少使用的紀律。[152]」

巴菲特和蒙格非常清楚他們的機會成本。他們已經擁有一些很優秀的公司，不斷檢視這些公司吸收更多波克夏投資資本的潛力，這意味著他們可以從這些資本中得到很高的報酬率。任何跳脫現有企業的全新新創事業都有個明顯的後果，那就是會消耗內部投資的現金（包括在美國運通等既有持股增加更多股份）。這些都是難以超越的基準，因此巴菲特和蒙格很少買進一家新公司，也許每年只會買進一、兩家。

1990 年代初期，來自投資保險浮存金的股息和利息大量湧入（見表 5.1）。每年來自這個來源的收入高達 2.83 億美元至 3.51 億美元，十分驚人。此外，巴菲特和蒙格也透過賣出股票獲利，舉例來說，1993 年，實現的資本利得超過 3.57 億美元。

雖然保險浮存金的收入和資本收益是主要的收入來源，但事業經營（從時思糖果到史考特費澤製造公司〔Scott Fetzer Manufacturing〕）的利潤豐厚。更重要的是，相較於他們使用的資金，他們的獲利非常高。

表5.1 波克夏 1990 ～ 1995 年每股淨利（稅後並扣除少數股東權益之後，單位：百萬美元）

項目	1990	1991	1992	1993	1994	1995
保險承保	-15	-77	-71	20	81	11
保險淨投資收入	283	285	306	321	351	418
已實現證券收益	23	124	60	357	61	125
水牛城新聞報	26	22	28	30	32	27
費區海默兄弟	7	7	7	7	7	9
金融業務	-	-	-	14	15	13
家具用品	8	7	8	10	9	17
珠寶業	-	-	-	-	-	19
科比公司（Kirby）	18	23	23	25	28	32
史考特費澤製造公司	18	16	20	24	25	21
時思糖果	24	26	26	24	28	30
魏斯可公司（Wesco）保險以外的業務	10	9	9			
鞋業集團	-	7	17	29	56	38
世界百科全書 (World Book)	20	15	20	14	17	7
其他	26	38	23	1	3	1
債務利息	-50	-57	-63	-36	-37	-35
波克夏股東的慈善捐贈	-4	-4	-5	-6	-7	-7
美國航空優先股的價值減少					-173	
新會計規則下的應計稅款				-146		
總盈餘	394	440	407	688	495	725

資料來源：1991 ～ 1995 年巴菲特的《致股東信》

每股市值從 1989 年底的 4,296 美元，上升到 1995 年底的 14,426 美元（總計超過 170 億美元），難怪股價漲到超過 3 萬美元（見圖 5.1）。

哈斯柏格簡史

巴奈特的祖父莫里斯・哈斯柏格（Morris Helzberg）是俄羅斯移民，1915 年在堪薩斯城開了一家小型珠寶店。他的 5 個孩子不僅在店內幫忙，還參與店內的決策，長期討論是家族的傳統。開店兩年後，莫里斯嚴重中風，使他無法工作，這對這個家族來說是巨大的打擊。他的大兒子莫頓（Morton）在牙醫學校就讀，另一個兒子吉伯特（Gilbert）很快就要去參加第一次世界大戰。家裡只剩下兩個女孩和 14 歲的老巴奈特。

儘管老巴奈特的年紀很輕，不過他已經表現出對這個事業有著極大的熱情，因此家族決定由他接手。不過有個問題是——他還是需要上學，因此解決辦法是白天讓叔叔顧店，老巴奈特下午三點放學後接手。大家都認為，吉伯特回到美國的時候，就會成為這家店的領導人。

但是老巴奈特卻很享受這份工作。他有零售業方面的天賦。他是天生的銷售員，充滿令人興奮的計畫。1920 年，17 歲的他在堪薩斯城一個更昂貴的地段開了自己的店，而吉伯特則負責原來的商店。沒多久，老巴奈特那間更大的店，營收就超過吉伯特的店，所以吉伯特關掉他的店面，加

圖 5.1　波克夏 1990 ～ 1995 年的股價

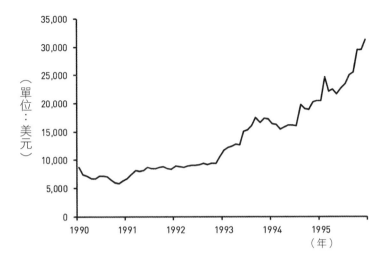

入老巴奈特的店。

　　遺憾的是，吉伯特在 1934 年因為一場車禍意外而喪命，那時公司正要把事業擴展到威奇托。到了 1940 年，這個擁有 5 家連鎖店的珠寶店已經是中西部最大的連鎖店。

　　1950 年，小巴奈特 15 歲，在店裡暑期實習。他說他是相當膽小的小孩，但很快就愛上與客戶建立關係與銷售的快感。小巴奈特從密西根大學商科畢業後，在 1956 年加入公司做全職工作，當時這家公司正在整個中西部快速擴張。到了 1962 年，29 歲的巴奈特成為公司董事長，那時公司已經有 39 家店。

　　1960 年代，事情的進展全都很順利，但是哈斯柏格的

店有一個缺陷，就是大多數的店面都在市中心，而現在大家都湧向全新的郊區購物中心。小巴奈特回憶起那段時期，充滿恐懼和後悔，因為哈斯柏格在經歷戰略性的錯誤轉向，導致整個事業差點完全破產。公司因為市中心高昂的成本、客流量減少和現金危機而陷入困境，他決定關閉開店較久的店面，導致連鎖店數量縮減到只有 15 家，到了 1970 年，除了一家分店在市中心，其他分店都在郊區和購物中心。

小巴奈特建立起公司聲譽，只銷售內部沒有瑕疵的鑽石，讓公司領先大多數的競爭對手。同事（員工）知道公司拒絕在成色、切割和淨度上降低品質，因此感到很自豪。

既然目標客戶（中產階級的中上階層）、地點和行銷（小巴奈特提出的「我是受寵的」風靡全國）這個公式已經就位，哈斯柏格決定把每年穩定開設 3 家新店的速度再加快。到了 1970 年代末，這家公司在 16 個州有 42 家店。1980 年代，展店速度加快，到了 1990 年，這家連鎖店在 22 個州開設 101 家店。

小巴奈特還在掌管公司的時候，傑夫・康曼（Jeff Comment）在 1988 年被任命為董事長。康曼是外部人，先前曾經營一家費城的百貨公司。他加強客戶的參與，例如要求建立客戶的生日資料庫，並開設更大的店。到了 1995 年，商店的平均營業額接近 200 萬美元，幾乎是產業平均的兩倍水準。如果考量到那時有 143 家店，這意味著這家公司的營收是 2.82 億美元。

出售公司的原因

當小巴奈特・哈斯柏格過 60 歲生日的時候，他思考這家公司的未來。他長期以來都有個理念，認為領導人必須設計自己的事業，以便在他們不在的時候仍然可以蓬勃發展：「如果你可以說，假設你明天倒下了，在沒有你的情況下，公司還可以蓬勃發展，這就顯示出你是個優秀的領導人。[153]」

隨著公司的成長，小巴奈特發現自己更加努力工作，而且為了尋找新的開店地點與鼓舞分店員工的士氣，出差次數也變多。他想念家人，他也覺得領導一家企業很不自在，因為他已經無法叫出每間店經理的名字了。

哈斯柏格熱愛這項事業，但是他需要離開這個忙碌的生活。他還必須考慮到下一代，那時他們家族把所有雞蛋都放在同一個籃子裡，他們需要讓家族資產更為多元分散。此外，他迫切希望花更多時間與金錢在許多慈善活動上。

哈斯柏格決心遠離股票市場，「我們不想承受壓力去更關注當季盈餘和股價，而不去關注長期營運的穩健與員工的福祉。我們當然不希望某個金融業的屠夫切割這塊寶石，一點一點的出售。我也不希望我的同事對我的墳墓吐口水。[154]」

在為公司找到新家之前，他設立其他標準。第一，新老闆必須繼續雇用目前的員工。第二，買家必須欣賞並強化目前公司獨特的文化，並專注在為客戶做正確的事。最後，公

司總部必須留在堪薩斯城區域。

當巴菲特閱讀哈斯柏格的財報時，有幾件事讓他很吃驚。首先，銷售金額從 1974 年的 1,000 萬美元，成長到 1984 年的 5,300 萬美元，再到 1994 年的 2.82 億美元。顯然，這家公司正走在讓人印象深刻的成長軌道上；「我們不是在談賣檸檬水的攤販，」巴菲特在 1995 年的信中提到。

其次，他的每家店都展現出卓越的生產力。平均營業額 200 萬美元，遠比類似規模的競爭對手商店要好。巴菲特告訴波克夏的股東，「如果這家公司持續保持一流的業績，而且我們相信會這樣，那麼它很快就會成長到目前規模的好幾倍。」[155] 高坪效對巴菲特尋找的關鍵因素來說非常重要，那個關鍵因素就是良好的投資報酬率。

第三，哈斯柏格熱愛這家企業，而且非常關心在新老闆的領導下，員工和客戶會發生什麼事。賣家的性格，包括賣家的動機，提供線索去判斷這是否是一筆好交易。舉例來說，由於他對於累積金錢並不熱衷，因此他不太可能隱瞞問題、美化帳目，或是無法激發良好的士氣。

第四，巴菲特可以看到康曼提供優質的管理與領導，因此，儘管這位家族長老不會經常出現，管理團隊還是很穩固。「我的心裡沒有任何疑問，首先，哈斯柏格是我們想要擁有的那種企業，其次，傑夫是我們喜歡的那種經理人。實際上，如果傑夫沒有在那裡經營，我們就不會買下這家公司。買進一個沒有良好管理的零售商，就像買進一座沒有電

梯的艾菲爾鐵塔。」[156]

一場會議

巴菲特打電話給哈斯柏格，說想要跟他談談。巴菲特提到哈斯柏格鑽石商店很像波克夏，哈斯柏格也認為這是「最大的讚美」。[157] 不久之後，他們就在巴菲特位於奧馬哈的辦公室碰面，討論出售事宜。除了康曼之外，哈斯柏格還帶了一位會計師顧問，這位會計師透過一些數據得出一個非常高的價格（據說這是基於巴菲特付錢買下另一家公司的數字而得出的價格）。儘管這個數字顯然很荒謬，但巴菲特表現得很圓滑，選擇不做出任何反應，甚至對巴奈特也沒做出反應。

摩根士丹利整理一堆哈斯柏格鑽石商店的資料，所以巴奈特很自然會在會議上帶一份副本給巴菲特。巴菲特拒絕收下。「我對帳目沒有興趣，我對與摩根士丹利合作沒有興趣。為什麼你想要賣掉公司？」[158] 哈斯柏格花 10 到 15 分鐘解釋他在生活上需要做的其他事情。這對巴菲特來說很合理。畢竟他在許多賣家上都看過類似的動機。

接著巴菲特要康曼介紹這家公司，以及為什麼巴菲特應該要買下這家公司。康曼講了大約一個半小時，一路回答十幾個問題。

調查的程序

巴菲特說，這筆交易可能是「史上最快的交易」。[159]
哈斯柏格大吃一驚。怎麼可以這麼快就敲定了？買方進行盡
職調查需要花多久的時間？他說：「大多數想要買下公司的
人都要求要看到你製作的每份文件，並採訪每個高階經理
人。」[160] 但是巴菲特的反應是，他可以「察覺這些事情，
這家企業看起來很不錯」[161]。

另外，合併交易通常還會訂下一個條款，那就是防止供
應商或資深經理人辭職，然後與公司競爭。哈斯柏格問到這
個問題，但是巴菲特已經做好對巴奈特的評估，並做出結
論：「你不會想去做出傷害這家公司的任何事情。」[162] 這
個回答讓哈斯柏格對巴菲特更加欽佩、忠誠，並產生互信，
「當一個人跟你說這句話時，他是期望你這一生都能維護自
己的聲譽。[163]」

不二價

巴菲特的做法是提出一個他認為對雙方都很公平的價
格，沒有商量餘地。巴奈特・哈斯柏格繼承自父親的指導管
理原則中，其中一項就是始終提供公平的合約，而不是讓對
方認為你正在玩「有陷阱」的遊戲。他理解巴菲特要以公平
價格交易的堅持。

在 2015 年的股東會上，蒙格評論他觀察到企業賣家的
模式，或至少是像巴奈特・哈斯柏格那樣，想要以持有波克

夏股票作為回報的企業賣家模式。

「我們經常發現，所有企業的老闆都有精神分裂症，他們想要用比企業價值略高的價格賣出企業，換成股票，這樣他們就不用繳稅。他們希望拿到的股票，是做出一次愚蠢併購的那種企業，那次愚蠢的併購就是併購他們的公司。而且之後那個企業會像對待黃金一樣保衛自己的股票，不再做出愚蠢的併購。不用說，這個世界的運作沒有那麼簡單。而且我認為隨著時間經過，我們進行的併購對雙方來說都是公平的，而且平均來說，對波克夏的效果最好。而且我認為，一家以這種方式行事的公司，可以為想要賣掉企業的私人業主創造最大的長期價值。你不會希望你的企業以股票的形式賣給一家喜歡發行股票的公司。」

後續討論

巴菲特在會議結束時做出結論，他說會在幾天之後打電話，「而且告訴你公司的價值是多少」。[164] 結果，開出的價格大約是會計師算出數字的一半。那時，這個交易還沒敲定，由於哈斯柏格還沒有經驗，無法完全掌握巴菲特的談判方法，因此來來回回進行很多討論。但他逐漸明白這點，後來也把這個訊息傳遞給其他人：「基本上與巴菲特談判的方式是——『你不必談判，他會告訴你交易的條件，這就是交易的內容。』」[165]」

實際上，要到 1995 年 4 月 30 日，哈斯柏格的股票才全

部換成波克夏的股票。交換波克夏股票的確切數量並不清楚，但是我們知道在 1995 年發行 15,762 股，用來交換威利家具和哈斯柏格的股票。我們也被告知，波克夏是以價值 1.75 億美元的股票來換得威利家具的股票，那時波克夏的股價在 21,650 美元至 24,200 美元之間。因此，威利家具得到 7,231 至 8,083 股的股票。因此留給哈斯柏格的股票在 7,679 至 8,531 股之間，價值 1.65 億美元至 1.83 億美元。

巴奈特選擇與同事分享很大一部分收益，巴菲特把這種大方的行為視為一種非常正向的指標，「當有人表現得如此慷慨時，你知道你身為買家，也會被受到適當的對待。[166]」

以巴菲特的方法估計哈斯柏格的內在價值

在 1996 年 5 月的股東會上，巴菲特被問到貼現法的細節，例如，在計算中要納入未來多少年的數字時，巴菲特解釋說，沒錯，股東盈餘貼現法是投資或買進企業的核心架構，但是，波克夏並沒有書面資料去說明在計算所謂的終值（terminal value）時，要算到哪個時間為止。

他說，雖然這個方程式簡單而直接，「但我們從沒有真正坐下來寫出與這個方程式有關的一組數字。顯然，我們某種程度上是用心算，我的意思是，這就是重點。但是沒有用到任何一張紙。我們從沒有在一張紙上列出我們對哈斯柏格、時思糖果或水牛城新聞報這方面的計算結果。」

巴菲特和蒙格擔心大家在使用明顯很複雜的數值分析

時，會沉迷於「科學」品質的虛幻表現。這個公式的投入要素天生就不精確，你需要的是在考慮創造股東價值的所有重要質化因素（特許經營權與管理的品質）之後，進行良好的近似估計。

「我們正坐在辦公室思考每項業務和每項投資的問題。而且我們一般都會考慮折現率，但我們真的希望這個決定對我們來說夠明顯，不需要詳細的計算。它是框架，但在應用的時候，並不是要我們實際去填上所有變數。[167]」

蒙格補充：「波克夏的經營方式就像偉大的諾貝爾獎得主湯馬斯・杭特・摩根（Thomas Hunt Morgan）經營加州理工大學生物系一樣。他禁止使用 Friden 牌計算機，這台計算機是那個時代的電腦。有人說：『你怎麼可以這麼做？在加州理工學院以外的每個地方，到處都有 Friden 牌計算機。』他說：『嗯，我們只是透過有條理的常理來撿起巨大的金塊，而且資源有限，只要我們可以找到主要聚集黃金的地方，我們就不會採取任何該死的淘金方法。』這就是波克夏的運作方式。而且我希望淘金時代永遠不會到來。曾經有人要我們交出某次併購的人員配置名單，當然，我們不會有任何配置名單，我們也沒有任何員工。」

賣給波克夏的交易，符合哈斯柏格的所有標準。他能夠從這個事業中脫身，把更多時間放在自己的家庭和慈善事業。這個家族已經多元布局，現在持有波克夏的大量股份，波克夏會從廣泛的商業領域賺取收入，而且他們還可以隨時

出售高流動性的波克夏股票，進一步讓投資更加多元化。

最重要的是，這家公司的未來掌握在可靠的人手上。巴菲特和蒙格鄭重做出承諾，要延續公司的經營理念，保留現有員工，而且公司的總部仍舊留在堪薩斯城與周邊地區。

康曼希望新老闆能給他一些指示。巴菲特確實在公司出售後的第二天打電話給他，但他只是說：「猜猜你今天要做什麼，那就是開始斷絕跟銀行的所有關係，因為從現在開始，我就是你的銀行。」[168] 也就是說，巴菲特需要控制整個集團的資產配置。但是除此之外，康曼可以自由的以他認為最好的方式來管理這家企業。「波克夏沒有要求我要做些真正改變這個企業的事情。」[169] 他告訴《堪薩斯城星報》（Kansas City Star），巴菲特曾說，他不會打電話給他的董事長，但他很喜歡「偶爾收到你們的來電」[170]。

康曼表示，巴菲特跟他是非常不一樣的人，但是他們確實信任彼此，而且有相當程度的互相尊重。他認為，巴菲特的所有經理人都是這樣，他們之間有某種化學反應。「如今很多企業都缺乏這種化學反應，他們很功能導向，他們採取的戰術正確，但是你卻會失去熱情，而且失去對這個事業的熱愛。這種情況在這裡不會發生……巴菲特是個非常親切、溫暖、討人喜歡的人。[171]」

為什麼不把寶霞珠寶跟哈斯柏格合併呢？

大多數持有一家珠寶零售店的企業集團，在增加另一家

珠寶零售店時，都會本能地尋求綜效，像是集中採購來發揮經濟效益，或是讓商店面積更合理運用。他們會讓這些店都交給同個管理階層經營，但波克夏並不是普通的集團。

首先，巴菲特承諾這些企業有很大程度的自治權，每個企業都有自己獨特的文化和領導方法。其次，與經營不專注、團隊精神受到損害，以及策略混淆相比，綜效相對較小。關於這點，巴菲特在 1995 年的信中寫道：「哈斯柏格……與我們在奧馬哈的珠寶事業寶霞珠寶經營方式完全不同，而且這兩家公司將獨立運作。[172]」

他在 1995 年的股東會上進一步闡述他的想法：「寶霞珠寶和內布拉斯加家具商城，兩家企業都提供難以置信的選項、低價帶來龐大的銷售、低廉的營運成本等等。在好幾個地點經營……就提供的選擇數量來說，你會失去一些東西。寶霞珠寶一家店的珠寶銷售金額就超過 5,000 萬美元。嗯，當有人想要買戒指、珍珠項鍊，或類似的東西時，相較於試圖在二十或五十個地方維持庫存的店，他們可能會在這裡看到更多款式的產品。同樣的，這會讓我們在一個地點得到一定數量的銷售金額，如果有數量眾多的店鋪，就無法與單一地點的銷量相匹配，這會導致較高的營運成本。因此，我認為在這種特定模式下，這些企業只在一個地點經營往往會更成功，現在，哈斯柏格會在全美國各地的購物中心提供商品，透過這種運作模式，他們的表現非常出色。但是寶霞珠寶不能併進哈斯柏格，哈斯柏格也不能併進寶霞珠寶。」

每個企業都在追求不同的客群。一家波克夏的子公司必須弄清楚自己擅長什麼，以及他們實際上可以為誰提供服務，這一點很重要。寶霞珠寶提供非常特別的東西，因為它在一個地方有世界上最廣泛的選項，而且因為營運成本比競爭對手低 20 個百分點，因此價格低廉。「要複製這樣的做法非常難，而且試圖在 10 個地點做到這點的效果不太好。」[173] 因此，最好讓哈斯柏格利用自己特殊的文化、知識和經驗，在全美國 200 家購物中心開展業務，並讓寶霞珠寶不斷改進自己的單店模式。

1996 年的衝擊

1996 年春天，巴菲特對哈斯柏格的前景充滿樂觀：「我們相信它可以成長到目前規模的好幾倍，」他在寫給股東的信裡這樣說到。但幾個月後就被拉回現實。傑夫・康曼發動的成長速度如此之快，以至於商店數量在 12 個月內從 166 家增加到 181 家，成本急速增加，管理團隊根本無法應付。「1996 年我們經歷嚴重的衰退……我們過度擴張，我們比我們的人成長還快，」[174] 康曼說道。

除了這些經營問題，最大的競爭對手 Zales 被允許以乾淨的資產負債表來擺脫破產，而另一個大玩家西格內珠寶（Signet）則把資金投資在珠寶零售業上。

1996 年初，康曼打電話給巴菲特，告訴他這個壞消息。巴菲特只是問他「康曼，你想怎麼做？」他要求用 30 天制

定一個計畫，然後與巴菲特在奧馬哈開會，讓他解釋情況。會議的基調並不是一家子公司試圖得到巴菲特的批准，而是一位值得信賴的經理人要告訴巴菲特他會做什麼事。不過，巴菲特的確問他，何時公司才能恢復成波克夏剛收購時的樣子，康曼有信心會在 1997 年穩定局勢，並在 1998 年創造顯著的轉變。

他就是這樣做的。實際上，轉變的速度比預期還快，這讓巴菲特告訴波克夏的股東，獲利在 1997 年會有所改善，而且在關鍵的聖誕假期和 1998 年上半年會得到實際的成長動能。不久之後，公司就開始擴張了，到了 2000 年 9 月，哈斯柏格鑽石商店就在 38 個州擁有 236 家店面，成為美國第五大珠寶連鎖店。

此外，店鋪運作很有效率，每家店的平均營業額接近 220 萬美元，相較之下，競爭對手只有 100 萬至 150 萬美元。哈斯柏格鑽石商店知名的地方在於，決定只在高價地段開業。為了得到最好的店面，他們與高檔的購物中心開發商建立牢固的關係很有幫助。

我們沒有看到哈斯柏格被波克夏併購後的公開數字，但是康曼在 2000 年 9 月接受採訪時確實說過，他預期 2001 年的銷售金額會達到 5 億美元（從波克夏併購以來成長 77％），而且年度稅前盈餘達到 5,000 萬美元。[175] 一家成本不到 2 億美元的公司能有如此高的獲利，巴菲特一定很高興。

狀態穩定

遺憾的是，康曼在 2004 年 10 月突然去世，享年 60 歲。繼任他的人是梅爾文‧畢斯利（H. Marvin Beasley），5 年後辭職，原因沒有公開。

2009 年，巴菲特精心挑選備受推崇的珠寶專家與零售業經理人貝爾‧勒夫（Beryl Raff）來領導哈斯柏格。她來自潘尼百貨，她在那裡擔任頂級珠寶業務的執行副總兼商品總經理，之前幾年則擔任 Zales 的執行長。在任命她的時候，巴菲特寫道，她是「一位傑出的商人和強大的多店鋪零售商的經理人，將銷售直覺和敏銳的分析能力做出巧妙的結合」[176]。

2000 年，哈斯柏格有 236 家分店，超過 3,000 名員工，但這是這個事業的巔峰。勒夫接手之後，分店數量確實增加到 270 家，但是員工人數減少到 2,147 人。今天，哈斯柏格只有 210 家分店，員工不到 2,000 人。

一家公司這樣縮減人力是很不尋常的。巴菲特和蒙格負責資本配置，我只能假設他們不相信展店會創造更高的資本報酬率，所以這筆錢可能用在波克夏家族內的其他用途。

這並不意味著目前的哈斯柏格商店遭遇到任何損害。他們就像時思糖果一樣，可能會產生很高的報酬率。只是團隊清楚了解他們的能力圈和競爭優勢圈在哪裡，現有的商店在這些圈子裡面，計畫展開的新店很少有足夠的競爭力去產生高報酬。

學習重點

1. **理性對待併購。**大多數的併購都不會為收購公司的股東創造價值。原因包括抱持著有美好前景的信念、經理人愛上收購而不是管理、而且經理人過於迷戀策略計畫，因此他們為了這個計畫付出過高的代價。

2. **優秀的賣家不只會受到金錢驅動。**巴奈特・哈斯柏格非常關心公司賣出後發生的事情，像是員工和客戶的福利、文化，以及對堪薩斯城的忠誠。這讓向他買進公司的風險得以降低。

3. **尋求良好的資本報酬率。**巴菲特認為，哈斯柏格的高坪效，加上經驗豐富、能幹的管理階層、良好的文化和聲譽，創造出卓越的投資資本報酬率。

4. **必須一直擁有優質領導人。**如果傑夫・康曼不在，巴菲特就不會收購這家公司。

5. **自行思考一家企業的關鍵特質。**投資銀行業者和會計師往往會過於量化的看待事情（當企業成功真正重要的因素是質化因素的時候），而且在代表賣家時，只會提出正面的情境。

6. **某些關鍵人物的品格比傳統的盡職調查還重要。**尋找正直、誠實、有能力、有價值觀和理性的人。

7. **最有意義的內在價值（折現現金流／股東盈餘）估計不需要精確地寫在紙上。**你需要的只有大致良好的估計，

以便從購買價格中取得足夠的安全邊際。這個決定必須
顯而易見，因此不需要詳盡的計算。

威利家具（R.C. Willey）[177]

投資概況	時間	1995 年
	買入價格	價值 1.75 億美元的波克夏股票
	股份數量	100%的股權
	賣出價格	持有中
	獲利	已經超過波克夏購買價格的 5 倍，而且還在持續增加

1995 年的波克夏‧海瑟威
股價：20,500 ～ 32,000 美元　市值：172.17 億美元
每股市值：14,426 美元

　　威利家具的故事展現出中西部價值觀中的勤奮努力、正派、商業智慧和對社區的奉獻，進而取得卓越的成功。這個故事來自三個體現這些價值觀的人，包括盧法斯‧考爾‧威利（Rufus Call Willey）、比爾‧柴爾德（Bill Child），當然還有華倫‧巴菲特。

　　1932 年，威利在猶他州鹽湖城北部地區的一輛貨車車斗上賣電器。他是出色的銷售員，與人打交道的能力讓人印象深刻，他經常成功銷售客戶認為不需要的東西。他的家鄉在雪城（Syracuse），當周圍農業區的人說他們買不起冰箱的時候，他會溫和的建議他們可以免費試用一個星期，「而

且如果你不想要，我會回來拿走，不需要負擔任何費用」。
[178] 當然，一旦他們體驗到冰箱的優點，通常會從某個地方生出錢來。

當競爭對手對製造商抱怨威利家具因為省下店面管理費用而有競爭優勢，因此應該要停止供貨給威利家具的時候，威利在自己家旁邊建立一間只有 17 坪、混凝土空心磚砌成的商店，裡面放滿冰箱、火爐和其他電器。他的 22 歲女婿柴爾德不到猶他大學念書、等著到附近克利爾菲爾（Clearfield）的中學接任教職的時候，會在晚上和週六過來幫忙。

1954 年，威利突然去世，經營這家小店的責任就落在柴爾德的身上。儘管他在客戶中享有很高的聲譽，但是這家店有很多債務，不知道能不能存活下來。憑著強大的決心、聰明才智與一家人的同心協力，這家店成功度過難關。隨著時間經過，原本一層樓的建築物不斷擴建，雖然這家店開在一條小路上，但低價與優質的客戶服務，吸引客戶一次一次再訪。後來又開出第二家店，最後總共開了 6 家店，都在猶他州。到了 1995 年，這間公司的年營收超過 2.5 億美元，獲利和資本報酬率很高，而且幾乎沒有負債。在當時，威利家具在猶他州的家具市占率有五成，電器產品市占率有三分之一。

63 歲的柴爾德希望在執行長的任期結束後，確保這家企業未來還能繼續經營。他還記得威利在很年輕的時候就去

世了，他擔心自己如果去世，可能會繳交巨額的稅，這個家族唯有賣掉大部分股票才有辦法負擔。更好的解決方案是把威利家具的股票換成波克夏的股票。不僅可以更好的管理稅務負擔，經營團隊與獨特的精神也會保留下來。

巴菲特在柴爾德身上看到他最欣賞的價值觀，他寫道：「柴爾德代表美國最好的一面。任何追隨他的人在家庭、慈善事業、商業，或只是普通的公民事務等方面，全都走在正確的道路上……透過為客戶和員工做正確的事情，最終把曾經強大的競爭對手拋在後頭……他只是應用有史以來最古老、最穩固的一項原則：待人如己。[179]」

巴菲特建議我們檢視柴爾德的人生經驗，並將這些經驗應用在我們的生活中，引領我們過著更快樂、更有生產力的生活。這一章要介紹這些經驗與價值觀，以及巴菲特為什麼願意用 1.75 億美元收購這家公司。

盧法斯‧考爾‧威利

盧法斯‧考爾‧威利 1900 年出生在鹽湖城北方 40 公里遠的雪城，是摩門教農家的 11 個孩子之一。17 歲時，他在電力這個讓人興奮的領域找到工作，當時電力才剛進入農村地區。他從事沉重的勞力工作，在猶他州各地架設電線桿、拉電線。1992 年，他與海倫‧斯萬克（Helen Swanker）結婚，並就讀夜校，成為一名有執照的電工，後來成為變電站經理。

幾年後，他用一台冰箱給海倫驚喜。她喜歡冰箱，而且許多鄰居也很喜歡，鄰居不斷來參觀這台冰箱，想要知道冰箱如何運作。他們可以預想到在家裡擁有一台冰箱的優點，這讓威利突然萌生創立副業的想法。他的雇主是猶他電力與照明公司（Utah Power and Light Company），非常高興他能夠賣冰箱和其他電器給鄰居。畢竟，他們想要大家都用電。

1932 年，威利正式創業，利用巴恩斯銀行公司（Barnes Banking Company）的信用額度，買進一系列的電器，放在貨車後面，挨家挨戶推銷。威利可以幫忙拉電線，甚至提供信貸，這樣農民就可以在農作物收成之後才付款。

這家公司只有威利和拉馬爾・賽辛斯（Lamar Sessions，負責送貨並修理各種機器）兩個人在經營。當競爭對手抱怨威利的生意時，Hotpoint 家電的負責人不想要失去這個區域最重要的銷售通路，因此建議威利成立某種商店，於是他創業了，商店就建在自家農場的一角，在一條沒有人行道的舊鐵軌旁。從威利和海倫的家拉一條電纜到店裡。這家店沒有水管，而且只有四個停車位，但是透過口耳相傳、誠實行事，以及推銷技巧，這家店在 1950 年的營收大約是 5 萬美元。

比爾・柴爾德

1951 年，比爾・柴爾德與威利和海倫最小的女兒海倫・達琳（Helen Darline）結婚（他們從小就是情侶）。柴爾德

最近獲得獎學金，要去猶他大學就讀，這對他想要成為老師的雄心壯志有很大的幫助。幾個月後，達琳懷孕，年輕的威利夫婦一塊距離商店 50 碼的土地，用來建造組合屋。

柴爾德整個夏天都在店裡工作，學期中的晚上與週六也在工作。他不僅強壯，還努力工作，而且對人的態度自然、親切，讓人感覺很放鬆，並竭盡全力滿足他們的需求。

這是這家店擁有社區性質的一個指標，許多星期六，威利和柴爾德會去當地看棒球比賽，並在敞開的門上留言說：「我們去看球賽了……你們進來逛逛。[180]」

接棒時刻

1954 年春天，威利感覺胃不舒服，他認為自己已經得了胃潰瘍，因為只有他和賽辛斯是全職員工，為了要應付年營收 25 萬美元的商店帶來的壓力，他繼續堅持下去。

當身體的不適沒有任何改善時，威利宣布他真的需要休假。他在加州預定兩個星期的行程，並要求賽辛斯在他離開時，繼續經營這家店，起初賽辛斯抗議，稱他要做的事太多了，但威利說出的話讓他震驚：「你知道嗎，拉馬爾，當你認為自己快要死的時候，你會進一切努力來延長生命。[181]」

大約在這個時候，柴爾德在北戴維斯國中（North Davis Junior High）得到一份穩定的教職工作，他只要簽下學校的合約，職業生涯就安排好了。柴爾德畢業 1954 年 6 月 1 日當天，威利去柴爾德家解釋他需要度假，他把商店的鑰匙交

給柴爾德，在他不在的時候經營這家店。

不幸的是，威利夫妻提前一星期回來，因為盧法斯‧考爾感覺身體不舒服，旅程無法繼續下去。然後壞消息來了，他被診斷出胰臟癌，不太可能出院。

柴爾德面臨兩難。一方面，他可以接受自己一直想要的教職，另一方面，有個真的需要他的事業，這是一個可以養家活口的事業，這家店有義務對客戶、供應商和賽辛斯負責。也許校長會讓他在課堂教課之前，給他時間讓這個事業步入正軌？

但是更糟糕的消息來了。首先，稅務人員到店裡稽查，這位 22 歲的年輕人不知道發生什麼事，結果顯示公司的會計師多年來沒有繳交任何稅款，應繳稅款超過 1 萬美元。接著是銀行來電，告訴柴爾德立刻停用支票，因為帳戶裡沒有錢可以讓開出去的支票兌現。

再來是盧法斯‧考爾‧威利在 9 月 3 日去世。

葬禮之後，銀行經理與比爾‧柴爾德和岳母海倫開會，說明公司的財務狀況有多糟糕。威利借了 9,000 美元，而且沒有付款的利息錢不斷增加。此外，銀行一直提供信用貸款給客戶，這些貸款由公司擔保，結果有三分之二的人拖欠款項，這之中有一半在過去九個月沒有支付任何費用。對於一個營收 25 萬美元、信用額度 15 萬美元的企業來說，沒有償還的金額很高。銀行經理希望這家店可以立刻把客戶積欠的 5 萬美元債務收回去。

這家銀行顯然對這位有教學抱負的 22 歲商界新手沒有信心，銀行經理說：「海倫，妳需要賣掉公司，讓比爾去教書。[182]」

他們一致認為，家人需要一點時間討論該怎麼做。柴爾德只承擔經營公司的工作，因為他認為這只會持續很短的一段時間。他還有學校的工作在等他，為什麼不直接把公司賣掉？但由於負債很多，不太可能賣到好價錢。此外，盧法斯‧考爾並沒有留多少錢給海倫。公司如果有獲利，他就會大方的把錢花在家人身上，而且遇到需要錢的人還會慷慨解囊。如果這家店收了，他的遺孀就沒有經濟來源，家裡也沒有人可以資助她。柴爾德必須幫這家公司轉型。由於這家公司多年來累積很大的商譽，還是有潛力可以轉型成功。

意外成為企業家

柴爾德與校長討論，校長立刻明白他必須去重整這家企業。不過柴爾德還是很想要教書，他問到：「如果未來還有教師的職缺，你還會用我嗎？」[183] 校長有先見之明，回答說：「我想要你來幫我上課，不過，我的直覺告訴我，如果你進入企業界，你就永遠不會教書。」

柴爾德接下來去見銀行經理，請他給更多時間，他說：「如果我們把這家店收掉，就沒有錢可以給你了。如果我們繼續開門經營，我們就能夠把所有錢還清。」[184] 由於沒有可以扣押的資產，銀行只是勉強同意。

接著，柴爾德去了另一家銀行，看看他們是否願意預支貸款，不過他們並不願意，畢竟，存貨是賒帳購買的，而且這家店沒有單獨的產權，它的產權是在家族的房子之下，而且公司也沒有現金，唯一的資產是一輛貨車。

威利的經營有一部分是藉著用低價銷售家電來建立客戶忠誠度，有時價格還比成本低。他不是有意要讓公司虧錢，只是他主要擔任的角色還是銷售員，熱衷於善待顧客。事後才會想到短期獲利。

接著柴爾德有個轉機。他又試了另一家——雷頓第一國民銀行（First National Bank of Layton）。這家銀行是威利往來銀行的競爭對手，因為想要挖腳對手的客戶，所以同意提供威利家具 1 萬美元的信用額度，但這家公司還是有個艱鉅任務，需要償還 9,000 美元的舊貸款，以及 5 萬美元的客戶債務。

另一個找到錢的機會是猶他電力與照明公司提供的獎勵措施，只要家電零售商說服客戶把瓦斯熱水器換成電熱水器，每次都可以獲得 35 美元的獎金，而且如果把暖爐換成電暖爐，還可以得到 25 美元的獎金。柴爾德為自己和賽辛斯設定要賣出 150 台熱水器和 150 台電暖爐的目標，這樣就可以得到 9,000 美元的獎金，緩慢而穩定的還清抵押貸款。

至於拖欠款項的信用帳戶，柴爾德採取不同的做法。他聽說一家專門提供我們現在稱為次級貸款（subprime lending）的金融公司，這家公司叫商業信貸（Commercial

Credit），可能有意願向威利家具買下顧客拖欠的貸款，接著這家金融公司會盡可能從客戶那裡收回款項，並在這過程中收取更高的利息。

重要的是，沒有付錢的客戶要同意把債務轉讓出去。柴爾德會拜訪他們，推薦這個方案。即使他還是想要跟這些客戶當朋友，但最後還是堅定的表示，他們要嘛簽署同意書，要嘛就把家電交回來。大多數人都簽署同意書，現在有現金流進公司，而且追債的責任不在公司身上。

這家公司的經營開始好轉，為了應付這個情況，柴爾德聘請康妮・歐布萊恩（Connie O'Brien）兼職接聽電話並做行政工作，而他則專注在銷售上。隨著與商業信貸公司的關係愈來愈好，柴爾德可以在不需要太多文書工作或使用威利家具資金的情況下，提供客戶信用貸款。

柴爾德一天工作 12 個小時，但他樂在其中。他和家人生活節儉，會把錢再投資到事業上。他給自己的薪資和技工賽辛斯一樣，週薪 100 美元，甚至最初幾年因為手頭拮据，他只拿一半的錢；他說他的生活花費不多，而且他很努力工作，幾乎沒有時間去花錢。

做事穩當

1954 年和 1955 年，Hotpoint 的自動洗衣機賣得很好，總共賣出 400 台，一台毛利有 40 美元，只是使用一年左右，就會有客戶反映旋轉盤壞掉，讓衣服濕透。製造商有義務更

換有問題的零件，威利家具要付出勞動成本，Hotpoint則要供應這些零件，但荒謬的是，這些零件還是有問題。而製造商只會提供一次用來維修的零件。

一年後，很自然客戶會再次來抱怨，只不過這次Hotpoint否認自己有任何責任，結果威利家具有400位不滿意的客戶。柴爾德跟Hotpoint抱怨，要求要更換更好的零件，但沒有結果。

經過兩年半的艱苦努力，這家公司擺脫債務，而且最後在1956年看到有可能獲利。如果不想損害公司的聲譽，柴爾德就必須承擔這些維修費用。他對於是否繼續經營這家公司，內心有點動搖，他應該要收掉公司，然後去教書嗎？這樣做會使數百位鄰近的家庭有個有缺陷的洗衣機。柴爾德認為：「這並非威利的做事方式。」[185] 此外，他已經完成繁重的工作，這顯然是一項有潛力的事業。

儘管在法律上他沒有任何義務，但他還是做好心理準備，承擔產品保證的責任，履行對社區居民的承諾。這讓他花了數千美元，但這種服務與慷慨的行為並沒有被忽視。消息傳了開來，大家決定不再到其他地方購物。

擴張

柴爾德尋找賺錢的方法，在1956年有了賣家具的構想，謝天謝地，這些產品不需要負擔可移動的零件，或是沉重的保固負擔。起初，一些家具就放在柴爾德個人的雙車庫裡，

並鼓勵總店的客人散步 46 公尺來看看。沙發特別受歡迎，很快就搶購一空。因此 1957 年他決定把商店的面積擴大到 50 坪。

現在，比爾·柴爾德的店真的需要幫忙。他 18 歲的弟弟謝爾頓（Sheldon）熱心地接受這份兼職工作。當謝爾頓去猶他州立大學（Utah State University）上課時，他會在週六開車回家工作。最近雇用的送貨員羅伊·哈德森（Roy Hodson）主要負責送貨跟安裝，謝爾頓比較擅長說明家電的使用方式。他搬進在商店旁邊盧法斯·考爾和海倫的舊家，這樣他就可以在自己喜歡的工作上花更多時間。

進軍家具業的舉動產生效果，公司的營收一年就增加一倍。不只雇用一名全職與一名兼職銷售員，商店還再次擴建。謝爾頓被找來擔任銷售員，他會接受這個角色，是為了要應付上大學的開銷，但是他也有雄心壯志，想要成為老師。1959 年秋天，隨著大學最後一年到來，比爾·柴爾德告訴弟弟：「我不會告訴你該做什麼。但是如果你想要教書，你就應該回到學校。不過如果你打算留在家具業，我認為有個學位不會有什麼不同⋯⋯你可以工作一年，然後決定是否要回到學校。」[186] 謝爾頓同意了。

那年是快速擴張年，公司增加更多產品線，也增加更多銷售人員。真讓人興奮。謝爾頓和妻子在比爾家旁邊建造自己的家，並開始接受謝爾頓可能無法回大學念書的事實。

這家店經過多次的擴建，到了 1965 年，成為猶他州鹽

湖城以外最大的家具店，他們偏僻的位置甚至成為一種優勢，可以用來打廣告說，「因為我們在鄉下地區，所以有較低的管理費用，意味著也會比較便宜」。大家長途跋涉來找便宜貨，這時全職員工也增加到 50 名。

不幸的是，1965 年春天，達琳因為一種罕見情況導致血栓去世，享年 31 歲，留下悲痛不已的比爾和兩個男孩與兩個女孩，全家人都受到很大的震撼，但是他們從摩門教的信仰中找到一些力量，摩門教堅信一家人會在天堂團聚。比爾讓自己異常忙碌，避免自己想太多。

多樣化

雪城附近有個希爾空軍基地（Hill Air Force base），雇用 2 萬名平民和 3,000 名軍人。威利家具不僅從領取基地薪資的當地居民受惠，也從四處移動的空軍軍人上受益，這些空軍軍人在猶他州安頓時，往往也會購買家具和家電。

有這個基地是一種祝福，但也構成威脅。有傳言說，這個基地有可能會被降級，這樣在基地裡工作的人就會減少。柴爾德看到威利家具的營收過度集中在一個地方，多達三分之二的營收與基地有關。

這個問題的解決方法是在夠遠的另一家店裡複製低價優質服務模式，吸引不同的顧客。位於鹽湖城南方、距離雪城 58 里遠的穆雷（Murray）有一塊 160 公畝的土地，似乎是理想的選擇。一場成功的電視宣傳活動讓公司在這個區域的

形象提升，因此這個品牌在猶他州的知名度已經擴散到雪城外面。

直到 1969 年，這家占地 562 坪的店才開幕，這時比爾‧柴爾德已經和派翠西亞（Patricia）結婚，他們的第一個孩子已經一歲了。他們後來有四個孩子，因此這個家總共有八個孩子。[187] 對比爾和派翠西亞來說，這段時間非常辛苦，他們要兼顧生意和孩子的需求。

幸好這家新店非常成功，接下來十年增加至少八家分店，而穆雷的員工人數也從 20 人增加到超過 200 人。

進軍金融業

1975 年，威利家具開始發行信用卡。這需要大量的資金，還會帶來大量的風險，但是這是建立品牌的一種方法，而且可以賺到可觀的利息（即使利率比銀行或其他金融機構向客戶收取的利率低）。

提供融資也可以維繫客戶關係，這使威利家具比銀行花更多時間去了解還款拖欠的原因，像是失業或生病，而且比匿名的金融機構更有同情心與耐心，因此可以得到客戶長期的忠誠。

1980 年代中期，信貸利率的獲利高達 700 萬美元，到了 1990 年代初期，這個數字增加到超過 1800 萬美元。

而在威利家具的店裡消費，會在製造商的第一年保固結束之後，收費提供一、兩年的延長保固。威利家具會免費為

客戶維修或更換產品。這家公司後來把維修或更換費用的成本轉嫁給保險公司。威利家具會支付保險公司延長保固的保險費，費用比客戶付出的費用略低一些。

後來有一天，保險公司宣布破產，威利家具在法律上沒有履行保固的義務，因為那是破產的保險公司的責任；但是柴爾德兄弟認為，他們不應該告訴客戶這是他們的運氣不好（就像與這間保險公司往來的其他零售商一樣），這個決定使公司損失 150 萬美元，「我們覺得這是正確的做法，客戶因為對我們夠信任，所以向我們買產品。因此我們覺得應該要提供擔保。[188]」

1985 年，這兩家店的營收總共超過 5,000 萬美元，第三家店開在只離穆雷那家店西方 13 公里的地方。然後 1990年在南鹽湖城（在穆雷北方大約 11 公里）一塊 520 公畝的土地上，建立一間 5,058 坪的倉庫、843 坪的辦公室，以及 1967 坪的家具展示中心。

公司的銷售金額增加到 8,500 萬美元，在威利家具的事業正在發展起來的時候，比爾·柴爾德在業務上最倚賴的人就是弟弟謝爾頓（時任銷售總監與董事長），卻受耶穌基督後期聖徒教會邀請，擔任紐約市傳教部的全職負責人，並接受了這個使命。[189] 儘管失去謝爾頓的幫忙，這家公司還是持續以驚人的速度成長，1995 年的營業額達到 2.57 億美元，當時在猶他州已經有五家店，第六家店則在籌備中。

指導原則

柴爾德之所以會成功，是因為遵循合理的原則來贏得客戶的信任，以及員工的敬佩和忠誠；我們也很幸運可以看到他分享自己成功的規則[190] ——

1. **追求卓越，而非金錢。** 如果比競爭對手更好，獲利自然來。

2. **提供客戶優質的產品，讓他們感受到產品的真正價值。** 低價的便宜家具並不會有價值。

3. **像客戶一樣思考，對待他們，就像你想要得到的對待一樣。** 他們可以隨時把生意給別人做。（同事們每天都親眼目睹比爾與謝爾頓承諾要為客戶服務，他們也竭盡全力提供服務。）

4. **對事業有熱情，而且了解這個產業與產業的未來。**

5. **避免不必要的債務。** 當經濟衰退時，過多的債務會讓你陷入困境。

6. **要有效率。** 沒有什麼事情比浪費更耗損一家企業了。

7. **尊重同事。** 否則員工不會尊重顧客。（舉個例子：這家公司實行慷慨的分紅計畫。）

8. **注意細節。** 借用巴菲特的一句話：在零售業，你需要每天都有好表現。

9. **要誠實！** 沒有什麼事情比不誠實更快毀掉聲譽了。建立聲譽需要幾年的時間，但是某一天的一個惡行就會毀掉聲譽。（謝爾頓的名言是：「如果你一直都說實

話，就不必記住說過的話。」）

10. **聘用優秀和有能力的人。**你會尊重他們，並喜歡跟他們共事。

11. **做決定要著眼於未來。**不要只做對今天有好處的事。

12. **透過行銷讓公司脫穎而出，不要一直隨波逐流。**有時你必須跳出框架。

13. **最重要的是，要能夠適應市場的變化，而且在環境有需求時，不要害怕改變。**我們生活在一直變化的世界。

柴爾德補充另一個要點是——最重要的是表達感謝，向同事、一路上幫助你的人和家人表達感謝。從這份清單與他的人生故事中，也許我們可以得出這樣的結論——柴爾德後來真的成為一個老師，只是不是用他最初想要的方式。

與巴菲特的交易

1995 年初，一家投資銀行向柴爾德提出要買下威利家具，報出的價格是 2 億美元，在此之前，還有兩家上市零售商提出併購的意願，這些全都是對方主動提出的報價。比爾·柴爾德在參觀兩家零售商的商店後，對於他們的家具陳列並不滿意，認為他們與威利家具並不相配。

而對投資銀行來說，這 2 億美元的開價並不像表面說的那樣。這家銀行只會提供 1 億美元的現金，剩下 1 億美元用

威利家具的資產當作擔保，把錢借出來，因此，公司的資產負債表管理會從非常保守，惡化為高風險的管理方式。沒錯，比爾和謝爾頓會帶著很多錢離開，但是他們創辦的公司會背負很多債務，使仰賴公司生存的人變得很脆弱，他們討厭這種想法。

比爾·柴爾德現在 63 歲，而且想著他的岳父在 54 歲就去世了，他充分意識到他很有可能會突然留下一個爛攤子，讓活著的人收拾殘局。他希望在他去世後，這個事業、忠誠的員工、客戶和供應商還能持續存在數十年，如果他把公司賣給華爾街的金融工程玩家，或是能力較差的零售商，就不太可能有這樣的結果。謝爾頓比他小六歲，理應是繼承人，但是他愈來愈受到教會的吸引。

1995 年 1 月，比爾·柴爾德在思考這個問題的時候，參加舊金山家具貿易展（San Francisco Furniture Mart Trade Show），他碰到老朋友伊爾夫·布魯姆金，他是內布拉斯加家具商城的執行長（見卷二第 3 筆投資）。布魯姆金家族在 1983 年面臨相同的問題，他們找到的解決方案是把內布拉斯加家具商城大部分的股份賣給波克夏。

柴爾德對內布拉斯加家具商城這 12 年來的狀況很有興趣，而布魯姆金的回應非常正面——巴菲特守住每個承諾，是最好的商業夥伴，而且家族還掌握管理權。柴爾德便問他：「你認為巴菲特會有興趣買我們的公司嗎？」

布魯姆金非常尊敬威利家具，認為是美國管理最好的家

具公司之一，而比爾‧柴爾德是優秀而有原則的經理人。布魯姆金說巴菲特很可能會感興趣，並說要把比爾‧柴爾德介紹給巴菲特，討論這樣做的可能性。

比爾與謝爾頓商量過後，謝爾頓立刻贊同把公司賣給波克夏是很好的解決方法。幾天後，比爾請布魯姆金幫忙聯絡巴菲特，布魯姆金在幾天後就要與巴菲特吃晚餐，並承諾要跟巴菲特談到威利家具的事。

這不是布魯姆金和巴菲特第一次討論威利家具的事情，因為多年來，巴菲特一直問他：「美國還有像你一樣的人嗎？」布魯姆金回答說，還有三個管理良好的家具零售商分布在美國各地，其中一家是威利公司（另外兩個稍後會在巴菲特的故事中出現）。

巴菲特在 1995 年的信中表示，布魯姆金告訴他威利公司的優勢，因此他已經很熟悉這家公司。

巴菲特和比爾‧柴爾德的談話

2 月中旬，布魯姆金打電話告訴比爾‧柴爾德這個好消息——巴菲特真的很有興趣，而且會打電話過來。

幾分鐘過後，電話就來了，「比爾，我是巴菲特，我剛剛跟布魯姆金談過，我知道你有興趣要賣掉公司。」[191] 巴菲特最想要知道柴爾德為什麼想要賣掉公司，柴爾德回答：「我想要確保這家公司在我去世之後還會繼續存在。第二，如果我或我的妻子發生任何事情，公司就必須低價賣掉來支

付遺產稅。[192]」

巴菲特需要良好的管理，因此詢問柴爾德計畫還要擔任多久的執行長。從巴菲特的角度來看，得到的回答非常好，「只要我還有生產力，而且可以做出貢獻。我可以向你保證至少還會做七年。[193]」

最後一個關鍵問題：「要賣多少錢？」柴爾德回答：「只要價格合理……我們希望購買的人在兩年、三年和五年後都一樣快樂。」[194]巴菲特說他想要研究一下，並要求提供過去二到三年的帳目，以及一些公司的歷史。

巴菲特很滿意他看到的資料。17％的年營收與獲利成長，在猶他州獨占市場，以及有獲利的金融事業。公司的資產負債表穩健，所有土地和建築物都已經付清費用，而且除了幫助客戶提供部分信貸的債務以外，沒有其他債務。

收到來自鹽湖城的包裹四天之後，巴菲特寫信跟柴爾德說，他擁有「一家寶貴的公司」，而且會在三天內確認購買金額。

巴菲特的第二封信承諾，這家公司會像出售前一樣經營，而且會保留公司的在地身分，就像大多數加州人認為時思糖果嚴格來說是加州公司一樣，比爾．柴爾德會擔任執行長，而且永遠都不需要到奧馬哈。他開出的價格是 1.7 億美元，可用現金支付，或用波克夏的股票支付。

柴爾德兄弟還有很多事情要討論，尤其是與賣給華爾街的公司相比，價格少了 2,000 至 3,000 萬美元，但是巴菲特

打折後的報價與家族繼續經營事業、而且不會對客戶或同事造成干擾的正面影響相互抵消。

從寶霞珠寶到史考特費澤製造公司，巴菲特都繼續信守承諾，在時思糖果的例子中，他已經堅守承諾超過 20 年。

柴爾德打電話給布魯姆金，他建議：「無論你要怎麼做，都選股票。如果我們持有的是股票，不是現金，而且繼續持有股票，那到今天的價值會超過 10 億美元。」（內布拉斯加家具商城 90％的股份以 5,535 萬美元的價格賣給波克夏。）

一位在投資銀行業工作的友人認為這份報價偏低，柴爾德應該要討價還價，但是比爾‧柴爾德說：「如果巴菲特收購這家公司，我就可以跟他合作，並為他工作。我不太願意跟他討價還價。[195]」

比爾‧柴爾德打電話給巴菲特，說這份報價非常合理，而且邀請他過來看看公司的經營情況。「我不需要來看，」巴菲特回答說，「你的名聲很好，我知道如果你說資產在那裡，那資產就會在那裡，而且可能還有更多資產。[196]」柴爾德則回覆：「如果你沒有先看到你要買的公司，我不可能把這家公司賣給你，這樣並不公平。」巴菲特便說他到棕櫚泉跟比爾‧蓋茲打高爾夫球的途中，可以過去看看。

在參觀完商店，停下來買可樂和漢堡的時候，柴爾德提出用波克夏的股票付款的問題，他提到波克夏的股票價值會上下波動，這使他們很難估價——公司賣掉的時候，股票的

價值會到多少呢？

「我了解你的顧慮，」巴菲特說，「股價現在是 22,000 美元，我來告訴你我會怎麼做。如果我們完成交易，我會把價格鎖定在 22,000 美元。如果股價上漲，會對你有利。[197]」

「如果股價下跌該怎麼辦？」柴爾德問。

「那我們就再談談，」巴菲特回答，對柴爾德來說這似乎很公平。

在接下來幾個星期，柴爾德一家絞盡腦汁想要讓這筆交易稅降到最低。巴菲特定期打電話過來，問他們是否有解決方案。最後他表示，他願意再給 500 萬美元，希望有助於解決這個問題，儘管他不能保證是否可以不用繳稅。

波克夏的股價現在已經漲到 24,000 美元，讓巴菲特以股價 22,000 美元為基準的報價顯得更有吸引力，額外的 500 萬美元是關鍵，「如果是這樣，那現在就達成協議了，都以股票付款。[198]」文件準備好給比爾·柴爾德和其他家族股東簽署的時候，他注意到波克夏在合約中錯誤的增加 4 股的費用，導致價格增加約 10 萬美元。

柴爾德打電話到波克夏總部，跟馬克·漢柏格（Marc Hamburg）說這件事，漢柏格說他會在早上讓巴菲特知道，隔天傳來消息說：「別擔心，巴菲特想要給你那些股票。」[199] 合併的生效日期是 1995 年 6 月 29 日。

從管理決策的角度來看，沒有任何實際上的變化，唯一

的例外是巴菲特對於新店投資有否決權。柴爾德跟《猶他商業報》（*Utah Business*）說，巴菲特是很好的商業夥伴：「他沒有告訴我們如何經營我們的事業，而是給我們投下很大的信任票、100％的支持，以及完全的信任。沒有人在監控我們，他對長遠發展感興趣……如果我們在未來四年以非常低的毛利來銷售所有的家電和電子產品，他可能不會說什麼。他是完美的合作夥伴。[200]」

週日不營業

現在，威利家具主導猶他州的家具和電器市場，柴爾德自然會考慮把獲利拿到其他州投資。他一直計畫要在拉斯維加斯開店，光是克拉克郡（Clark County）每個月就迎來大約 8,000 名新居民。亨德森（Henderson）在拉斯維加斯東南方大約 26 公里的克拉克郡，有一些價格合理、而且交通便利的大型場地。

柴爾德帶巴菲特坐直升機遊覽那個地區，提到那裡的家庭數量快速成長，之後問巴菲特對那裡的前景有何看法。

「我們不會在那裡開店，」巴菲特說。

柴爾德很震驚，計畫都準備好了，亨德森的一家新店，可能比在猶他州的任何一家店獲利更高。

巴菲特承認，在信仰摩門教的郡，週日所有店都關掉是有意義的，但是在大多數的州，週日是家具最大的消費日，往往占整星期銷售金額的四分之一。柴爾德無法對自己的原

則妥協，因此他建議所有在亨德森的店週日都不營業。

巴菲特尊重柴爾德的宗教信仰，但是如果競爭對手在週日搶走顧客，那麼花數千萬美元開新店對他來說在財務上就不合理。他告訴他的好朋友：「我們週日不營業，但是我們也不會進入無法成功的市場。[201]」

柴爾德不同意這個看法，但是他接受巴菲特的觀點。他知道要讓其他人理解他的願景有多困難。

不過巴菲特確實同意的一項投資是 1997 年在鹽湖城建造美國最大（2.4 萬坪）的配送中心，提供猶他州商店與客戶無法匹敵的供貨能力。

說服巴菲特

向西擴張到拉斯維加斯的計畫被否決，但是柴爾德看到其他地方的潛力。他關注猶他州北邊的鄰居愛達荷州，柴爾德認為博伊西還需要一間很大的威利家具店，那裡發展迅速，離新配送中心只要 563 公里，一個晚上就可以鋪貨到新店。

巴菲特再次說不，他對這家公司在猶他州的業績表現很滿意，「我們現在做得很好。」他說。有一天早上，柴爾德在洗澡的時候，決定如果沒有想出一個辦法說服巴菲特讓他經營博伊西的店，他就不出來，當天稍晚的時候，他打電話給巴菲特說：「我想跟你談談愛達荷州博伊西的店。」

巴菲特不耐煩的回他：「我們已經討論過博伊西的事

了。」

柴爾德接著向巴菲特說：「我會提出一個你無法拒絕的建議。我自己買下土地，在上面建造商場，而且如果我們六個月內沒有成功，我們就會放棄。這可以保證公司不會損失一毛錢。[202]」

波克夏可能不會虧錢，所以巴菲特答應了，「好，如果這家店第一年沒有賺到 3,000 萬美元，我們就會放棄。如果這家店賺到 3,000 萬美元，我就會向你租店面，租金是總銷售金額的 4%。」但柴爾德的慷慨作為並沒有結束，他接著說，如果這家店真的成功，他會把建築物以成本價賣給波克夏，不加任何利息。

巴菲特說：「好。」大約兩個星期後，巴菲特打電話來說，他一直在考慮這個提議，而且他不應該這樣利用他的朋友，「對你來說這沒有什麼優點，都是缺點。[203]」

「首先我別無選擇，而且還有一些優點。優點是，如果我們成功了，你就會讓我去拉斯維加斯開店，[204]」柴爾德這樣回答。

這家店在 1999 年 8 月開業，馬上就很成功，首週銷售金額達到 100 萬美元。幾個月後，巴菲特在 1999 年的致股東信中表達對柴爾德計畫把週日不營業的政策用在博伊西，以及懷疑柴爾德「真正不尋常的提議」，柴爾德的提議耗資 900 萬美元，可能會留給他一座空蕩蕩的大樓。他接著說：「這家店在去年 8 月開業，馬上就得到巨大的成功，柴爾德

隨即把房產交給我們……而且你知道嗎？柴爾德拒絕從過去兩年投入的資金中收取任何一毛錢的利息……你可以理解為什麼有機會跟柴爾德這樣的人合作，會讓我每天都很有活力。」

巴菲特受邀在博伊西的店正式開幕會上剪綵，他告訴大家銷量如何遠遠超出預期，而且厚臉皮的說，在發現這樣做很好之後，他一定會一直認為這是他的構想。「我真的很高興柴爾德沒有勸我放棄。」第一年，這家店的銷售金額是5,000萬美元。

終於在拉斯維加斯開店

在博伊西的店成功經營的喜悅中，柴爾德認為這是跟巴菲特談在拉斯維加斯開店的時機，他和巴菲特說：「我們在博伊西成功了，現在你必須讓我們去拉斯維加斯。而且我會做跟之前一樣的交易。[205]」

巴菲特說他只能利用一個人一次，而且如果他能夠在拉斯維加斯成功展店，「那麼你真的可以改變我的看法。[206]」這家店在2001年開張，試營運的銷售情況顯示這家店會很成功，因此在正式剪綵儀式上，巴菲特宣布會在大拉斯維加斯地區再開另一家店。

巴菲特在2001年的致股東信中宣稱，即使他很懷疑週日不營業政策在拉斯維加斯會比在博伊西有效，但儘管如此，他還是同意柴爾德的要求。

「結果，這家店的銷量超過威利家具所有連鎖店，銷量遠遠超過任何競爭對手，而且是我預期的兩倍。我在 10 月的盛大開幕典禮上剪綵（時間是在「試」營運和幾個星期出色的銷售表現之後），而且就像我在博伊西做的那樣，我跟大家提到開新店是我的構想。但這並不是真的。今天，當我大談零售業的時候，波克夏的人只會說：『那柴爾德是怎麼看的？』（不過，如果他建議我們週六也不要營業，我絕不會同意。）」亨德森店第一年的銷售金額是 8,600 萬美元。

威利家具的銷量怎麼能夠超過一週營業七天的競爭對手？答案一定是性價比。但是，要如何讓員工的效率和承諾達到一定的水準，維持產品的性價比呢？憑藉的是公司文化裡包含的價值觀、誠信與關心，巴菲特試圖表達這一點：「其他人可以買同樣的家具、同樣的土地、建立同樣的商店，這些事情都可以複製。但他們無法複製威利家具。[207]」

家具業四龍頭

在波克夏旗下，威利公司、內布拉斯加家具商城、1997年加入的休士頓明星家具（Star Furniture of Houston）、1999年加入的麻州喬登家具（Jordan's Furniture of Massachusetts）都是家具業。2002 年，威利家具的銷售金額超過 4 億美元，而且整個家具集團的稅前盈餘達到 1.06 億美元。

柴爾德強調加入這個團體的好處：「我們可以交換想法，我們會碰面，我們會參觀彼此的店。我們會一直溝

通，我們不會一起買東西，但我們確實會一起花錢去亞洲旅行[208]。」

他也說，他與巴菲特的關係是美夢成真的感覺，是精采商業生涯的高點：「我喜歡他的哲學，我喜歡他的正直，我喜歡他與人相處的方式。每次跟他談話都讓人振奮，而且每次跟他談話都讓我學到東西……他會用一個方法來激勵你，他非常信任你，因此你只想要有好表現……我不想辜負巴菲特的信任，不想要讓他失望。[209]」

2001年，比爾·柴爾德辭掉執行長的工作，2021年的現在，他擔任董事長。他89歲，還是幾乎每天進辦公室，但是大多數時間都花在家族事務上，包括一個稱為克洛亞蘭丁（Koloa Landing）的夏威夷渡假村（《今日美國》評為2020年全美國最漂亮的度假村泳池）。

過去20年，威利家具一直持續成長。2003年，另一家非常成功的分店在大拉斯維加斯開幕，接著在內華達州的雷諾市（Reno）又有一間新店開幕，巴菲特寫到：「比爾·柴爾德和執行長史考特·海姆斯（Scott Hymas）再次徵求我的建議。最初，我對於他們來問我的意見感到很自豪，但後來我突然意識到，一個總是犯錯的人的看法，對於決策者來說有特殊的用處。」[210] 後來，雷諾店的銷售速度超過博伊西店的銷售速度。

接下來是2006年加州沙加緬度（Sacramento）的店開業，然後是2018年在沙加緬度開了第二家店。2014年則在

猶他州開設最大的家具店，占地將近 4,500 坪，地點在鹽湖城南方 35 公里。

奇怪的是，在這個展店的風潮中，員工人數只從 2008 年的 2,486 人，增加到 2018 年的 2,866 人。如今，威利家具的員工人數不到 2,500 人，但是營收有 8.7 億美元，平均每位員工創造 35 萬美元的營收。

比爾·柴爾德的妻子稱比爾是工作狂，儘管工作的時間減少，他還是繼續在威利家具工作，同時增加在慈善工作上的時間。他和派翠西亞最喜歡做的慈善工作是教育、醫院和無家可歸的青少年中心。但是我們永遠不會知道他做的所有慈善工作有哪些，因為柴爾德的善心和謙虛，讓他很少談論這些事情。這對夫婦還參與很多成功的房地產計畫。

大家都知道，想要在家具產業裡成功很困難，在那些成功的人中，柴爾德在談論怎麼成功顯得很謙虛，「這不是火箭科學，如果你盡力做到最好……而且永不滿足於現狀，你就會做得很好……如果你不改變，就無法存活下來。[211]」

學習重點

1. **最強大的企業往往是逐步建立起來的企業。** 威利家具經過數十年的艱難歲月與穩定但不引人注目的成長，提供一個穩定的基礎，讓公司能安全進入新地區，並繼續以低成本的方式經營。投資人應該要對使用廣泛的金融工程工具或併購來實現快速成長的企業提高警覺。

2. **做正確的事。** 這不僅適用於對待客戶或員工的方法，也適用於對待商業夥伴的方法。柴爾德和巴菲特都擔心雙方是否可以從他們達成的交易中公平的受惠。

3. **學會完全信任一些人。** 巴菲特相信柴爾德會公平對待投資人，因此給他自由經營裁量權。這種程度的信任有很強的激勵效果。

4. **資本報酬率是關鍵。** 威利家具的特許經營權在猶他州很強大，在那裡會產生很高的資本運用報酬率，但是巴菲特認為他在愛達荷州的實力，不足以證明在那裡投資百萬美元是合理的做法。

5. **從錯誤中學習。** 事實證明，巴菲特對威利家具的名聲和商業模式在愛達荷州和內華達州有多少實力的判斷是錯誤的。他用一、兩個帶有諷刺的笑話，坦率地坦承自己的錯誤，而且現在更加信任波克夏公司裡的零售業專家。

飛航安全國際

（FlightSafety International）

投資概況	時間	1996 年
	買入價格	15 億美元
	股份數量	100%的股權
	賣出價格	持有中
	獲利	到目前為止稅後盈餘超過 40 億美元

1996 年的波克夏‧海瑟威
股價：30,200 ～ 37,950 美元　市值：234.26 億美元
每股市值：19,011 美元

　　艾爾‧烏吉 23 歲的時候，從飛機上摔下來。前一刻他還舒服的坐著，下一刻「整架飛機都不見了！」[212] 雙翼飛機倒過來的時候，綁著他的座椅就脫落了，他不再是飛航教官，「而是一件墜落的物體，直直朝俄亥俄州的一塊農田掉落」，[213] 天氣很冷，但是他知道他必須拿下手套才能拉開降落傘，降落傘從他的腳邊爆開，「所以我猜我的頭是朝下的」。[214] 離地面只有 45 公尺的時候，降落傘的傘衣終於打開了。

　　這時讓人很不舒服，腿部的袋子把他的內褲都扯破了。

他降落在一片荊棘叢裡，衣服被割破更多，「除了一些輕微的擦傷與自尊心嚴重受損以外，我很好。[215]」

這個經驗讓他真正領悟到的教訓是，有個在任何狀況下都值得信任、訓練有素的飛行員很重要。他把自己的生命交到他指導的某個人手上，學生正在試著快滾（snap roll）半圈，但一直失敗，還讓飛機失速。最後一次的嘗試太過突然，導致烏吉的座位直接從雙翼飛機上掉了下來。當時，大多數的訓練都在空中進行，而不是用飛航模擬器進行，這導致訓練時發生事故的死亡人數比正常飛行還多。

56 年後，艾爾・烏吉以 15 億美元的價格，把自己的飛行員培訓事業賣給波克夏，他把自己持有的 37％股份換成價值大約 5.55 億美元的波克夏股票。這位 16 歲就獨自飛行的飛行員在 90 多歲時還繼續掌管公司，當時他持有的股票價值是 20 億美元。

在這些資金中，有大部分的資金都是透過他建立的慈善機構奧比斯（Orbis），提供開發中國家數百萬人視力保健手術。今天，飛航安全國際在培訓飛行員產業中占據主導地位。

因林白而愛上飛翔

烏吉 1917 年出生在肯塔基州的農場，是七個孩子中最小的一個。隨著他的成長，他觀察到父母一週工作七天，而且整天都在工作，但到了年底卻只有賺到微薄的錢。因此他

不想要當農夫。

當查爾斯‧林白（Charles Lindbergh）飛越大西洋的時候，10 歲的艾爾被迷住了，他的耳朵緊貼著美國無線電公司的真空管收音機，「在很多雜音干擾下，聽著林白在飛行表現上每一則新聞報導。當新聞公布說他已經在巴黎降落，而且數千名高聲歡呼的法國人把他扛離機場時，我就被迷住了。[216]」

從那時起，他毫不質疑就在心底認為自己會成為一名飛行員。（先來個劇透：烏吉和林白後來成為朋友，在前面提到烏吉遭遇的那次飛行事故 35 年後，他們在勒布爾熱〔Le Bourget〕同住一個房間，那裡是林白多年前在巴黎降落的地方，這兩個人當時在法國要評估一架飛機。）

年輕的艾爾很快就意識到務農無法賺到參加飛行課程的錢，因此他尋找其他賺錢方法。16 歲時，他開了一家不起眼的小漢堡攤，以 5 美分的價格出售漢堡和可樂。他的生意很好，但唯一的問題是，他沒有賺到任何錢。後來透過漲價才解決這個問題。沒多久，他又開了兩個攤位讓同學經營。隨著利潤增加，他們開始在萊星頓（Lexington）附近的一個草地飛行場學習飛行。

兩年後，烏吉想要以飛行當作職業生涯，他迫切想要買一架飛機，但是這要幾千美元。幸運的是，他的漢堡攤有個顧客是農民銀行（Farmers Bank）的董事長，艾爾以漢堡攤當作抵押品，申請 3,500 美元的貸款，而且錢撥下來了。

他在附近農場的一個草地上用步伐圈了一塊土地，稱它為機場。把傳單發到整個地區，宣傳法蘭克福飛航服務（Frankfort Flying Service）。起初，他們的日常工作是在週間的放學後提供漢堡服務，週末則推銷飛行課程。

烏吉好像還不夠忙碌，後來他去讀肯塔基大學（University of Kentucky），他只是個貧窮的學生，卻無法把注意力從飛機上移開，文學、哲學、歷史等等，都比不上對飛行的熱愛。因此他輟學了，並把漢堡生意賣給其中一個兄弟，以便專注在以飛行員的生活謀生。但是當時的經濟仍處於大蕭條的低迷狀態。

為了賺錢，他願意做任何事。服務成人的短途飛行只要1美元，小孩只要50美分。特技表演的收入不錯，但很危險，「大家都會出來看看這個傻小子會不會自殺，而且像個傻瓜一樣，有幾次我幾乎就要出事了。哇，我嚇壞了……我很驚訝我還活了下來。[217]」

這不僅是財務上的問題，還很危險。因此，當辛辛那提皇后城飛航服務公司（Queen City Flying Service of Cincinnati）提供他一份穩定的工作的時候，他欣然接受了。

泛美航空的經歷

為了駕駛大型飛機，他在1941年轉職到泛美航空工作，這是他夢想要進去的航空公司。當時美國擁有大量在地和區域型航空公司，但是只有泛美航空專門提供飛往其他國家的

定期航班。泛美從 1928 年提供古巴哈瓦那飛佛羅里達州基威斯特開始，到了 1941 年，航線遍布中美洲、南美洲、太平洋、紐西蘭、菲律賓和中國，一直延伸到愛爾蘭、英國和葡萄牙。

泛美航空擁有世界上最新、最豪華的飛機，以及最有經驗和最受推崇的機組人員。烏吉成為一名擁有多重任務的飛行員，他在訓練部門工作一段時間，同時擔任水上飛機的駕駛，以及貨運航班的工作。

貨運系統會把軍用飛機經過非洲運送到中東。應羅斯福總統的要求，泛美航空在 60 天內創立一個新的航空公司，航程範圍達 19,312 公里，橫跨海洋、叢林和沙漠地形。路線從邁阿密穿過加勒比海和巴西，到達西非，然後到中非和東非。難怪泛美航空的飛行員受到人們的尊敬與敬畏。

1928 年，胡安·特里普（Juan Trippe）在 20 多歲的時候成立泛美航空，他需要一架商務飛機來環遊美國（監理機關禁止泛美航空的飛機在美國境內飛行，因為他在國際上占據主導地位）。1943 年，烏吉受邀到哥倫比亞接機，隨後被指派擔任特里普先生的私人飛行員。他對前景充滿期待，認為特里普是「我認識的人中最偉大的人之一……他展現出堅韌不拔、商業頭腦、精明的政治手腕、對推廣飛行的熱衷，以及願意承擔巨大風險。[218]」

烏吉擔任特里普的飛行員長達 25 年，而且對他非常了解。他的品格、智慧和洞察力給他留下深刻的印象：「他是

一個令人尊敬而明智的顧問。[219]」

創辦自己的事業

1940 年代末，許多公司購買商務飛機來提供更大的靈活性，並節省高階主管的時間。烏吉認識很多為公司董事工作的飛行員，因為經常會在美國各地的機場碰面。他注意到有些人需要更新他們的飛行技巧。

泛美航空的訓練很嚴格，而且永無止境的，飛行員總是必須回到學校學習最新的系統與導航技巧，或只是為了複習舊知識。泛美航空的營運主管堅持精確與專業，「然後我們接受測試，確保我們知道應該要知道的事情。我們所有人都明白，只有這樣才能確保安全。」[220] 烏吉經常被指派去幫助年長的泛美航空飛行員轉飛道格拉斯 DC-6s 飛機，以及洛克希德星座型飛機（一種較新型的飛機）。

相較之下，在企業裡工作的飛行員通常在幾年前就停止訓練，有許多人甚至在退伍後就停止訓練。缺乏新知是一個問題，因為新型高性能的飛機正要編入企業的機隊，這些飛機比他們習慣駕駛的慢速低空飛行的水上飛機和其他輕型飛機要快得多。

雖然主要的航空公司被迫跟上腳步，透過內部壓力與政府每六個月的定期測試來確保飛航安全，但是企業裡的飛行員卻獨自行動，不需要證明自己的能力沒有問題。

烏吉思考這個問題很長一段時間，最後得出結論，也許

有機會建立一個滿足他們需求的商業服務，提供和主要航空公司一樣好的培訓系統。

他帶著這個構想去找特里普，特里普認為這個想法非常好：這會改進航空業，而且是很好的商機。烏吉還與一位頂尖的金融家、總統顧問和朋友伯納德‧巴魯克（Bernard Baruch）談過，他的態度謹慎很多：「你最好小心一點，你在泛美航空有個好工作，而且你可能會因為這樣做而失去一切。」[221] 烏吉必須解決的問題是如何兼顧家庭安全與穩定，那時他和妻子艾琳（Eileen）已經有 4 個小孩，還要追求自己的夢想。

他的解決方法是，先拿房子抵押借了 15,000 美元，並在 1951 年以新公司飛航安全國際的名義，在拉瓜迪亞機場的三樓租了一間 5 坪的辦公室；公司只有一名員工，那是一位祕書，主要的工作是打字撰寫招攬生意的信件。烏吉自己則 17 年沒有拿公司一毛錢。

再來烏吉還是會留在泛美航空工作。特里普表示沒問題，只要他能控制自己，只有在自己在下班時間和休息日才經營飛航安全國際的事業。

這個事業有好幾年沒有什麼生意，因為年長的飛行員一般看不到培訓的必要性，「他們已經很會駕駛了，謝謝，那為什麼需要一群外人的建議呢？[222]」特里普是烏吉最大的支持者，而且他說服很多財星五百大企業的高層朋友相信，他們確實需要由完全熟悉現代飛機的飛行員來駕駛商務飛

機。烏吉回憶：「我們堅持下來，然後顧客一個又一個的來了，謝天謝地，他們也帶支票來了。[223]」

最初的培訓是由泛美航空的飛行教官使用客戶自己的飛機來培訓，後來愈來愈多人是以每小時 10 美元的價格租用地面的教練機來培訓，然後，公司又從環球航空買下四架二手的教練機。

迅速發展

1955 年，一台最先進的飛航模擬器售價是 15 萬美元，遠遠超出小公司的負擔。烏吉想出一個絕妙的財務計畫：讓他的客戶給錢來買模擬器。像伊士曼柯達（Eastman Kodak）、國家乳品（National Dairies）和可口可樂等公司被說服支付總計 7 萬美元的預付款，在未來五年使用最好的飛行模擬器訓練。有了這些支票，烏吉很容易就可以籌到剩下的錢。

當時這家公司似乎有可能存活下來，但是毛利實在很微薄。1955 年，公司的營收只有 177,096 美元，淨利是 277 美元。

1960 年代初期，商務噴射機的出現（像是灣流〔Gulfstreams〕、里爾噴射機〔Learjets〕）改變一切。這些飛機的複雜程度和速度，遠遠超過商務機飛行員過往的認知。而且他們還要花一大筆錢，顯然保險公司、業主和飛行員都認為，最好由訓練有素的飛行員來駕駛。在這樣的飛航速度

下，如果在空中訓練時犯錯是非常危險的，在飛航模擬器中犯錯會比較好。

飛航安全國際的工程師把實際的駕駛艙與模擬電腦和液壓連動底座（hydraulic-motion bases）結合起來。後來，數位處理器讓飛行模擬操控、視覺效果、儀表數字讀取和發出的聲音顯得更真實。1963 年，公司的營收突破 100 萬美元。

另一個突破是與民間噴射機製造商合作。第一個合作的是法國公司達梭（Dassault），這家公司在 1966 年與泛美航空合資成立一家叫做泛美商務噴射機（Pan Am Business Jets）的公司，因此烏吉和林白到勒布爾熱評估達梭獵鷹系列（Falcon）的飛機。

不久之後，還在擔任特里普私人飛行員的烏吉說服他和商務噴射機團隊，把在飛航安全國際培訓飛行員和維修技術的費用，包含在每架獵鷹系列飛機的定價當中。

股票上市

飛航安全國際正在推動這項業務，但是沒有足夠的飛航模擬器。烏吉知道，為了支付更多費用，他必須透過公開上市來募集資金。

因此，在 1968 年，這位 17 年來都沒有領過薪水的 50 歲執行長辭掉泛美航空的工作。「我認為，一家上市公司的執行長在另一家公司工作是不合適的。離開泛美航空可能是我職業生涯中最艱難、也最令人興奮的時刻……我喜歡這

家航空公司和我的工作，而且我對胡安・特里普有很高的評價。儘管如此，全職領導自己公司的未來還是讓我興奮不已。而且這一天終於到來了。開飛機回來的時候，我很自豪的把特里普的行李搬下飛機，跟他握手，打從心底感謝他給我這麼美好的職業生涯。然後我穿越停機坪，爬上樓梯，成為飛航安全國際的全職執行長。那個時候，我創辦這家公司已經 17 年，我才開始從飛航安全國際領薪水。我不得不這樣做，因為我剛剛才辭掉固定工作。[224]」那年公司的營收達到 560 萬美元。

新的飛航模擬器就位之後，隨之而來的是有更多納入飛機銷售價格的培訓合約，把飛航安全國際的培訓當作標準配備的機型包括里爾噴射機、灣流、劍齒虎（Sabre）、洛克希德捷星（JetStar）、噴射指揮者（Jet Commander）等。

公司在製造商的工廠或服務中心的附近建立專門的培訓中心，以便飛行員在飛機製造過程中進行培訓，並在那裡讓設計師與工程師互動。飛航安全國際擁有自己的市場，是唯一一家擁有培訓教官、設備和經驗來為商務噴射機的飛行員提供能力保證的公司。

公司經營產生的資金又重新投入營運與設備之中，確保飛航安全國際一直都提供最先進的飛航模擬器，其中有大多數的飛航模擬器都是自己製造的。不久之後，他們製造的每台飛航模擬器成本就花了數百萬美元，但是後來錢源源不斷的進來，足以支付這些成本。1970 年，營收飆升至 900 萬

美元，只花了 8 年就增加到 4,300 萬美元。

公司也增加新的業務。1973 年成立海事安全國際（MarineSafety），用來培訓商船船員和海軍水面艦艇的軍官。1981 年增加直升機模擬器，使 1986 年的營收推升至 1.1 億美元。1989 年有個讓人羨慕的合約，就是與美國空軍簽訂 C-17 軍用運輸機的培訓合約，接著這家公司又拿到很多軍事合約。1994 年，飛航安全國際也開始進行客艙服務人員的培訓計畫。

當巴菲特有興趣買下這家公司的時候，飛航安全國際已經為五十多種飛機（包括 747 飛機）安排 175 台飛航模擬器，每年在 36 個學習中心培訓超過 5 萬名飛行員和維修技術人員，營收超過 3.25 億美元。

與巴菲特交易

1990 年代，很多大公司都來找烏吉，詢問他是否考慮要出售公司。畢竟他已經 70 多歲了，需要考慮去世後的安排，例如，他的遺產必須要繳稅。

烏吉不忍心把自己的產品、頂尖的培訓教官和技術專家賣給華爾街的企業掠奪者，公司裡的人有很多是他親密的朋友。這些企業掠奪者可能會採取槓桿操作，引進經驗不足又笨拙的經理人，或是把公司切分賣掉。「我看過大公司收購小公司時，會試著改變一切。而我不想這麼做。有很多員工已經在這裡工作很多年，而且我希望看到這家公司能夠承擔

起讓航空飛行盡可能安全的使命，這裡的人都是好人。[225]」

　　烏吉並沒有見過巴菲特，儘管巴菲特派自己的飛行員到飛航安全國際進行培訓（波克夏為巴菲特買了一家飛機，供巴菲特飛到美國各地，他把這家飛機命名為「毫無道理」〔Indefensible〕）。

　　實際上，合併的構想並不是來自他們兩個人，在這個故事中，巴菲特的英雄是理查・瑟爾賽爾（Richard Sercer）和他的妻子艾瑪・墨菲（Alma Murphy）。瑟爾賽爾熟悉航空業和飛航安全國際的市場主導地位，因為他是航空顧問，也是這家公司的股東。

　　哈佛醫學院畢業的艾瑪終於在 1990 年讓丈夫點頭買進波克夏股票的念頭（在 1980 年代，這些股票對他來說似乎很昂貴），在這之後，他們每次都參加股東會，而且了解巴菲特的併購標準。他們認為飛航安全國際是個完美的選擇，而且認為烏吉會喜歡這筆交易，因為這會為他的公司提供一個很好的家，而且不會影響公司的商業模式和領導階層。

　　瑟爾賽爾長期以來在工作上與飛航安全國際的行銷副董事長吉姆・沃夫（Jim Waugh）有很好的關係，因為他為商務航空的客戶提供服務。1996 年 7 月 24 日，兩人見面。瑟爾賽爾帶來巴菲特的〈股東手冊〉，這本手冊最新的版本在上個月提供給波克夏的股東（初版是 1983 年併購藍籌印花公司時寫的）。

　　在這份文件中，[226] 巴菲特提出波克夏公司的 13 項管理

原則，「我們的態度是合夥關係……我們也會使用自己的產品和服務……（目標是）讓波克夏內在企業價值的平均年成長率達到最大……（而且）謹慎的使用債務」。

他還給沃夫一份波克夏收購標準的副本，其中包括一些可能對想要賣出事業的經理人而言非常吸引人的條件，「管理到位（我們無法提供）……我們不會參與不友好的收購……我們可以承諾完全保密，並就我們有興趣的事業提供非常快速的答覆（通常在五分鐘內）。」

沃夫對這個構想很感興趣，認為必須採取一些措施來確保飛航安全國際的未來發展。烏吉去世之後不確定會發生什麼事，這種不確定性讓很多員工感到困擾，他的 4 個小孩和 12 個孫子可能必須出售股票來支付遺產稅，公司的掌控權可能有影響，華爾街的掠奪者會把控制權搶走嗎？

瑟爾賽爾要求沃夫去跟烏吉討論合併的可能性，而且要強調合併後唯一會改變的是，股東盈餘會流到波克夏，讓巴菲特和蒙格以他們認為合適的方式重新分配，但是飛航安全國際的投資需求會優先考量。

沃夫認為，如果是巴菲特自己傳訊息給烏吉，那麼這個訊息的影響力會更大，因此他邀請瑟爾賽爾與巴菲特溝通，並要他直接打電話給烏吉說：「嗨，艾爾，要不要一起吃午餐，跟我聊聊你的事業？[227]」

瑟爾賽爾對於自己是否可以打電話跟巴菲特聊到天一點信心都沒有，當時巴菲特每天都會接到大量的信件與電話。

因此，瑟爾賽爾沒有直接聯繫巴菲特，而是寫信給所羅門的執行長羅伯特·丹漢（Robert Denham），解釋他認為併購飛航安全國際很合理的邏輯，並建議他探索合併的可能性（瑟爾賽爾和丹漢曾在波克夏的股東會上聊過幾次）。

丹漢，還有之後的巴菲特，顯然都認為這個構想很好，因為這場會議安排在 9 月 18 日，地點在紐約。烏吉回憶說：「而且當我碰到巴菲特時，我就知道我會喜歡他。我們在紐約找了一張小桌子坐下，他點了漢堡和櫻桃可樂，而我點了漢堡和可樂，我們花幾個小時就談好交易了。我們握了握手，然後他就回去了。[228]」

巴菲特說，大約只花了 60 秒，他就知道烏吉是「我們想要的那種經理人」。[229] 烏吉相信巴菲特給的承諾：飛航安全國際依然是一家獨立的子公司，繼續執行相同的業務，而且由同樣的人來經營。

幾天後，巴菲特寫了一封信，詳細說明他的提案，烏吉說，這個提案「對我而言聽起來很合理」[230]。

不過，有些股東抵制這個提案，他們抱怨他們應該拿到更多的錢。烏吉反擊說：「（如果）有人願意拿錢出來（這是一家上市公司），而且能比這個報價更好，就可以擁有這間公司」。結果沒有人跳出來，因此這筆交易在 12 月聖誕節的前兩天完成。

烏吉得到什麼？

烏吉堅持家族的股份要換成波克夏的股票，但是巴菲特和蒙格不願意發行大量的股票，因此他們把這筆交易設計成讓飛航安全國際的股東可以選擇拿走現金，或是拿走波克夏的股票，但是拿現金的價值可能會比較高，藉此阻止他們選擇股票。

在這次交易中，有大約 51％的飛航安全國際股票換成現金（以飛航安全國際 50 美元的股價計算，總共是 7.69 億美元），41％換成波克夏的 A 股（共有 17,728 股，以飛航安全國際大約 48 美元的股價兌換），還有 8％換成波克夏最近發行的 B 股，共有 112,655 股的 B 股（本章附錄會說明波克夏的 B 股）。

消息公布的時候，烏吉告訴媒體：「我個人認為，波克夏的股票是我能做出最好的投資，而且預期會無限期持有這些股票。我期待成為波克夏的一份子，繼續經營飛航安全國際，並與巴菲特工作。[231]」

多年後，烏吉看待這筆交易的方式是，他沒有賣出自己的公司，而是用自己的股票換取波克夏的股票。他在 2006 年的一次採訪中笑著補充說：「我認為，我還是擁有這間公司……我還擁有股票，只是它們是波克夏的股票，不是飛航安全國際的股票。[232]」

巴菲特注意到烏吉的年齡，他在 1996 年的信裡開玩笑地說，公司裡許多重要人物都已經遠遠超過正常退休年齡的

門檻：「觀察家可能會從我們的徵人實務中得出結論，認為查理和我早年在就業機會均等委員會（Equal Employment Opportunity Commission）上因為年齡歧視的公告受到創傷，然而，真正的解釋是自利：教一隻新狗老把戲是很困難的。很多超過 70 歲的波克夏經理人很久以前就以出色的投資能力聞名，現在仍以相同的步伐在投資上創下佳績。因此，想在我們這裡找到工作，只需要用一個 76 歲的老人說服 25 歲絕世美女嫁給他的策略。『你是怎麼讓他接受的？』同一輩羨慕他的人問道。他的回答是：『我告訴她我已經 86 歲了。』」

瑟爾賽爾夫妻在 1996 年波克夏股東會上獲得全體股東起身鼓掌致意。

投資並不複雜，也不容易

在近期斥資 15 億美元併購飛航安全國際的背景下，巴菲特在 1996 年的致股東信中強調明智投資並不複雜。飛航安全國際的科技可能很複雜，但是業務的評估相對簡單。它是政府和主要航空公司外飛行訓練的主要供應商，它擁有最好的培訓機師與優秀的管理團隊。它有一條很深的護城河，對於潛在競爭對手來說，試圖跨越這條護城河很危險，因為這家公司擁有聲譽、技術知識和設備，這是難以複製的組合。

雖然要明智投資並不複雜，但也不是很容易。並不是每

個人都有專注力、興趣或商業知識，來評估像是策略定位、領導人的能力和誠信等問題。

許多人寧可關注在圖表上的曲線，猜測股市的情緒，或預測下一波風潮（是鋰、線上支付，還是比特幣），而不是關注企業。投資想要成功，你不需要 beta 係數、選擇權定價理論（option-pricing theory）、現代投資組合理論（modern-portfolio-theory），或是對新興市場很熟悉。

巴菲特告訴我們，「投資人需要的是能夠正確評估選擇的企業」。[233]「選擇」這個詞非常重要。你不可能成為每家公司的專家，甚至是許多事業的專家，但這並不妨礙你成為明智的投資人，「你只需要能夠評估在能力圈內的公司，這個能力圈的大小並不重要，不過了解能力圈的邊界至關重要。[234]」你必須學習兩件事——

1. 如何評估一家企業的價值。

2. 如何思考市場價格。

一旦掌握這些技能，你就能夠「以合理的價格買進一家容易理解的企業部分的權益，這家企業的盈餘肯定會在五年、十年和二十年後大幅增加。[235]」

即使使用這些工具，而且即使你每天工作十小時，你也會發現一年之中只有少數公司符合這些標準，「因此，當你看到符合這些標準的公司時，你應該買進大量的股票。[236]」

當你找到這樣的股票時，你會期望可以持有很多年：

「如果你不願意持有一檔股票 10 年，你就別想擁有這檔股票 10 分鐘。[237]」

巴菲特的方法是建立在投資一個投資組合上，這個投資組合裡的公司，盈餘在未來幾年都會上漲，而不是殺進殺出，擔心指數在哪個位置。

偏好變化少的產業

巴菲特和蒙格透過投資在不太可能出現重大改變的企業和產業，讓自己的生活更輕鬆。「原因很簡單：我們正在尋找我們認為在十幾二十年後幾乎肯定擁有巨大競爭實力的事業，快速變化的產業環境可能會提供巨大成功的機會，但它排除我們尋求的確定性。[238]」

這個建議並不意味著尋找根本不會改變的領域，這是行不通的，因為所有企業都會發生一些變化，不過這確實意味著尋找基本經濟利益（訂價權關係〔pricing-power relationships〕）不太可能改變的領域。

巴菲特以時思糖果當作例子，時思糖果顯然已經改變了。糖果業的範圍改變了，生產中使用的機械和一些配銷方法也改變了。但今天人們還是會向時思糖果購買產品，原因跟 1972 年波克夏買進這家公司的原因相同，而且這些原因在未來 50 年不太可能改變（在加州，人們長期以來對時思糖果有濃厚的情感，沒有加州人想要給他們的女朋友、妻子或母親品質較差的糖果）。

另一個例子是可口可樂。

可口可樂不斷努力改善業務運作方法來提升效率，新技術會有幫助，網路上的新廣告方法也有幫助，但是企業的基本面並不會改變。這些基本面給可口可樂「競爭優勢和令人驚嘆的經濟效益」[239]，而且還有「心智占有率」（人們在尋找飲料時會自動想到可口可樂）、品牌名稱，以及高度發達的配銷系統。

成功的投資標的不要砍掉

如果你以一個不錯的價格（也就是安全邊際）買進一家財務狀況良好、由能幹又誠實的經理人經營的企業股票，那麼你之後就不會想要把這筆投資砍掉或換股操作。你當然要監控這家公司的財務狀況和經理人是否一直都很優秀，而且準備好在這些情況惡化的時候出售。但是如果未來的獲利可望大幅成長，為什麼要拋售股票呢？

在這種情況下，透過賣出大幅上漲、而且現在已經占整個投資組合比重很高的股票，藉此對投資組合進行再平衡，當然不是好主意。在你的投資組合中，只有幾檔股票占很大的比例是很好的。

這樣的投資人「如果遵循的政策是買進一種權益，例如可以得到優秀大學籃球明星未來 20％的收入，就會得到類似的結果。這些人之中，有少數人將來會成為 NBA 球星，而這些 NBA 明星所帶來的收益，將成為投資人主要的收入

來源。暗示這位投資人應該賣出最成功的投資標的，只是因為這些投資標的已經在投資組合中有很大的比重，就好像建議芝加哥公牛把喬丹交易出去，理由是他對球隊來說變得很重要。[240]」

交易完成

波克夏以 15 億美元買下飛航安全國際的前一年，公司的稅前盈餘是 1.11 億美元。巴菲特認為公司強大的市場地位，會使獲利大幅成長，這個看法是正確的。到了 2007 年，稅前盈餘達到 2.7 億美元，那麼這家公司可能會以遠高於波克夏支付的價格賣給其他人吧。

但是巴菲特向烏吉和員工鄭重承諾，波克夏永遠不會把公司賣掉。此外，在 2007 年擁有的經濟特許經營權比 1996 年更為強勁，而且經理人的表現也更出色的時候，賣掉公司並沒有意義。

波克夏擁有飛航安全國際的頭 13 年，稅前盈餘總計大約是 25 億美元，到了 2009 年，每年獲利超過 3 億美元，而且還在增加。波克夏在接下來十年又得到 35 億美元的稅前獲利。即使扣除稅款，也超過買進這家公司成本的 233％。但波克夏還是擁有這家公司，一年又一年收到這家公司產生的數億美元現金。

在事業經營上，烏吉說，1996 年以後沒有任何改變，而且這正是他想要的方式。他說：「巴菲特……他不是那種

會試圖拆掉公司的人。有些大公司買了一家公司之後，就想要改變一些大東西：他們會把自己的名字放上去，想要改變一切。在那裡工作多年、打造這個事業的人會在這間公司，是因為這是他們的生命和信仰，現在他們失去所有熱情，因為有人從大辦公室走過來，告訴他們要如何經營。而且那些原本待在公司的人其實知道要如何經營。在飛航安全國際，我擁有世界上最優秀的一些員工，而且他們忠誠、有禮、誠實，還會竭盡所能去照顧客戶。[241]」

巴菲特曾經問一群哥倫比亞大學的學生：「如果我越過艾爾·烏吉直接做決策，你認為擁有價值 10 億美元波克夏股票的烏吉會想要繼續經營自己的事業嗎？[242]」

對烏吉而言，加入波克夏還有其他好處，包括避免華爾街分析師一直詢問飛航安全國際下一季要賺多少錢，還有為什麼上一季沒有賺更多錢，「現在，我們以長期的角度在經營公司，不用擔心下一季是否沒有好表現。這是與巴菲特合作最好的一件事。[243]」

烏吉指出巴菲特讓人驚異的領導能力，並表示「領導」（leadership）的每個字母都展現出他擁有的品質——

L 代表忠誠（loyalty）

E 代表熱情（enthusiasm）

A 代表態度（attitude）

D 代表紀律（discipline）

E 代表榜樣（example），你必須要有個好榜樣

R 代表尊重（respect）

S 代表博學（scholarliness）

H 代表誠實（honesty）

I 代表誠信（integrity）

P 代表自豪（pride）[244]

　　是什麼動力讓八十多歲、已經是億萬富翁的人繼續工作？「我要試著讓巴菲特感覺自豪，而且我試著讓每個股東自豪，我覺得我有義務這麼做。我不想經營一家你在報紙上會讀到壞消息的公司。[245]」

老手抓住操縱桿

　　2013 年，一直擔任烏吉得力助手和合作夥伴的布魯斯‧惠特曼（Bruce Whitman）接任董事長兼執行長。但正如巴菲特在 2004 年的信中說到：「艾爾不會去其他地方，我不會讓他走。」

　　烏吉 88 歲的時候，談到自己扮演的角色：「我還在經營公司，不用擔心。我們這裡有個團隊，如果一群人是為團隊工作，他們就會共同合作，為一個使命努力。他們全都知道自己在做什麼，而且我為他們感到非常自豪。而且我希望看到這種情況持續下去。[246]」

　　而他們的使命是不斷提高航空的安全性：「人類最重要的東西就是生命，為了讓這個產業成長，我們必須盡一切可

能防止有人喪生。[247]」

　　幾年前，蒙格有位大亨朋友連繫他，這位朋友參加飛航安全國際的課程，但沒有通過，他要蒙格插手干預，來改變這個決定。烏吉對蒙格的回覆是：「告訴你的朋友，他應該坐在飛機後面的乘客座位，而不是駕駛艙。[248]」

　　布魯斯・惠特曼在嚴謹和正直上的允諾完全相同，巴菲特對此表示讚賞：「布魯斯和艾爾一樣都堅信駕駛飛機是一項特權，只有定期接受最高品質的培訓，以及確實有能力的人，才能獲得這項特權。」[249]巴菲特對惠特曼的信任程度，就跟對烏吉的態度一樣：「巴菲特讓你像經營自己的公司一樣經營自己的事業，也可以像經營自己的企業一樣花錢。而且他是非常出色的後盾。他是啦啦隊長，如果你需要他，他就會出現。他沒有要求要列出預算，沒有要求要列出商業計畫。[250]」

這是資本密集事業，但是還不錯

　　巴菲特比較喜歡在不需要太多資本基礎的企業中得到出色的資本報酬率，像是時思糖果或史考特費澤製造公司。飛航安全國際在一台飛航模擬器上需要投資 1,900 萬美元以上。當你有超過 300 台飛航模擬器，而且需要定期更換更先進的型號的時候，你就需要把大量的資金投入到這個事業裡。舉例來說，光是 2000 年，在飛航模擬器上的投資就高達 2.48 億美元。

但這不意味著這個事業是個糟糕的投資。它可能不是最出眾的投資，但可以產生很高的報酬率。由於公司擁有一流的聲譽，因此公司持久的競爭優勢，意味著客戶會為每個小時的培訓支付高額的費用。

就像巴菲特說：「選擇其他飛航訓練公司，就像是選擇外科手術中最便宜的方案。」[251] 這讓它帶來良好的商業經濟效益，因此能夠把較高的營運毛利考量進去。

1996 年 12 月 23 日波克夏買下飛航安全國際的時候，飛航安全國際有價值 5.7 億美元的固定資產，這些固定資產會產生 1.11 億美元的稅前營業利益。

巴菲特表示，從那時到 2007 年底，折舊費用累計達到 9.23 億美元（資產減記，也就是每年減少的獲利），但是資本支出更大，因為購買能模擬駕駛各種新飛機的飛航模擬器，總計達到 16.35 億美元。

2007 年，這家公司的固定資產是 10.79 億美元，無論以什麼標準來衡量，總投資都很龐大。然而，憑藉公司的市場影響力，飛航安全國際那年的稅前營業利益高達 2.7 億美元。

因此，1996 年至 2007 年間，獲利增加 1.59 億美元，而投資增加 5.09 億美元（10.79 億美元－ 5.70 億美元＝ 5.09 億美元）。巴菲特對這些數字的評論是：「因此，如果只是以經濟報酬來衡量，飛航安全國際是一項不錯、但並非出色的事業。它用更多的投資來賺更多錢，這是大多數公司面對

的情況。[252]」

　　巴菲特承認，他無法一直能夠找到像時思糖果那樣具有出色經濟效益的企業，因此他很樂意把錢投在獲得優異營運報酬，而非極高報酬的產業，像是投資在電力、鐵路與飛行員培訓等領域。

堅持到最後

　　1970 年代，胡安‧特里普請求烏吉幫忙，烏吉非常樂意盡其所能的報答恩師的恩情。這個請求只是與特里普的女兒貝琪（Betsy）和他的朋友大衛‧派頓博士（Dr. David Paton）吃午餐。這似乎是很普通的事，但那次會議卻是一件大事的開始。

　　派頓博士是德州貝勒醫學院的眼科主任，他的夢想是利用富裕國家擁有的技術和知識，來幫助最貧困的人擺脫眼科疾病。在西方國家的醫院和診所裡，有數百位、甚至數千位眼科專家渴望幫助人，但是並無法接觸到最需要幫助的人。因此派頓想出一個計畫：讓眼科專家坐上飛機，到病人所在的地方，並讓當地醫療專業人員得到世界上最好的醫療人員指導。

　　午餐時，他和貝琪先問烏吉是否有可能在飛機裡放進一家醫院，「我告訴他們我不確定，但是如果飛機夠大，這種醫院似乎可以運作。[253]」

　　這就引出第二個問題：你要去哪裡買這樣的飛機？而

且他們還額外補充說：「折扣要接近免費。」烏吉不確定，但是認為可能有一家製造商或航空公司會願意捐一台飛機。於是，烏吉自願免費捐一台飛機，並監督飛機的改裝，把這台飛機打造成空中眼科醫院（Flying Eye Hospital），後來他擔任這家醫院的董事長，在任期內努力確保空中眼科醫院運作。

他打電話給每位認識的航空公司和製造商。最後，聯合航空提供一架停在拉斯維加斯沙漠的道格拉斯 DC-8 飛機。這架飛機的液壓油會溢出，而且會漏油，但可以修復。接著他開始尋找顯微鏡、燃油、手術室設備等。

那次午餐後成立的慈善機構叫做奧比斯國際，這個慈善機構的道格拉斯 DC-8 飛機持續運作大約十年，帶著志工醫師和其他醫護人員飛往地球上最貧困的一些地方，讓數千名兒童和成人的視力得以恢復。

1994 年，道格拉斯 DC-10 取代舊飛機，而在 2008 年，聯合航空和聯邦快遞捐贈一架替代飛機。第四代的空中眼科醫院則是聯邦快遞捐贈的道格拉斯 DC-10，在 2016 年啟用，配有備用發電機、飲水處理裝置、46 個座位的教室、消毒室和手術室。

奧比斯的志工最重要的工作是幫助當地醫療專業人員學習新技能，並促進良好的眼部護理。烏吉永遠不會忘記一個俄羅斯小女孩害羞而猶豫的爬上樓梯進入檢查室。她的左眼緊緊盯著右邊，而右眼則專注著望向左邊，這是因為先天性

肌肉不良所造成。

「奧比斯的醫生開始工作，進行精密的手術來矯正肌肉異常。第二天，那個小孩回來拆除繃帶，當她睜開眼睛時，她左眼和右眼直直地看著為他手術的醫師，臉上充滿喜悅，她、醫師、我和在場所有人在那一刻都留下幸福的淚水，我永遠忘不了這件事。[254]」今天，世界上有數百名最優秀的眼科醫師貢獻出自己的時間，在空中眼科醫院為開發中國家的醫師、眼科醫師、護士和生物醫學工程師上課，但大部分都在陸地上的醫院上課。奧比斯目前在孟加拉、中國、衣索比亞、印度和越南都有長期的國家級計畫，並透過網路提供專業指導、即時提供諮詢和眼部護理技術。

烏吉的整個職業生涯中，他的座右銘始終是：在任何飛機上，最好的安全裝置是訓練有素的飛行員。實際上，他最自豪的不是他累積的財富，也不是他從肯塔基州的農場男孩爬到較高的社會地位，而是他和他的同事們拯救成千上萬條生命。

「我為這家公司、公司裡的員工和他們所做的事情感到自豪。在飛航安全國際，我們相信我們已經幫助客戶尋求安全、可靠的交通運輸。在這個過程中，我們理所當然在拯救生命。了解這點讓我每天上班變得很有趣，並幫助我晚上像嬰兒一樣安然入睡。[255]」烏吉在 2012 年 10 月去世，過著豐富、充實、慷慨的一生。而且波克夏的股東可以在未來許多年裡從安全的培訓中享有豐厚的獲利。

學習重點

1. **大多數加入波克夏旗下的企業家都專注在某個產業的某個領域**。他們不斷創新，不斷改進提供給客戶的產品，不斷深入研究產業的未來，藉此預測那個領域的技術與社會變革。這與培育一家企業一段時間後，接著把眼光瞄準另一家企業的企業家類型形成鮮明的對比。

2. **受人推崇的品牌，加上進入門檻高，形成一條又深又危險的護城河**。飛航安全國際是世界上最大的非航空公司、非政府的培訓組織。它有良好的聲譽、高品質的教練機，還有自行製造、高資金成本的飛航模擬器，而且經營範圍很廣泛（飛機的類型、培訓中心的位置很多等等）。這些都是潛在競爭對手難以效法的要素。

3. **一種強烈的非金錢動機，像是改善全球的飛航安全，既可以達成目標，又可以賺到大量金錢**。這種「間接」現象在商業生活中很常見，例如詹姆士・戴森（James Dyson）決心解決吸塵器的工程問題、波音工程師執著於製造 1960 年代巨無霸 747 客機，或是所有致力於研究 mRNA 免疫能力的科學家。

4. **做生意需要耐心**。大多數企業需要花上幾十年的時間才能在市場競爭中建立穩固的基礎，包括建立優秀的合作團隊、將共享的企業內部知識擴散出去、高效的管理系統、很高的聲譽，以及與客戶和供應商有良好關係。有

些事情不能操之過急。

5. **即使是資本密集型企業，也會是不錯的投資標的**。如果良好的營業額使營業利益夠高，就可以享有豐厚的資本報酬。

6. **併購交易與人有關**。心理與個人承諾比具體的數字更重要。如果你不能信任收購公司的領導人，你就不會得到好交易。如果你失去員工的善意，報酬就會比預期差很多。

7. **明智的投資並不複雜**。但是它確實需要關注與投資相關的真正因素，像是企業的經濟效益，而不是關注與投資相關的因素，像是股票市場的走勢。你必須對企業感興趣，有能力判斷管理人員的性格，而且對於市場價格有獨立的想法。你必須非常挑剔，這樣你就會發現在你的能力圈的範圍內，很少有公司有讓人滿意的安全邊際。而且當你這樣做的時候，你就會重押，並持有好幾年或好幾十年。不要為了投資組合再平衡去賣掉你的明星標的，繼續不成比例的持有最好的股票。

附錄：波克夏‧海瑟威的 B 股

對波克夏公司來說，1996 年 5 月是具有里程碑的一個月——它發行並賣出 517,500 股的 B 股，[257] 這些股票的經濟利益僅是波克夏原始 A 股的三十分之一，而這次銷售帶給波克夏 5.65 億美元的收益。

但是促使這次的銷售，並不是因為需要募集資金。相反的，這是要威脅即將在市場上推出的單位信託基金，這些基金想要推銷自己就像是波克夏一樣。因為一股 A 股的價格超過 3 萬美元，很多巴菲特的愛好者買不起，而且華爾街人士介入，提議透過單位信託基金購買波克夏 A 股，然後把「這些單位」賣給散戶。每個單位代表 A 股的一小部分。

因此有很多新手散戶深受吸引，把數百美元或數千美元投資在這些計畫中的單位信託基金中，巴菲特害怕波克夏的股票會因此出現投機泡沫。單位信託基金是「開放式的」，這意味著隨著需求增加，就會產生更多單位，吸引更多資金，接著這些基金就會「不加選擇的」買進更多 A 股，就像巴菲特的說法，這樣就會人為推升價格。

巴菲特在 1996 年的信表示：「至少在一段時間內，價格上漲會自我驗證（self-validating），因為它會吸引一波天真、容易受別人影響的投資人買進信託基金，並引發更多波克夏股票的買盤。[258]」

這種投機泡沫可能會讓當時選擇退場的一些老股東受惠，「因為他們可以從帶著虛假期望而希望進場的買家的犧

牲中獲利 [259]」。但是留下來的股東（巴菲特的「合夥人」）最終會以兩種方式遭受損失。首先，回歸現實的時候，股價會下跌，波克夏會有數十萬不高興、藉由單位信託基金持有股票的股東。第二，波克夏的聲譽會受到損害。

如果單位信託基金在推出時進行大量的行銷，單位持有人就會被欺騙，相信波克夏在 1965 年到 1996 年間的表現，代表他們未來可能會得到的報酬。儘管巴菲特一再公開表示，他的紀錄絕對無法複製。

另一方面，B 股的買家只會在聽到巴菲特警告過去的表現並無法很好的代表未來報酬之後，才會買進。

此外，單位信託持有人需要支付高額手續費和佣金，才能持有波克夏的權益。相對來說，如果他們買進 B 股，交易成本和持有成本就會很低，而且他們與公司有直接的關係。

巴菲特和蒙格試著把 B 股導引給具有長遠眼光、符合他們投資理念的投資人。這似乎很有效，事實證明，那次 B 股銷售買進的 4 萬人中，有許多仍然持有股票，並參加波克夏每年春天舉辦的股東會。

冰雪皇后（Dairy Queen）

投資概況	時間	1998 年
	買入價格	5.878 億美元
	股份數量	100%持股
	賣出價格	持有中
	獲利	沒有公布

1998 年的波克夏・海瑟威
股價：47,000 ～ 80,900 美元　　市值：574.03 億美元
每股市值：37,801 美元

　　1990 年代末，股市蓬勃發展。波克夏的股價漲幅超過大多數公司。A 股從 1998 年初的 47,000 美元，到了 6 月短暫觸及 80,900 美元的高點，到了年底收在 68,300 美元。這真是讓人印象深刻。與在 1990 年代一開始的股價 8,625 美元相比，這九年已經成長 7 倍，實在相當驚人。

內在價值與市值通常會朝同個方向變動

　　但巴菲特衡量自己的標準不是股價的上漲，相反的，他專注在內在價值的增加。衡量內在價值有個非常粗略的指標，也就是帳面上的淨值，經過 1998 年一整年，波克夏資

圖8.1　波克夏 A 股在 1990 ～ 1998 年的股價走勢

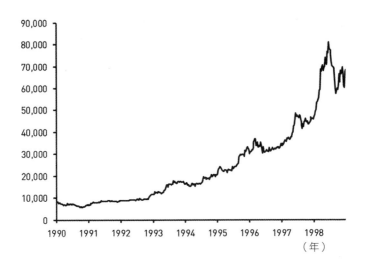

產負債表上的淨值就成長到 259 億美元，相當於 A 股的市值成長 48.3％。

　　波克夏原本是家陷入困境的紡織製造商，巴菲特持有 34 年以來，公司的每股市值已經從 1964 年的 19 美元，成長到 37,801 美元，年複合成長率有 24.7％。

　　就算是有這樣的成績，巴菲特的成就也被低估，因為 1998 年的「內在價值遠超過市值」。[260] 換句話說，資產負債表的淨值數字，並沒有充分反映出波克夏預期在未來可以從出色的經濟特許經營權和高水準企業取得的股東盈餘折線值。

　　「當然，這是波克夏的市值成長，而不是波克夏的獲利

成長。真正重要的是企業內在價值的每股獲利。但通常來說，這兩個衡量指標往往會朝同個方向變動。[261]」

雖然巴菲特仍然專注於內在價值，但是他發現周圍的人內心都陷入股票市場的狂熱，後來這種狂熱被稱為網路泡沫，當時股價被賭徒推高，這些賭徒希望有愈來愈多人關注矽谷公司的網站。

儘管波克夏的股價隨著天真的興奮情緒而大幅上漲，巴菲特卻從沒有忘記價值真正的來源，那就是長期來看，可能流向股東的現金。

如果你的股票跟著大盤上漲，不要得意

巴菲特在 1997 年的致股東信中提到，如果實際情況是市場暴漲，而身為投資人的你卻感覺自己的表現良好，那可能是錯誤的想法。

1997 年的時候，波克夏的 A 股上漲 35.6％，而且每股市值增加 34.1％，巴菲特說這樣很容易宣布「投資成功，並繼續下去」；但是他提醒自己和他的追隨者，在股票普遍飆升的時候，「任何」投資人都可以得到高額報酬。他寫道：「在多頭市場中，一定要避免像在一場大雨過後洋洋得意的鴨子一樣，認為自己的滑水技巧讓牠在世界上崛起。一隻思考正確的鴨子會在傾盆大雨過後，拿自己所處的位置跟其他鴨子比較。[262]」那年，標準普爾五百指數（包含股息）上漲33.4％，這個數字與波克夏的漲幅相似。

巴菲特意識到自己需要不斷強化關鍵原則，並從經驗中學習，不論經驗是好是壞。巴菲特總是誠實的抱持自我批評的態度，在評估他的「鴨子評等」時，他宣稱，儘管他拚命划水，那些被動的鴨子，也就是只投資在標準普爾的人，上漲的速度幾乎跟波克夏的股東一樣快。他對自己 1997 年的表現評價是「呱呱」。

巴菲特不應該對自己這麼嚴厲。巴菲特表現平平，有個使漲幅減緩的關鍵因素，那就是標準普爾五百指數與波克夏不同，它不必繳資本利得稅、利息稅或股息稅。

1990 年代末，巴菲特會面臨所有投資人（不過可能投資金額比巴菲特少）偶爾會碰到的困境，就是有資金可以投資，有數十億的現金與約當現金，但是企業與股票價格都很高[263]。

那該怎麼辦？首先，他不會想賣掉時思糖果，也不想要可口可樂、華盛頓郵報等世界一流公司的股票，他說他對波克夏既有的公司感到滿意，除此之外，他還向公司領導人做出承諾，不會賣出這些公司。

其次，他並沒有因為預期市場可能下跌而採取行動，他說：「我們對那件事完全沒有看法。[264]」這就留下一個很大的難題，那就是當波克夏「進行新投資時，我們將獲得相對較少的預期收益[265]」。

這種時候需要嚴格的紀律。巴菲特用棒球來比喻這需要多大的自制力——「我們試著執行泰德·威廉斯（Ted

Williams）的那種紀律。在《揮棒的科學》（*The Science of Hitting*）中，泰德解釋他把擊球區分成 77 個區塊，每個區塊是一個棒球大小。他知道，只有在「最好」的區塊揮棒，他才會有四成的打擊率：如果在「最差」的位置（擊球區最低最外側）擊球，他的打擊率就會降到 0.230。換句話說，等到甜心球才打，就意味著可以進入名人堂，盲目亂打，就意味著只能拿到進入小聯盟的門票。[266]」

時機若對

在這段期間，巴菲特看到很多商業機會，但是大多數的機會根本不在擊球區裡面。少數在「最低最外側」的機會沒有什麼吸引力。在這些地方盲目揮棒，導致波克夏陷入低報酬的狀況。

投資人跟棒球選手不一樣，不用擔心因為拒絕三個在刁鑽位置的好球，而被三振出局，投資人可以放過一個又一個的球。對波克夏來說，這意味著把經營事業的現金流、保險浮存金和迪士尼等美國巨頭少數股權的股息，持續累積下來，或是把這些錢放在國庫券上。

即使這是正確的，但是正如巴菲特所說：「只是日復一日的站在那裡，肩上扛著球棒，這並不是我的樂趣所在。」

為了讓自己在這樣的時刻振作起來，重要的是要記住，時機會到來，也許很快就會來，屆時很多球都會投得很甜，就像巴菲特在 1970 年代和 1980 年代，還有網路泡沫化時期

（2000 ～ 2002 年）與 2009 年金融危機之後一樣。那些時期都是豐收期，因為價格低，意味著長期投資人可以用較低的成本來鎖定未來的現金流，同時忽略短期市場的擔憂與波動。

不要被市場共識帶著隨波逐流

1979 年夏天，當股價很便宜的時候，巴菲特為《富比世》雜誌寫了一篇被多次引用的文章，標題是〈在股市中，跟著市場共識起舞會付出很高的代價〉（You pay a very high price in the stock market for a cheery consensus）[267] 在這篇文章中，他嚴厲批評退休基金經理人，「他們的投資策略專注在過去的資訊……事實證明，這種按照過去的打仗方法來打仗的代價很高，這次同樣也是如此。」

當時，以盈餘和潛在盈餘來看，股價相對較低，因此很可能會產生良好的長期報酬。但是在近期的股價下跌中，基金經理人害怕投資會有虧損，往往會避開這些標的，寧可偏好持有所謂的安全債券。巴菲特在 1979 年《富比世》的文章中寫道：「專業人士對股票的熱情變化，與最近從持股中得到的愉悅成正比。」

巴菲特提到與 1972 年相似的地方，當時道瓊指數裡公司的平均市值可以賺到 11％ 的盈餘，這是很穩健的數字。但是令人困惑的是，當道瓊指數從 607 點漲到 1,020 點（上漲 68％）之後，退休基金紛紛買進股票。他寫道：「投資

經理人在股票上付出愈高的價格，就感覺那些股票愈好。」

道瓊指數在 1973 年和 1974 年大部分的時間裡一直下跌，跌到 690 點之後，大盤殖利率是 14 %。「如此便宜的價格引發恐慌，而不是搶購，」新投資的資金中，只有 21%進入股票，而且退休金計畫的投資組合中，股票的占比與道瓊指數超過 1,000 點的高價時相比，少了 20 個百分點（從 74%下降到 54%）。

正是在 1974 年市場低迷期間，巴菲特宣稱他感覺「就像是後宮裡性慾過剩的男人一樣，現在是開始投資的時機。」[268] 僅僅幾個月後，道瓊指數有史以來最大的多頭行情就開始了，指數漲到超過 1,000 點。

然後在 1976 年，當市場上漲到 1,000 點左右，資金紛紛湧入。到了道瓊指數在 1978 年下跌、股價很合理的時候，那年的新資金中，只有 9%投資在股票上。

巴菲特推測，這種在股票相對便宜的時候反而對股票很反感的模式，可能是一種簡單的巴夫洛夫反應（Pavlovian response）。基金經理人過去十年經歷許多投資痛苦，而且不想「回到事故現場」[269]。

巴菲特對理性的執著，意味著他可以把金融市場的高低起伏拋開，並專注在企業的表現上。

他發現，在 1978 至 1979 年間，很多公司在經營層面上表現很好。很明顯，股票表現比實體事業的表現還差，股價大約相當於每股市值，而企業盈餘很吸引人，達市值的

13%。「這種表現不好的情況不可能無限期的持續下去，就像先前股票表現比企業表現還好時，退休基金受到引誘以高價買進股票的情況一樣。[270]」

有個經常用來在解釋股價很低時不去投資的理由是：「我們正處於一個充滿不確定性的時代。」基金經理人對自己和受託人說：「等事情稍微明朗一點不是更好嗎？」這是一種非常人性化的反應。巴菲特的反駁很直接：「在接受這個藉口前，請面對兩個讓人不愉快的事實：未來永遠是不確定的，在股市中，你為了一個樂觀的共識付出很高的代價。不確定性實際上是長期價值觀買家的朋友……現在等待股票投資『更好時機』的人很可能會維持這種姿態，直到進入下一個多頭市場。[271]」

歷史的規律

1990 年代末，巴菲特再一次觀察到樂觀的共識。雖然 1970 年代後半，股市裡懷疑、失望和悲觀的市場共識，讓擁抱長期的投資人，有機會以真正吸引人的價格挑選優異的公司；然而 1990 年代末對股市的樂觀共識，太過正面，是另一個極端。確實，90 年代末期時的企業，從營運中賺了很多錢，但是股票市場的價格漲幅太大，以至於「嚴重侵蝕『安全邊際』，安全邊際是班傑明·葛拉漢認為明智投資的基石」[272]。

正是在這樣情緒高漲的環境下，巴菲特考慮收購冰雪皇

后。

你會買冰雪皇后嗎？而且在這個價格買進？

乍看之下，1997 年的冰雪皇后似乎不便宜。公司的獲利成長緩慢，而且是在本益比 17.4 倍的時候買進。在呈現獲利數據之前，我先簡單介紹這個事業。

冰雪皇后從過去到現在都是一家加盟公司，在 1997 年有超過 5,700 家銷售快餐的加盟店，更正式的描述方式是這是一家快餐店，總共有 34 家獨資或合資的直營店。它的緣起，以及主要銷售的產品是霜淇淋，但是到了 1997 年，產品延伸到漢堡和熱狗等鹹食，加上飲料。有些店只提供冰淇淋，而且只提供季節性商品，但有些店則全年提供各種冷熱食品，大多數的店都在美國和加拿大，不過這家公司還展店到 24 個國家。

冰雪皇后旗下還有 420 家以橙色尤利烏斯（Orange Julius）為品牌的商店，銷售綜合果汁和零食，還有 60 家 Karmelkorn 商店，主要銷售爆米花和其他零食。它還在美國境外擁有 Golden Skillet 的加盟經營權，在 21 家店銷售炸雞和附餐。

冰雪皇后的收入來源

IDQ 的全名是冰雪皇后國際公司（International Dairy Queen Inc.），這家公司認為自己的角色是支持加盟主，這

些加盟主通常是以家庭企業的形式經營單一店面，儘管很多加盟主是以連鎖店的形式經營價值數百萬美元的數十家餐廳。冰雪皇后主要是透過電視、廣播和報紙推廣品牌，以這種方式支持加盟主。加盟主會將銷售金額的3%至6%用來支付廣告和促銷費用。

IDQ還負責產品開發、市場測試、培訓和顧問服務（產品準備、企業與財務管理、行銷），並執行品質控制標準，確保產品一致。加盟費取決於商店的類型，按銷售總額的4%或6%收取。

為了確保高品質，通常會要求分店只使用經過批准的產品。因此，IDQ會藉著銷售「冰雪皇后配方」（Dairy Queen mix）、濃縮液，以及其他經過批准的食物給加盟主來取得收入。冷凍櫃、容器和紙製品等設備也是透過冰雪皇后購買。

冰雪皇后的經營策略定位

一切可以追溯到1940年代，當時的人採取一種深思熟慮的策略，把大多數的店開在競爭較不激烈的小城市或大城市郊區。冰雪皇后的分店通常是方圓幾公里唯一的聚會場所，因此成為大家關注的中心，是一個充滿美國小鎮生活風俗的地方，是一個充滿青少年戀情或足球賽後用餐的地方。它的冰風暴和脆皮雪糕是經典產品，永遠讓人把炎熱的夏季和悠閒的假期聯想在一起。

波克夏以每股 27 美元的現金或價值 26 美元的波克夏 A 股或 B 股的價格買進冰雪皇后的股票，平均價格大約是 26.45 美元，總計花了 5.878 億美元（有 45％的冰雪皇后股東選擇現金）。

以最近幾年的整年盈餘來計算冰雪皇后的本益比在 17.4 倍（26.45 除以 1.52）。分子與分母顛倒過來，我們可以得到的盈餘殖利率（earnings yield）是 5.7％。用來對照一下，1997 年底到 1998 年初最安全的長期投資，也就是買進十年期美國公債借錢給美國政府，產生的殖利率是 5.8％，冰雪皇后的盈餘殖利率還比較高。因此投資冰雪皇后並不是零風險，不過至少它有潛力可以增加盈餘。

而當時整個股票市場正處於多頭階段，而且 1997 年 12 月 31 日的標準普爾五百指數本益比推升到 24.8 倍，[273] 美國普通股的盈餘殖利率只有 4％。因此相對於股票市場，17.4 倍的本益比似乎沒有那麼糟。但用相對於市場價格水準來衡量的問題是：在泡沫時期可能會過度樂觀。

一個更穩定的衡量標準是葛拉漢的周期調整本益比（cyclically-adjusted price-to-earnings, CAPE），使用的是十年來的平均盈餘數字。對於 1997 年底的冰雪皇后來說，這個數字是 25 倍（26.45 除以 1.06），明顯比美國股市長期平均的 15.05 倍高（這是使用耶魯大學羅伯·席勒〔Robert Shiller〕教授提供 1881 到 1997 年間的數據計算的 CAPE 比率）[274]。

表 8.1 冰雪皇后 1987 ～ 1996 年部分財務數據

年份	營收（百萬美元）	稅後所得（百萬美元）	每股盈餘（美元）	年初的股東權益總額（百萬美元）
1996（截至 11/30）	412	34	1.52	148
1995	372	33	1.43	131
1994	341	31	1.30	117
1993	311	30	1.19	103
1992	297	29	1.12	97
1991	289	28	1.05	83
1990	283	27	0.97	76
1989	255	23	0.83	58
1988	243	20	0.70	43
1987	211	15	0.51	

資料來源：冰雪皇后 1996 年年報

如此看來冰雪皇后的盈餘並不差，但是淨值也不便宜，波克夏支付的金額是淨資產（股東權益總額）的 5 倍。

冰雪皇后吸引巴菲特的原因

對盈餘和淨值這般的公司，波克夏付出的價格過於慷慨，冰雪皇后靠什麼吸引巴菲特？

高資本報酬率

冰雪皇后是一種以相對較少的資產來經營的事業。建立與維持數千家餐廳的大多數資本支出都由加盟主承擔。舉例來說，加盟業者冰雪皇后幾乎沒有資產。美國總部的辦公室面積只有 3,200 坪，其中 758 坪是多餘的，所以出租給第三方。它還擁有少數的房地產，包括喬治亞州有製作配方的基地、一座小型倉庫、加拿大有一座小型辦公大樓及倉庫、11 個地方辦事處（面積只有 447 坪）、明尼蘇達州有 6 間辦公室和 6 家商店。

冰雪皇后有一些資金被綁在工廠、機械和車輛上，當然還有準備運到店內的食物和其他商品庫存。即使有這些投入，淨資產也只有 1.48 億美元。（有形資產淨值與 1.48 億美元的總淨值沒有差別，因為資產負債表裡沒有無形資產。）

一家像冰雪皇后一樣，能夠用 1.48 億美元的淨資產產生 5,500 萬美元營業利益的企業，看起來就是非常好的企業，因為這意味著經理人用年初擁有的資本可以得到 37％的報酬率。

1996 年也不例外。實際上，37％是 9 年以來最低的報酬率（見表 8.2）。我們可以觀察來自營運活動的淨現金流量，可以看到這家企業為股東賺取豐厚報酬的進一步證據。如表 8.2 第五欄顯示，這個數字相較於股東權益而言很高。即使扣除用來投資企業的資金，像是新機器、車輛等（第六

表 8.2 冰雪皇后 1988 ～ 1996 年淨資產（股東權益總額）報酬率

年份	營業利益（百萬美元）	年初股東權益總額（百萬美元）	營業利益除以股東權益報酬率總額	營業活動產生的淨現金（百萬美元）	投資活動使用的現金（百萬美元）
1996（截至11/30）	55	148	37%	47	18
1995	53	131	40%	22	2
1994	50	117	43%	34	5
1993	48	103	46%	35	17
1992	48	97	49%	26	4
1991	45	83	54%		
1990	44	76	58%		
1989	39	58	67%		
1988	35	43	81%		
1987	29				

資料來源：冰雪皇后國際公司年報

欄），我們仍然看到這個事業產生大量的現金。

股票市場的投資人知道冰雪皇后的資本報酬率很高。舉例來說，當 1997 年 10 月宣布合併提案時，芝加哥亞克曼資產管理公司（Yacktman Asset Management）的史蒂芬・亞克曼（Stephen Yacktman，擁有將近 100 萬股的冰雪皇后股票）

宣稱巴菲特得到一筆很好的交易。「這完全是他的拿手好戲，」亞克曼先生這樣說道，他指的是冰雪皇后來自加盟商的持續收入流，以及因為擁有很少的店面，管理成本很低。他補充說，只要商店繼續營業，冰雪皇后「幾乎可以保證營收會源源而來」[275]。

但是波克夏支付的價格是 5.878 億美元。現在，營業利益和營業活動產生的淨現金都在 5,000 萬美元左右。但是在扣除利息、稅負和折舊之後，我們觀察到，在不影響業務量或戰略地位的品質下，股東實際可以拿走的金額降至 2,900 至 3,400 萬美元左右。

這樣的金額是不錯，但是這真的值得花 5.878 億美元嗎？巴菲特和蒙格肯定會期望獲利能力可以提升。這個祕訣來自於接下來的兩個因素。

強大的經濟效益與突出的管理

完成收購後不久，巴菲特在 1997 年的信中寫道，冰雪皇后擁有「出色的經濟效益」，而且由「出色的人」經營。公司充足的現金流來自許多鄉鎮村莊一系列實際獨占市場的商店，在那些地方，當地政府珍視冰雪皇后，歡迎他們。

雖然它不是最好的快餐品牌，但是在美國中心地帶的小型市場中，它是一個很穩固的品牌。這是巴菲特能夠理解的事業，他的意思是這個事業相對簡單，而且隨著時間經過，基本原理可能不會改變。

1999 年 3 月 2 日，巴菲特在奧馬哈的一家冰品皇后接受電視節目《夜線》（Nightline）採訪時說：「這是一門我可以理解的事業。現在，有各式各樣的企業我無法理解，我盡量不買下這類公司，因為……為什麼我應該期望在我無法理解的東西上賺錢呢？因此，舉例來說，我不投資科技業。但是我了解終極漢堡、花生爆漿奶昔或脆皮雪糕，而且我可以應對。我喜歡管理它的人，我喜歡那個事業的經濟利益。這是一門好生意。[276]」

波克夏的一個股東簡潔的表達這種企業的穩定性，「既然你無法從網路空間下載卡路里，那麼科技領頭羊想要從冰雪皇后吃到獲利就會很困難。[277]」

冰雪皇后還具有心智占有率的優勢。在很多地方，大家想到冰淇淋的時候，就會想到冰雪皇后。以這個品牌來在家裡招待客人或與朋友聚會已經有 60 年的歷史，而且有濃厚的懷舊情懷，這都造就大家對這個品牌的忠誠，以及社區裡的人對在地冰雪皇后分店的忠誠。這個品牌從顧客很小的時候就深入他們心中，與塔可鐘（Taco Bell）或賽百味（Subway）相比，這裡更像是休閒場所。

值得注意的是，它已經變成美國小鎮生活的象徵，在賴瑞・麥克穆崔（Larry McMurtry）的《在冰雪皇后的瓦特・班傑明：六十歲之後的反思》（*Walter Benjamin at the Dairy Queen: Reflections at Sixty and Beyond*）、羅伯・英曼（Robert Inman）的《在冰雪皇后的日子》（*Dairy Queen Days*），以

及鮑伯・格林（Bob Greene）的《雪芙蘭的夏天，冰雪皇后之夜》（*Chevrolet Summers, Dairy Queen Nights*）等文學作品中被提及。

這些因素都顯示，隨著美國和加拿大的人口成長，以及社會變得更加富裕，會賣出更多脆皮雪糕，獲利會因此增加。此外，這個品牌還有潛力推到海外。

盈餘長期受壓抑，有機會反彈

大家都認為，1990 年代，冰雪皇后和許多加盟商之間的緊張關係，限制獲利成長，在大約三分之一心懷不滿的加盟商控告冰雪皇后的時候，緊張關係達到高點。大家普遍感覺這家公司缺乏方向感，而且對於像麥當勞等競爭對手到小鎮上吸引客戶的情況，沒有應對策略。

不過，在法律上有爭議的地方在於，冰雪皇后過度掌控產品的供應來源，而且對於供應的冰淇淋配方等原料收取過高的費用，而加盟商想要在法律上可以自由地尋找替代的供應商，對加盟商的這種反感一開始是在 1994 年爆發，但是訴訟卻拖了好幾年。

儘管公開爭執還在持續，但是到了 1990 年代末，在約翰・穆帝（John Mooty）的領導下，與加盟商的私下關係已經改善。他和他的團隊與加盟商接觸，他們開發新產品和行銷構想來與提供熱食的競爭對手競爭。他們還讓冰雪皇后的財務狀況更加透明，並降低供應加盟商產品的毛利。

穆帝也在行銷上投入資源，並努力使集團發展，保持與消費者的聯繫。他們在 Grill & Chill 的品牌下推出冰淇淋與熱食套餐，將提供的熱食從漢堡、薯條和熱狗等標準產品，擴大到各種三明治、沙拉和雞肉食品，5 美元的午餐套餐（餐點加甜點）很受歡迎。

即使訴訟一拖再拖，這種改變似乎也帶給加盟商活力。這個訴訟案在 2000 年和解，冰雪皇后被要求在 2000 至 2005 年的 6 年間，每年向加盟系統的全國促銷計畫（national-sales-promotion programs）捐款 500 萬美元，另外捐給冰雪皇后的經營合作社（IDQ's Operators' Cooperative）600 萬美元，以確保加盟商繼續得到替代的食物產品與其他供給產品。

雙方都認為判決很公正，冰雪皇后聚焦在額外的促銷支出對於提高冰雪皇后的品牌知名度有好處，而提起訴訟的修・柯林斯（Hugh Collins）則在之後表現出想要和解的態度提到：「結束這項訴訟，並解決我們的意見分歧非常重要。『冰雪皇后』加盟主和總部間的共識遠比意見分歧還多。我們現在可以把這場爭論拋在後頭，專注在發揮『冰雪皇后』體系的眾多優勢。[278]」

長期加盟主麥克・麥金農（Mike McKinnon）在華盛頓州的奧林匹亞（Olympia）有 5 間 Grill & Chills 分店，他補充說：「通常加盟主和總部之間出現糾紛，主要都是跟從非正規管道取得的產品有關，（但是）我們確實看到情況有

所改善……如果你對加盟總部提起訴訟，想要合作就非常困難。冰雪皇后把賣給加盟主的產品價格降低，這點做得很好。[279]」

1997 年末，當時巴菲特與冰雪皇后的經理人和股東討論收購冰雪皇后的交易時，他發現加盟總部和加盟主之間的關係正在迅速改善中，他還可以跟經營在地冰雪皇后分店的加盟主朋友談話。他可以觀察到加盟主對於提供給客戶的新產品，以及與加盟總部之間有種相對融洽的關係感覺很興奮，因此，他有充分理由相信獲利會超過 1996 年的表現。

巴菲特喜歡冰雪皇后的產品

巴菲特喜歡冰雪皇后有很長一段時間，年輕的時候他帶一個年輕的女士去冰雪皇后；後來成為冰雪皇后執行長的約翰‧蓋諾（John Gainor）回憶起，巴菲特曾提到他和這位女士有「很棒的經歷」，而且巴菲特提過「如果有機會，他會買下這家公司。因此他在 1998 年就這樣做了。[280]」

2019 年 5 月，比爾‧蓋茲和巴菲特在奧馬哈的一家冰雪皇后服務顧客時玩得很開心。比爾‧蓋茲在部落格「蓋茲筆記」（GatesNotes）中發表一個標題為〈與華倫‧巴菲特一起烤肉和放鬆〉（Grilling and Chilling with Warren）的文章。比爾‧蓋茲和巴菲特努力工作之後，終於坐下來休息，比爾‧蓋茲問和巴菲特：「你多久前買下冰雪皇后，你是看上它哪裡？」

巴菲特回答：「我從小就知道冰雪皇后，冰雪皇后實際上是在 1930 年代創立的，當他們考慮要出售的時候，確實想到波克夏可能會有興趣。有誰會比熱愛這個產品的人更好，因此我們達成協議，從此過著幸福的生活。」

比爾・蓋茲非常珍惜與巴菲特的友誼。他在部落格中說：「每次見到巴菲特，我就會被他讓人驚訝、充滿洞察力、『顛倒』的世界觀所震驚。他幾乎對所有事情都有不同的想法。首先，他把自己的超級成功歸功於任何人都能做到。『我只是坐在辦公室裡整天讀書。』他這樣解釋。」

被收購前的歷史

1930 年代，「爺爺」約翰・麥卡諾（John F. 'Grandpa' McCullough）和他的兒子艾力克斯（Alex）在地下室對冰淇淋的口感和溫度進行實驗，最後開發出冰沙和霜淇淋，他們以爺爺的乳牛命名，爺爺稱這是乳品業的女王。優質霜淇淋的祕密是在冷凍過程中打進空氣，來讓冰淇淋更鬆軟。此外，如果食用時的溫度比冰淇淋高，味蕾就不會被凍住，因此會有更完整的風味。

1938 年，來自伊利諾州坎卡基（Kankakee）的謝普・諾貝爾（Sherb Noble）是傳統冰淇淋的顧客，他舉辦一個「10 美分無限享用」活動，藉此測試霜淇淋的需求。這個活動很受歡迎，2 小時就賣出 1,600 份。

他們花了一段時間才解決冷凍技術，讓每份冰淇淋都有

一樣的風味。這是在哈利・奧茲（Harry Oltz）的幫助下才解決這個問題，奧茲開發一種保持溫度一致的機器。使用機器和冰淇淋配方的權利很有價值，可以作為特許經營型事業的基礎。到了 1940 年，他們準備與諾貝爾合作，在伊利諾州的喬利埃特（Joliet）開設第一家冰雪皇后。30 個月內就開了 8 間店。

1943 年，他們與哈利・阿克森（Harry Axene）達成協議，根據這項協議，阿克森在某些州有權利銷售冰淇淋，並支付費用。阿克森則以初始費用加上銷售冰淇淋的特許經營權費用的形式，把這個權利轉賣到各個地區。到了 1947 年，這家企業已經擴展到 100 家店。與阿克森的交易實際上並不是真正的加盟經營，因為沒有加盟總部的協調，而且每間店的老闆都按照自己的方式來經營。儘管如此，冰雪皇后的名字還是迅速傳遍美國和加拿大，到 1955 年有超過 2,600 家店。

1962 年，麥卡諾家族以 150 萬美元的價格把他們的權益賣給一群冰雪皇后商店的老闆。新團隊著手透過適當的加盟系統、行銷和採購協調、營運流程，與品質控制標準，來建立一個更有秩序的系統。因此，在一個奇怪的轉折下，一群加盟商創造出加盟總部。

1970 年，冰雪皇后接洽包括魯迪・路德（Rudy Luther）和約翰・穆帝在內的一群明尼蘇達州商人，希望收購他們的汽車租賃業務（他們相信當時流行的企業集團策

略）。這項交易並未成功，但這個來自明尼蘇達州的團體在汽車業務賣給另一家公司之後，被說服以 500 萬美元買下冰雪皇后多數股權，因為冰雪皇后陷入財務困境。

掌控公司的新老闆投入數百萬美元來提高效率和標準。冰雪皇后之後在 1977 年加入那斯達克。在穆帝的領導下，一躍成為美國第五大快餐企業。

1997 年夏天，持有 15％股份的股東路德去世，家人需要籌募資金來支付遺產稅，因此聯繫巴菲特買下一些股票。巴菲特先前曾表示有興趣收購整家公司，而且再次表達這個願望，但是他說他不願意買下少數股權。穆帝和主要股東得出結論，認為現在是出售公司的好時機，因此願意開始與巴菲特談判。

快速出價

路德去世前一年，投資銀行威廉布萊爾公司（William Blair & Co.）的迪克・基普哈特（Dick Kiphart）把巴菲特介紹給穆帝和冰雪皇后執行長麥克・蘇利文（Mike Sullivan）認識，巴菲特「對這兩個人印象深刻」。[281] 因此，儘管 1996 年沒有達成協議，但基礎工作已經準備好了。

但是在 1997 年秋天，基普哈特打電話給在奧馬哈的巴菲特，告訴他這筆交易有可能成交，而且對波克夏來說也是明智的選擇。一天後，巴菲特就送出他的報價。

賣出冰雪皇后股份的股東可以選擇現金，或是當時價值

稍低的波克夏股票，「透過我們這樣的考量方式，我們鼓勵股東選擇現金，這是我們到目前為止比較喜歡的付款方式。即便如此，只有 45％ 冰雪皇后的股東選擇現金。[282]」

穆帝在 10 月 21 日的公告中表示：「我們家族持有的 35％ 投票權會支持冰雪皇后合併，而且選擇把所有冰雪皇后的股票轉換成波克夏的普通股。我們無意把我們的冰雪皇后股票換成其他股票。我個人認為波克夏的股票是我們家族最好的投資之一，我們預期要無限期持有這些股票。」

巴菲特在同一份聲明中回應：「冰雪皇后由優秀的管理團隊經營，是我很喜歡的一家企業。冰雪皇后會成為波克夏大家庭的重要成員。」由於冰雪皇后的高層和董事掌控 50.9％ 的投票權，因此這項交易在 1998 年 1 月 7 日順利完成。

隔一個月，巴菲特在 1997 年的信中開玩笑說：「查理和我為這筆交易帶來一點專業知識：幾十年來，他一直光顧冰雪皇后在明尼蘇達州凱斯湖（Cass Lake）和伯米吉（Bemidji）的店，而我則是在奧馬哈的常客，我們言出必行。」

康寧漢在 2014 年的書採訪穆帝，[283] 穆帝表示，這筆交易的成交價「可能比財務價值還低」，因為波克夏向股東、員工和加盟主三方提供其他有價值的東西。

1. **股東**：持有波克夏股票的人成為經營良好的多元化公司的股東，預示未來十年股價會大幅上漲。

2. **經理人**：自治是波克夏帝國內部正常的運作模式，冰雪皇后團隊可以看到數十個巴菲特和蒙格鼓勵獨立和自由運作的例子。

3. **加盟主**：他們需要穩定、持久與持續打造品牌，並提供客戶商品的承諾，巴菲特和蒙格清楚看到未來幾十年需要在事業的關鍵部分進行投資。

合併之後

除了取得經營權頭兩年之外，波克夏並沒有公布冰雪皇后任何財務表現資訊。1998 年，波克夏從冰雪皇后的稅後盈餘 4.2 億美元（比 1996 年的 4.12 億美元略高）中獲利 3,500 萬美元。資本支出相對較低，為 1,000 萬美元（折舊和攤銷金額是 700 萬美元），因此這家公司提供超過 3,000 萬美元的現金，讓巴菲特投資到其他地方。

1999 年，稅前獲利再次達到 3,500 萬美元，但是這次的營收增加 4,000 萬美元，達到 4.6 億美元。在巴菲特的密切關注下，資本支出實際上下降到只有 900 萬美元（折舊和攤銷金額是 400 萬美元），因此，巴菲特再次可以將大約 3,000 萬美元的獲利投資到其他地方。

最初幾年，公司很樂觀，有機會可以多開幾百家店。的確，分店從 1998 年的 6,244 家，增加到 1999 年的 6,400 家（見圖 8.2）。不過在那之後，分店數量似乎在減少，而不是增加，十年來的整體數量在減少，到 2008 年大約剩下 5,700

圖 8.2　冰雪皇后、橙色尤利烏斯和 Karmelkorn 三個
　　　　品牌在 1996 ～ 2020 年的商店總數

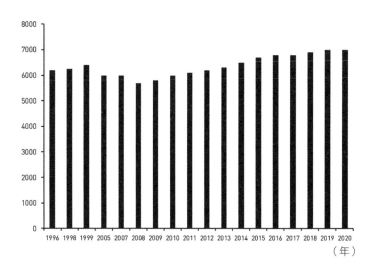

（年）

家左右。

　　這個品牌在跨國發展上似乎沒有表現很好。舉例來說，
雖然美國人和加拿大人很熟悉冰雪皇后、Chill & Grill、冰
風暴和脆皮雪糕，但大多數歐洲人從沒對這些產品情有獨
鍾，他們有自己喜歡的產品。值得注意的是，在我的國家英
國並沒有冰雪皇后。冰雪皇后意識到在英國缺乏品牌知名
度，甚至不願意提供這裡的企業家加盟的機會。

　　冰雪皇后跟時思糖果類似，都擁有強大的戰略地位，因
為產品和品牌在某些地區受到消費者的高度重視。對於時思
糖果來說，這個地區非常狹窄，主要在加州附近。巴菲特充

分意識到在過往的市場之外缺乏品牌忠誠度，因此把商店的擴張限制在擁有（或可能迅速發展）競爭優勢，以及因此有定價能力的地區。

話雖如此，現在除了美國和加拿大以外，冰雪皇后的分店已經遍布 27 個國家，而且過去十年的分店數量穩定成長到超過 7,000 家，因此經營團隊每年都會找到大約 100 個認為這個經營模式會成功的地點。

在海外市場，冰雪皇后可能不會從美國小鎮的懷舊情懷中受惠，但是他確實有像巴菲特一樣的王牌行銷人員。舉例來說，當巴菲特在上海正式開設全新的冰雪皇后分店時，超過 250 家媒體來採訪他，產生大量的免費宣傳。目前中國有超過 800 家分店，現在會讓麥卡諾爺爺留下深刻印象。

學習重點

1. **關注投資組合裡的內在價值收益，而非股票價格。**內在價值是未來業主收益的折線總值。

2. **不要做得意洋洋的鴨子。**不要在暴風雨後吹噓自己，認為自己的划水技巧使你在世界上崛起。比較投資組合中的價格變化跟整體市場的表現，誠實的審視自己。

3. **當股價很高的時候，不要根據市場價值的預測賣出股票，希望稍後能以更便宜的價格買進。**

4. **就像棒球一樣，投資人不必每顆球都揮棒。**實際上，當價格相對於公司前景來說太高的時候，投資人可以放過數百顆「球」。

5. **不要跟著市場共識起舞。**獨立、理性的思考當前內在價值與市場價格之間的差距。有時市場共識過於樂觀，導致價格上漲到遠比內在價值高。在其他情況下，市場觀點過於悲觀，便宜的股票比比皆是。

6. **未來永遠不是不確定的。**如果投資人等到不確定性的迷霧散去，他們就永遠不會投資。不確定性是長期價值投資人的朋友。

7. **在估計獲利能力和內在價值的時候，不要只觀察最近的獲利數字。**巴菲特付出 17.4 倍的高歷史本益比買下冰雪皇后，是因為他從質化因素上看到獲利成長的潛力。也就是說，這種商業模式意味著加盟商承擔大部分的資本

支出負擔，進而為加盟總部帶來高資本報酬率；出色的經濟效益與良好的管理，讓許多冰雪皇后的分店在當地市場占據主導地位；未來業務基本面不會快速變化；高心智占有率；以及，影響過往獲利的爭議與錯誤正在解決。

利捷航空（NetJets）

投資概況	時間	1998 年
	買入價格	7.25 億美元
	股份數量	100%的股權
	賣出價格	持有中
	獲利	虧損 11 年後開始獲利

1998 年的波克夏・海瑟威
股價：47,000 ～ 80,900 美元　市值：574.03 億美元
每股市值：37,801 美元

　　據說已故的中國總理周恩來，在問到法國大革命的影響時，他說：「現在評價還太早。」巴菲特 1998 年 8 月對利捷航空的投資大概也可以這樣評價。

　　因為投資利捷航空的前面 11 年，巴菲特總共虧了 1.57 億美元，當時看這項投資顯然是失敗的。一直到 2010 年，狀況開始好轉，每年獲利經常超過 2 億美元。如果這種模式繼續下去，波克夏最後應該可以從利捷航空身上獲得大量資金，不過這是一段漫長的時間，而且在這段期間，波克夏數十億美元的現金和債務擔保被用來擴大利捷航空的規模，削減其他投資機會。

毫不意外，巴菲特在 2011 年的信裡宣稱：「幾年前，利捷航空是我最擔心的事業。它的成本遠比營收高，而且現金不斷流失。如果沒有波克夏的支持，利捷航空就會破產。」

這項投資在 20 世紀初期的機會成本是相當大的。未來研究巴菲特的歷史學家可能會得出這樣的結論——儘管投入的資金已經收回，但這還是糟糕的投資選擇。不過我們還必須拭目以待，也許它會開始一年又一年的產生 10 億美元的現金，供巴菲特到其他地方投資。

利捷航空無疑在部分飛機所有權（fractional aircraft ownership）的小型市場中占據壓倒性的主導地位，如果這個小型市場成長，而且價格競爭受到限制，就有潛力，這是兩個重要的「條件」。

利捷航空的商業模式

在利捷航空的商業模式發明之前，如果你是一個時間緊迫的高階經理人或有錢人，想要搭飛機有三種選擇。第一，你可以跟其他人一樣買定期航班。不過就算是搭頭等艙，還是有明顯的缺點，例如目的地和時間有限制，而且就算航班沒有延誤，軸輻式系統的設計也可能是一場耐力考驗。

第二，你可以購買私人飛機，但這很昂貴，特別是這個正在折舊的資產大部分的時間都處於閒置狀態。而且維修、保險、機組員等安排都很麻煩。此外，大多數私人飛機都不

能跨洲飛行，根據經驗，買進自己的飛機並不值得，除非你每年要在空中飛行大約 400 小時。

第三個可能性是包下一架私人飛機，輕鬆帶你前往你想去的地方。缺點是每公里的單位成本很高，而且合適地點的飛機數量有限。

曾服務於高盛的數學學者理查・桑圖利（Richard Santulli）為不需要每天坐飛機的人想出一個好方法，他稱為「部分所有權」。你可以購買噴射機一部分的所有權，例如四分之一或八分之一，然後每年有權利搭乘 200 或 100 小時。

除了付出 100 萬或 200 萬前期的購買成本以外，你只需要每個月支付管理費，用來付給飛行員的薪資和培訓、保險和機棚的費用（一架較小的七人座飛機每個月要 5,000 至 2 萬美元）。你還要付出額外的飛行費，包括燃油費、維護費、降落費、清潔費和餐飲費（每小時 1,300 美元以上）。

利捷航空會確保你的飛機，或同等品質的飛機，可以在你需要的時候，在數千個機場提供服務（只需要根據機型，並提前至少四到六個小時通知他們即可）。

桑圖利認為，如果利捷航空的規模夠大，擁有數百架飛機，就能將服務涵蓋整個美國，這樣即使在感恩節等繁忙時段，客戶也得到保證一定有飛機可以搭，不用擔心自己擁有飛機的麻煩與成本。這些飛機可以飛往與定期航班起降的機場相比更小、更方便的機場。

這個公式的最後一個要素是，5 年後，擁有少部分權利

的飛機擁有者可以要求利捷航空以公平的市場價格回購飛機，這個價格通常是原始報價的 80% 左右。

桑圖利收購之前

1960 年代，商務航空產業仍處於起步階段，只有少數飛機是由公司擁有或私人持有。一群退役的二戰空軍將領看到市場的缺口：為沒有正當理由購買飛機的人提供私人飛機飛航服務。

1964 年，他們成立公務機航空公司（Executive Jet Aviation, EJA），成為世界上第一家商務航空包機公司。公司的總經理是小保羅‧帝貝斯准將（Brigadier General Paul W. Tibbets Jr.），19 年前，他駕駛艾諾拉蓋號轟炸機飛越廣島（注：就是執行原子彈轟炸廣島任務）。董事會成員還有演員兼二戰飛行員詹姆斯‧史都華上校（Colonel James Stewart），他買了公司股票。（在戰爭期間，史都華拋下演員工作去打仗，帶領部隊在德國上空執行 20 次戰鬥任務，並贏得兩枚十字飛行榮譽勳章〔Distinguished Flying Crosses〕與十字勳章〔Croix de Guerre〕等獎章。）

他們在俄亥俄州哥倫布市中心建立總部，並購買 10 架新上市、被譽為「空中法拉利」的里爾 23 型噴射機（Lear Jet 23s）。

後來幾年的業務發展很順利，但是 1970 年代中期的石油危機，導致願意付費搭乘私人飛機的高階主管減少，公務

機航空公司的經營陷入困境，到了 1984 年，帝貝斯准將和
董事會準備賣出這個企業。帝貝斯准將六個月前有跟桑圖利
碰面，認為他可能會有興趣，因此他請一位銀行業者打電話
給桑圖利。

桑圖利開創航空事業

理查・桑圖利 1944 年出生在布魯克林一個工人階級的
家庭，他以自己的努力考進布魯克林理工學院（Brooklyn
Polytechnic Institute）。在獲得數學和作業研究雙碩士學位之
後，他一邊攻讀博士，一邊當數學老師。

他喜歡當老師，但是 1967 年兒子出生後，他覺得應
該「找一份真正的工作」。[284] 他加入殼牌石油公司（Shell
Oil），並晉升成為作業研究小組的負責人。他對布魯克林
很忠誠，因此當殼牌的老闆決定搬到休士頓，他拒絕過去。
之前他在不知道高盛的名號有多響亮時，應徵那間公司的一
個職位，協助一個計畫，將一個以電腦模型為主的方法應用
到投資銀行業務，這在當時是很新穎的概念。

1972 年，他被調到高盛的租賃融資部門。不久之後，
他還三十多歲的時候，就成為這個獲利豐厚部門的負責人。
然後，在 1979 年，他突然提出辭呈：「明年是我成為合夥
人的一年，而且我肯定會是合夥人，而這正是我離開的原
因。我熱愛這家公司，而且我知道，如果我在高盛成為合夥
人，基本上就一輩子承諾要在這間公司。不過在我人生的這

個階段，我還沒有準備好做出終生的承諾……我想要看看，我是否可以在沒有高盛的名號下做到這點。而要找到答案，唯一的方法就是創立自己的事業。[285]」

當高盛的共同主管約翰‧惠特曼（John Whiteman）得知桑圖利要離開時，對合夥人說：「如果他確實有創業，確保我們可以投資。[286]」

因此當桑圖利成立 RTS 資本服務公司（RTS Capital Services），專注於媒合直升機的租賃交易，這個領域被大銀行忽視了。因為與固定翼飛機租賃（fixed-wing leasing）相比的規模太小，競爭是有限的，僅來自少數地區銀行，「而且他們在租賃融資這樣的複雜業務上根本沒有專業知識」。[287] 五年後，他建立世界上最大的直升機租賃業務。

當桑圖利發現公務機航空公司時，這家公司已經岌岌可危。1983 年，桑圖利遇到一個很糟的經驗，當時他在科羅拉多州的維爾（Vail）進行一次滑雪之旅，在那種地方，你會穿破爛的衣服，甚至懶得刮鬍子，返家前一天，一個客戶打電話來說他要搭里爾飛機回家，問桑圖利和三個朋友是否想要順便一起回紐約？他回答當然要。

幾個小時候，飛機降落，很明顯要補充燃料，不過這很奇怪，因為里爾噴射機完全有能力在不加油的情況下飛到紐約。更奇怪的是，週日在哥倫布機場，穿著西裝的帝貝斯准將準備好迎接他們，順路載他們的那個客戶說：「理查，如果你有時間，我希望你可以跟公務機航空的人談談。我正在

考慮買下這家公司，而且我想要你提供融資給我。[288]」

他們走進會議室，有八個穿西裝、打領帶的男人在那裡，他們知道桑圖利正在那裡討論買下這家公司的事情。毫無預警就陷入這種情況，他感到「非常惱火」，桑圖利一邊道歉，一邊解釋發生什麼事，並表示自己對這個事業沒興趣，甚至不知道他們是誰。他就回到飛機離開了。

六個月後，桑圖利接到一個銀行業者的電話，那個銀行業者代表帝貝斯准將打電話給他，告訴桑圖利上次那個騙人的客戶不再出現，現在准將想跟桑圖利談談買下公務機航空的可能性。

桑圖利認為，這家公司正在虧錢，但至少這對他的租賃業務來說算是一項不錯的副業，可以用來處理租賃業務結束的飛機，因此 RTS 資本服務公司在 1984 年買下這家公司。

現在，桑圖利擁有一家航空公司，他認為他應該為自己買一架私人飛機，這似乎很適合，而且公務機航空可以幫他維護。但是身為一名數學家，他坐下來研究完整持有私人飛機所有權的數字。考慮到他實際搭乘的時間（每年不到 50 小時），完全持有根本不合理。最好每次需要搭乘時，才包下一架飛機。

桑圖利想到一個更好的選擇是，和一群朋友一起買一架飛機。有三個朋友加入桑圖利來討論這個計畫。共享一架飛機在財務上是很划算的。他們都看到這個優點，而且願意這樣做。但之後麻煩就來了。有個人說，如果他們有一架飛機，

他就會堅持每週二、四都要搭乘。另一個人說，他想要有需要的時候就搭乘，有可能會是週二或週四，結果陷入僵局。

討論破局之後，桑圖利思考以下的問題：能否將「共享所有權」和「保證在想要飛機時可以搭乘」結合起來？如果他可以解決這個問題，他就會成功。

這是一個數學難題。解決這個問題需要關鍵資料，就是公務機航空，包含過去二十年每趟航程資訊的龐大資料庫。透過觀察飛航模式，他發現出發地、目的地、出發日期、時間、機械故障等要素都有很高的預測性。

他花了將近六個月才弄清楚這個問題，但是解決方案是，每銷售 20 架飛機的所有權，公司就必須為自己購買五又四分之一架的飛機加入企業機隊，以填補兩個以上的共同持有人同時使用飛機，只需要提前幾個小時通知，就可以供給相同或規格更好的替代飛機。這可以讓使用率達到98％，[289] 公司可以租用飛機來滿足剩下 2％的需求，會負責維護到飛行員訓練等等，客戶要做的就是告訴客服人員，他們想要在什麼時間、去哪裡。

起飛，遭遇亂流

公務機航空在 1986 年啟用這個利捷計畫（NetJets programme）。一開始，目標客戶抱持懷疑的態度，認為肯定會很常發生他們想要搭機、但是卻沒有飛機的情況。桑圖利只告訴他們，這些問題都已經解決，利捷航空可以確實保證

有飛機可以使用。如果他們還是不相信這個計畫會有效,那麼六個月以後他們可以把錢拿回去。

桑圖利說,他意識到,除非利捷航空「對前十、十五或二十位客戶而言,服務非常完美,不然整個計畫就會失敗」。[290] 為了確保不會出差錯,他買下 8 架賽斯納飛機(Cessnas)。這些飛機不會賣給客戶,而是作為他預期售出25 架飛機所有權的備用飛機,客戶可以持有十六分之一(飛行時間 50 小時)、八分之一、四分之一和二分之一(飛行時間 400 小時)的所有權。因此,如果銷售成功,整個機隊就有 33 架飛機。

但這需要時間。第一年只賣出 4 架飛機,而且銷量並沒有增加,第二年只賣出 4 架,第三年也賣出 4 架。然後1989 年經濟衰退來襲,沒有賣出任何飛機所有權。

桑圖利因為個人擔保債務而損失 3,500 萬至 4,000 萬美元,而且即使只賣出十六分之一的所有權,也要付出一整架飛機的高額固定成本,像是飛行員的成本。他以為這就是結局,他即將就要破產。最重要的是,競爭對手正在進入市場,因此價格的上漲受限。

然而,經濟衰退還有另一個效果。讓公司仔細審視他們的飛行成本,而且質疑是否需要繼續擁有 100% 的飛機所有權。賣出一架飛機可以募集到數百萬美元,幫助他們度過難關。如果他們每年都需要幾趟旅行,那麼部分所有權是完美的解決方案。

桑圖利知道，最終要成功，就要成為最大與最好的企業，要擁有最大的機隊、最廣的服務覆蓋區域，以及種類廣泛的飛機，這意味著要買進價值數億美元的飛機，因此必須從其他地方籌錢。

1995年，高盛買下這家公司25％的股份，這為公司提供一線生機。隨著公司高層對這個模式的理解不斷深入，機隊也不斷壯大。即使是擁有自己噴射機的公司，也看到利用利捷航空的飛機來補充自己的飛機無法做到的優勢。

從阿諾史瓦辛格到老虎伍茲等名人的簽約，大大提高人們的接受度。網路效應成形：客戶飛機數量的增加，意味著每小時的成本降低，以及服務覆蓋範圍更廣，成為利捷航空客戶群這個最大集團的成員之一可以帶來更多好處。有錢人和名人開始排隊預定熱門的新飛機。

桑圖利拒絕提供「商品化」的業務，也就是說，不提供三十二分之一的所有權，或是買進任何比豪客（Hawkers）、獵鷹和灣流價格還低的飛機。他特意把產品定位在高端市場。這不僅吸引菁英客戶，在飛機品質與安全培訓上的額外支出也讓人安心。就像巴菲特說的：「如果你要雇用一名腦外科醫生，你會問：『誰的開價最便宜嗎？』[291]」

到了1990年代末，公務機航空已經成為美國最大的飛機部分所有權經營公司，擁有超過1,000名客戶、超過600名飛行員和163架飛機，其中23架是公務機航空擁有或租賃的飛機。業務成長快速：光是1997年就擁有全球31％的

商務飛機訂單。

利捷航空團隊在 1996 年進軍歐洲，目標是歐洲的業務成長，在歐洲和北美達到足夠的規模。客戶可以搭美國的飛機飛到歐洲，然後在歐洲使用利捷航空在歐洲的飛機，而歐洲的客戶可以反過來。正在進行的計畫則是 1999 年進軍中東。

1998 年，高盛希望在利捷航空 25％股份的投資可以獲利了結，或至少可以讓股票在市場上交易，確認股票的市值，因此對桑圖利施壓，讓公司上市。桑圖利很猶豫，因為他認為，在利捷航空快速成長的階段，股市投資人會對業績波動與差勁的獲利表現感到恐慌。

他認為，如果把這個企業的股票都賣給投資人，股價可能會很低，「我永遠無法讓這家公司上市，股東無法承受這個事業的業績起伏。」他向記者史蒂芬・波普（Stephen Pope）這樣解釋。[292] 而且桑圖利不希望「一個 28 歲的分析師」告訴他如何經營他的事業[293]。

但或許他認識的某個人會理解這家公司的市場地位與潛力，而且願意付出合理的費用，同時讓他發展這個事業？

巴菲特出手，試圖穩住機身

1995 年，布朗鞋業的法蘭克・魯尼（本卷的第 4 筆投資）一直在大力稱讚成為利捷航空會員的優點，並建議巴菲特與桑圖利見面，討論簽約的事情。

巴菲特說：「理查花了大約十五分鐘就賣給我豪客 100 型飛機四分之一的權益（每年使用兩百小時）。」[294] 巴菲特夫婦去新澤西州的泰特波羅（Teterboro）看一架飛機，「而理查當時就坐在一架豪客 100 型飛機上，我的妻子當場就愛上了，」巴菲特在接受華倫・伯格（Warren Berger）的採訪時這樣回答，而伯格調皮地問道：「是愛上桑圖利，還是愛上那架飛機？」巴菲特笑說：「相信我，我不想要讓她從我和理查中間挑人。她可能很快就會離開我。[295]」

在接下來的三年裡，巴菲特一家飛了三百次、累計達九百小時。他們喜歡這項服務，認為這很友善、有效率與安全。巴菲特非常喜歡這家公司，在他認為有可能買進這家公司之前，就熱情推薦這家公司的服務。但是他確實告訴桑圖利說，如果他想要賣掉這家公司，請打電話給他。

1998 年 5 月，電話來了，當時公司的營收從 1995 年的 1 億美元，增加到接近 10 億美元。桑圖利向巴菲特請教，想知道是否該屈服於高盛的堅持，讓公司上市。巴菲特回答：「嗯，那我買下這家公司呢？[296]」

在經過最少量的財務審查下，這項交易不到三個星期就完成了。對巴菲特來說，比起詳盡的盡職調查，更重要的是賣股票給他的人的性格。他在每筆交易上都會問到的關鍵問題是，賣家是否「會拿了這筆錢以後，坐在沙灘上，還是會留下來經營公司？」。[297] 桑圖利輕易說服巴菲特，他還是會繼續主導公司，「我還是認為這是我的公司。」桑圖利在

公司合併不久之後跟《富比世》雜誌這樣說。

還有一個巴菲特也很常問到的問題：這項服務對大家來說是有價值的嗎？關於利捷航空，巴菲特做出的結論是：「在我的書中，這個答案是肯定的，而證據就是，只要試過他的服務，就不會離開。[298]」

桑圖利不像其他公司的老闆那樣，希望從已經展現出全部潛力的公司中套現。不，他認為利捷航空才開始最讓人興奮的成長期。因此，他需要財力雄厚的老闆，能夠在不干擾營運的情況下支援非常快速的擴張。利捷航空必須遠遠領先競爭對手，而且要強大到競爭對手還沒試著進入市場前就被嚇跑了。

他胸懷大志，又訂購 220 架飛機，另外還有 60 架在計畫中，總共花費將近 40 億美元。他希望大幅增加歐洲與北美洲的服務，這不僅意味著要投入大量的資金，而且很有可能短期會虧損，「巴菲特是長期投資人，他不擔心接下來三個月或六個月的表現。」1998 年 8 月，桑圖利這樣告訴《哥倫布電訊報》（Columbus Dispatch）。[299] 巴菲特和桑圖利有一致的願景，希望長期快速成長，並取得市場主導地位。

波克夏同意付出 7.25 億美元買進公務機航空所有的股票，其中 3.5 億美元是現金，其餘是波克夏股票。1998 年 8 月 7 日完成合併，桑圖利收到一半以上的收益，包括 2.5 億美元的現金與 3,437 股波克夏 A 股[300]。

後來桑圖利透露，他的高盛朋友對這個價格很失望，他

們認為如果公司上市，自己持有的 25％股份可以得到更多收益。但是他在接受勞倫斯・康寧漢採訪的時候解釋，他想要這家公司納入波克夏是因為「除了拿到的錢以外，他還看中波克夏自主和持久的文化」，[301] 我們在巴菲特的交易中一次又一次看到這些動機。

巴菲特公開讚美桑圖利是「一名管理藝術家」，而且很有遠見，能夠在別人還沒有意識到的時候，就知道牆上該畫些什麼。巴菲特要做的事情，就是給桑圖利一些油漆和幾把刷子，其他時間盡量不干涉，「理查除了是出色的高階主管以外，也很有趣。他就像我們多數的經理人一樣，不需要為了經濟壓力工作。理查花大量時間在利捷航空上，因為這是他的孩子，而且他想要看看可以把這家公司帶到多遠。我們都已經知道這個答案，無論是字面上還是比喻上，這個答案是：帶到世界盡頭。[302]」

巴菲特為什麼要買利捷航空？

巴菲特有很多理由認為利捷航空是好公司。

利捷航空是擁有一半市占率的市場領導者，具有競爭優勢，因為「我們的客戶受惠於我們始終在全美國各地部署龐大的飛機機隊，這讓我們能夠提供無以倫比的服務。此外，我們也能因此受惠，因為這可以降低空機飛行的成本。」[303] [304] 而且公司有潛力在其他洲取得同樣的客戶服務主導地位。

利捷航空獨立於飛機製造商之外，這帶來競爭優勢，因

為它可以提供各種飛機，而且主要的競爭對手只會與某個製造商合作，因此只會提供所屬製造商的飛機，「利捷航空採購波音、灣流、獵鷹、賽斯納和雷神（Raytheon）的產品……實際上，利捷航空就像個醫師，可以推薦適合每個病患需求的藥物；相較之下，我們的競爭對手是為所有病患開出『自家』品牌處方的生產商。[305]」

桑圖利是出色的企業家與經理人，在這個產業中擁有資訊和經驗優勢。

利捷航空的另一個競爭優勢之處，是需要多種型號的飛機進行不同類型旅行的客戶，可以購買不同大小飛機的部分所有權，而且這樣的總成本比買進並營運一架完全擁有的飛機更低，「舉例來說，一個客戶可能擁有三架不同飛機十六分之一的所有權（每架飛機的飛行時間是 50 小時），整體來看，這就提供一個虛擬的機隊，而成本只有一整架飛機的一小部分。[306]」

對於已經擁有一、兩架飛機的大公司來說，成為服務覆蓋範圍最廣、最大部分飛機所有權公司的客戶非常有吸引力，「美國最大的一些公司使用利捷航空的服務來補足自己的機隊。這讓他們在滿足高峰需求、而且需要用自己的飛機執行飛行任務時，省下大筆資金，因為這些任務可能會產生不成比例的空機時間。」[307] 因此，主導市場的企業再次擁有優勢。

最終，客戶支付大多數飛機的高資本支出，這減少波克

夏被綁住的資金。但是這還是需要投入大量資金，首先用在核心機隊，其次，用來買進已經向製造商買進、但還沒售出所有權的飛機。

波克夏的 AAA 級信用評等可以降低利捷航空的借貸成本，並有助於借出更多的錢，因此得以快速擴張。

成長，但有代價

在波克夏的支持下，利捷航空的經理人致力於追求成長。兩年內，營收增加一倍多，客戶擁有價值 20 億美元的飛機。早在 1998 年，巴菲特就問桑圖利：「歐洲的競爭對手是誰？」而他回答：「沒有人。」然後巴菲特一針見血的說：「你需要做些什麼事才能保持這種狀態？」[308] 結果資金從波克夏流進公司，藉此達成在美國和歐洲主導部分飛機所有權市場的雄心。

1999 年，隨著在歐洲建立起關鍵規模的任務順利進行，巴菲特寫到，他打算支持利捷航空在全球的擴張，「這樣做的成本很高，非常高，但是我們會盡力而為。規模對我們和我們的客戶都至關重要：全球飛機數量最多的公司，就能提供客戶最佳的服務。在利捷航空，『賣一部分所有權，得到一組機隊』的口號有實質的意義。[309]」

2000 年，公司再加大油門，訂購價值 42 億美元的新飛機。利捷航空的經理人本來可以簽約買下更多飛機，但是他們買進的飛機已經占全球製造商務機總量的 8% 左右，而且

製造商無法跟上步伐。

巴菲特成為利捷航空的頭號銷售員。一開始，是在 5 月舉行的波克夏股東會上展示一個設備齊全的客艙（在 1998 年，是台 737 波音商務噴射機，配有臥室、兩個淋浴間、14 小時的航程和 19 個乘客座位）。每年參與波克夏股東會活動的數十位億萬富翁和數百位百萬富翁是利捷航空銷售團隊的主要目標。而且巴菲特在年度信件中總是提到這家公司的傳統。

1999 年，他說服波克夏兩名外部董事買下部分所有權，然後他宣布一項重要消息：「而且，現在做好準備。去年，利捷航空通過最終測試：查理加入我們。沒有其他人的背書可以像查理一樣有說服力的證明利捷航空服務的價值。」[310] 蒙格以精打細算聞名，他即使很有錢，也習慣坐經濟艙，因此他跳級使用私人飛機的服務是一件相當特別的事。

巴菲特大膽在信中加上一個免付費電話：「請致電 1-800-848-6436，索取部分所有權服務的『白皮書』[311]。」1999 年 5 月的股東會至少銷售 8 份部分所有權。為了推銷利捷航空，巴菲特會在好萊塢或倫敦等地的晚宴或商業論壇上發表演說，而且還有一則著名的廣告是比爾・蓋茲和巴菲特悠閒的在飛機上開玩笑。這些都是無價的宣傳。

2000 年 10 月，桑圖利談到巴菲特對這家公司正在成長的態度：「身為波克夏的一員，最好的一件事就是，如果我跟巴菲特說：『我要買價值 10 億美元的飛機，』他會說：

『為什麼要問我，就去做吧。』」[312] 公司用很大的折扣價買進大量的飛機，而且飛機的部分所有權也賣掉了。2001年公司收到超過 50 架新飛機，占世界產量 7%。

但快速成長是以犧牲獲利能力為代價，因為剛起步的歐洲市場營運成本超過營收，而在美國則因為追求成長而推高營業成本。2001 年，報應來了，儘管營收成長超過 20%，儘管在 911 雙子星大樓恐攻事件之後，大家對私人飛機的興趣提升，但這項業務還是出現虧損。

那時，光是在美國，利捷航空就要維護 300 架飛機，但競爭對手的市占率全部加總起來大約占一半的市場，而且他們決心要維持價格競爭力，這使得獲利空間很小。巴菲特寫道，他預期「未來幾年內」只會有「微薄的獲利」[313]。

儘管前景黯淡，巴菲特還是堅持這個策略是正確的：「維持一流的安全與服務水準一直都很昂貴⋯⋯無論成本有多高，我們都會繼續在這兩個面向保持業界領先地位。桑圖利毫不妥協的堅持只為顧客提供最好的產品，這是他的信念⋯⋯無論為了我的公司，還是為了我的家人，我很高興他在這點上有這樣的狂熱。[314]」

但是公司的債務還在增加，波克夏已經拿出超過 10 億美元來支持利捷航空。

2002 年，隨著公務機航空的營收破紀錄，它改名成更有價值的品牌：利捷航空。但是還是出現虧損。不過巴菲特還是保持樂觀的態度：「赤裸裸的事實是，飛機的營運成本

很高。隨著時間經過，這種經濟現實應該會對我們有利，因為對許多公司來說，私人飛機是必要的商業工具。而對於大多數這類公司來說，利捷航空都是非常合理的選擇，不論是作為他們需要的主要飛機供應商，還是輔助供應商。很多企業都藉著搭乘我們的航班，每年節省數百萬美元。擁有一架利捷航空飛機的部分所有權，可以允許客戶同時擁有多架飛機。[315]」

隔年，公司的業績大幅下滑，虧損高達 4,100 萬美元，大部分的損失（3,200 萬美元）都是由於二手飛機價格下跌導致。利捷航空被迫以當時的價格從退出的客戶手中買回所有權，但在他們賣出所有權的之前，市場價格下跌。這類型的風險再次困擾利捷航空的經理人，尤其是在經濟衰退衝擊的時候。

儘管歐洲業務還在虧損，但巴菲特卻很高興：「我們飛機的業主非常喜歡利捷航空的體驗。一旦客戶體驗過我們的服務，回去搭民用航空就像回到牽手那種不方便的時代。利捷航空長期下來會成為一家非常大的企業，而且會在客戶滿意度和獲利方面都處於領先地位。理查會確保這點。[316]」

巴菲特支持這種樂觀情緒，允許新飛機訂單增加到 60 億美元以上，客戶合約也從 1998 年 8 月的大約 1,200 份，增加到 3,877 份。

巴菲特如釋重負，2004 年向股東報告公司有微薄的獲利。美國市場比歐洲市場獲利更高，雖然歐洲市場的動能強

勁，但「成本遠比我預期要昂貴很多，」[317] 巴菲特這樣寫道。

　　儘管如此，他補充說，波克夏必須繼續投資歐洲市場，至少是為了要讓美國的客戶滿意：「我們的美國客戶無論去哪裡旅行，都希望可以享受優質的服務，而在未來幾十年，他們飛往國外的需求肯定會大幅增加。去年，美國客戶飛到歐洲 2,003 架次，比前一年增加 22％，比 2000 年增加 137％。同樣重要的是，我們歐洲客戶飛到美國 1,067 架次，比 2003 年增加 65％，比 2000 年增加 239％。[318]」

　　但到了 2005 年，再次出現狀況，除了歐洲業務拖累獲利之外，美國業務也陷入嚴重赤字。儘管如此，巴菲特和桑圖利還是持續擴張，未交貨的飛機訂單超過 400 架，價值超過 100 億美元。

　　業務擴張在營收面已經有成績出現，2006 年的營收是 1998 年的 6 倍，因此已經得到數百名客戶。而且，歐洲在截至 2006 年 12 月的累計稅前虧損達到 2.12 億美元之後，終於開始獲利，美國業務在那年也取得不錯的成績，利捷航空的稅前盈餘達到 1.43 億美元。

　　接著到了 2007 年，美國營運中的飛機有 487 架，歐洲有 135 架，桑圖利希望規模還可以更大，因此他又訂購 541 架飛機。他和巴菲特看到 2007 年的獲利比 2006 年還高，因此深受鼓舞，也許這就是一種趨勢，這是他們一直在尋找的突破嗎？ 2008 年的獲利更高，稅前盈餘達到 2.13 億美元。

開始失速

　　大衰退襲來，由於未償還的債務高達 19 億美元，利捷航空在 2009 年出現「驚人的」7.11 億美元虧損，[319] 把波克夏收購利捷航空 11 年來賺到的所有獲利全部吐回去（稅前虧損總計 1.57 億美元）。那年的營收下滑到 14.65 億美元，減少 32％，原因是飛機銷量減少 77％，而且飛行時數減少 19％，因此飛航營運的營收減少。

　　但最大的問題是，在市場價值暴跌之際，還是持有大量的二手飛機，結果，利捷航空被迫認列 6.76 億美元的「資產減記和其他縮編成本」。對於擁有飛機部分所有權的所有者來說，能夠以公平市價把飛機所有權賣給利捷航空很有吸引力，這讓利捷航空身受其害。

　　金融危機促使銀行業者和其他高階主管開始節約支出，被人看到登上商務飛機在公關形象來說很糟糕，尤其是在前往國會要求政府紓困的時候。沒錯，有些人就是這麼無知。

　　2009 年，客戶以前所未有的速度把飛機所有權賣還給公司。利捷航空本來打算購買，但幾個月以後發覺價格下降更多，而且找不到買家。有些帳面價格還比利捷航空付出的價格低 40％。

　　巴菲特在 2009 年的信中承認自己的過失：「很明顯，我讓你們失望了，讓利捷航空陷入這種狀況。」他的解決方案是請來波克夏的高階主管大衛・索科爾（David Sokol），他做出艱難的決定，尤其以削減成本和裁員聞名，巴菲特稱

他是「中美能源（MidAmerican Energy）最有才華的建立者與經營者」。

2009 年 8 月，桑圖利辭職，索科爾成為利捷航空的執行長。巴菲特在 2009 年的信中，桑圖利被簡單的稱為「前任執行長」、堅持安全與服務，以及部分所有權「之父」，但沒有詳細解釋桑圖利為什麼辭職，他是否因為一段期間的巨大損失而被逼退？

但請注意，他雖然辭去執行長，但同意留下來擔任一年的顧問，因此這聽起來並不像是「開除，別再進來公司」那類的辭職。

另一方面，有傳言稱桑圖利一直拒絕縮小業務規模，與因此而必須的裁員。「消息人士告訴我們，他因為沒有採取足夠積極的行動來阻止這家部分所有權巨頭的財務損失，因此被迫辭職。也有人說，他因為拒絕解雇多年跟他共事的高階經理人而失寵，」[320] 波普在《商務機旅客》（*Business Jet Traveler*）雜誌這樣寫道。

《國際航空新聞》（*Aviation International News*）的查德·特勞特維特（Chad Trautvetter）感覺其中有些八卦：「消息公布後，關於這家公司的創辦人是否是自願離職的猜測立刻蔓延開來，當時有幾位消息人士告訴《國際航空新聞》，利捷航空的財務狀況可能是一個因素。[321]」

桑圖利在辭職聲明中使用一種通常會引起懷疑的常見理由，他說要「花更多時間在年幼的家人身上，而且想要追求

其他興趣」，這無助於減緩投機的風潮。

但也有很多人相信桑圖利的話。他對純種馬、三個小孩和三條狗充滿熱情。因此，在努力讓利捷航空轉虧為盈的過程中，在某種程度上犧牲很多生活。

巴菲特在 2009 年 8 月的聲明中顯得既遺憾又和善：「我很不情願的接受理查下台的決定。桑圖利是部分所有權飛機產業的代名詞，而且他的遠見和精力，讓利捷航空成為當今的領導者。波克夏的所有朋友都祝福理查可以在這次的轉變中一切順利。」

2009 年 12 月，桑圖利成為貸款價值集團（Loan Value Group，一家抵押貸款市場公司）的董事長，而且在 2010 年 8 月成立里程碑航空集團（Milestone Aviation Group），這是一家直升機與商務機租賃公司。他還進一步發展慈善事業，專注於幫助發展障礙的人、資助弱勢少年的公共教育、遭受創傷性腦損傷和創傷後壓力影響的軍人，以及阿格西基金會（Andre Agassi Foundation）的教育計畫。他發誓我有生之年，扣除掉和妻子的生活費，捐出擁有的一切。[322]」

這個事業還保得住嗎？

這個問題引發很多討論，就是部分所有權商業模式（fractional business model）是否失效？相較於高階主管只在有需求時包機的替代方案，這個模式是否變得太過昂貴？是不是飛機太多，但客戶太少？

顧問公司 AviationIQ 的麥可‧里格爾（Michael Riegel）在 2009 年宣稱部分所有權商業模式已經失效，「有很多憤怒的消費者在關注正在發生的事情，」[323] 並指出 2002 年以來，部分所有權的年銷售額下降已經成為趨勢，這意味著 2009 年的客戶急劇流失不能只被視為是經濟衰退造成的短暫現象。

他認為客戶沒有得到很好的對待，每小時的使用費用不斷增加（超過通貨膨脹），而且部分所有權的轉讓價格低於預期水準，「擁有部分飛機的成本比以前高很多。很多人表示這樣做太貴了，他們不想繼續這樣做。這個產業已經陷入困境。[324]」

其他評論員雖然承認有這些問題，但是認為這些問題可以解決，而且提到需要的是「調整」，而不是說這個產業會消失。顧問布萊恩‧佛利（Brian Foley）表示，他認為對於擁有部分飛機的需求可能被高估了，主要廠商過度誇大市場規模，導致產能過剩，「核心需求並不存在」[325]。

利捷航空和它的競爭對手需要學習如何在成熟、而非成長中的產業高效率運作。佛利預期「一場大變革即將到來……部分所有權制會繼續存在，但是參與廠商會變得更少，這對留下來的廠商而言會更好，他們必須找到一個在成熟階段保持獲利的方法。[326]」

終於獲利了

索科爾迅速採取行動，一星期內，他重新調整管理結構，包括任命利捷北美（NetJets North America）的新負責人，以及一位新營運長。他也宣布利捷的總部要從紐澤西州的伍德里布奇（Woodbridge）搬到俄亥俄州的哥倫布，那裡是公司航班營運的所在地。

巴菲特似乎接受佛利的觀點，在 2009 年的信中寫道，利捷航空擁有的「飛機數量超出目前營運所需的水準」。飛機訂單被取消，而且到了 2010 年春天，索科爾已經把債務降至 14 億美元。兩年內，從 7,945 名員工中解雇 1,700 名員工。索科爾曾計畫處分「選定的飛機」，但是拒絕以低價的方式處分，而是等到價格合理才出售。三年內，機隊從 629 架飛機，減少到不到 500 架飛機。

他說，有必要做出艱難的決策：「例如 2008 年秋季，當經濟發生重大轉變時，你必須重新塑造你自己。五年後，我敢打賭，我們所有人回顧 2008 年都會說這是航空業發生過最好的事情，因為它推動原本不會發生的創新。[327]」

波普在《商務機旅客》中的評論寫道：「我認為這家公司的前景良好，部分所有權商業模式已經成熟，而且為下一個成長周期做出調適需要全新的思維……這家公司的核心客戶群還在，他們還不想要回頭包機，他們希望能拿起電話，四小時後到達機場，並登上一架精心維護的飛機，由訓練有素、按部就班的飛行員駕駛的飛機。關鍵在於找到適當的平

衡點，確保達到獲利穩定的財務狀態。[328]」

　　如此迅速的轉變讓巴菲特非常高興，他在 2010 年春季寫道（在 2009 年的信中），已經執行的計畫導致規模調整。此外，利捷航空預計會在 2010 年獲利。

　　不幸的是，大衛‧索科爾在利捷航空的時間有限。實際上，他在波克夏的時間因為 2011 年初一件令人遺憾的事件而縮短。他在向巴菲特提議波克夏買下路博潤（Lubrizol）之前就買進這檔公司的股票。他會買這間公司的股票是因為他認為這家公司非常出色，是一項出色的投資，但他們也詢問路博潤的執行長，是否有興趣被波克夏收購。

　　當巴菲特投資路博潤 1,000 萬美元的時候，索科爾並不確定巴菲特會投資。巴菲特問索科爾時，索科爾提到他擁有路博潤的股票，但是「這只是隨口說說，我並沒有問他是什麼時間買進，或是持有的數量有多少，」巴菲特寫道 [329]。

　　凱洛‧盧米思（Carol Loomis）在《財星》雜誌寫道：「索科爾買進的事實，加上巴菲特決定收購路博潤，讓路博潤的股價上漲，使索科爾名譽受損，因為一些旁觀的人認為這可能有內線交易。[330]」

　　巴菲特謹慎地公開指出，索柯爾的行為並沒有違法，儘管他因此獲利 300 萬美元，而這個金額只是他年薪的一小部分。索科爾在 3 月 28 日辭職，就像他說的：「我要利用職業生涯的剩餘時間來替家族的資金投資」[331] 他在幾年前也提出過兩次類似措辭的辭職信，但巴菲特說服他留下來。巴

菲特在 3 月的公告中寫道，巴菲特沒有要索科爾辭職，而且這件事讓他很驚訝，但巴菲特也沒有打算要求索科爾繼續留任。

4 月，波克夏審計委員會的一份報告做出結論，認為索科爾已經違反波克夏的規定，禁止經理人購買波克夏正在考慮收購的公司股票。而且，也沒有遵守「不將機密資訊作為個人使用的政策」，而且波克夏的聲譽受到損害。

幾天後，在股東會上，巴菲特說他很後悔沒有更強力譴責索科爾。他修改看法，說索科爾的行為「不可原諒，而且難以解釋」。索科爾後來被美國證券交易委員會告知，他不會受到法律制裁。他則繼續堅持自己在這件事情上是無罪的。

持續獲利

在一年內有很大的轉變是很驚人的事，利捷航空 2010 年的稅前淨利是 2.07 億美元，比 2009 年增加 7％，巴菲特稱讚「波克夏唯一有大問題的事業」成為「獲利穩健的業務」。[332] 市占率是緊追在後的競爭對手的 5 倍，而且顧客滿意度也創下新高。

第二年，由於機隊規模縮減 10％，維護成本降低，使得獲利增加 10％。丹尼爾‧漢賽爾（Jordan Hansell）在擔任總務長與法律長兩年後，在 2011 年 4 月接任董事長和執行長。他開始將業務拓展至亞洲，與當地的一些企業合作。

2012 年的獲利維持不變，但是 2013 年成長 7％，接下來 2014 年再次穩定成長。

2015 年，獲利出狀況，因為當時公司解決一場激烈的糾紛，支付一筆固定的費用。利捷航空的飛行員甚至在 2014 年春季奧馬哈舉行的波克夏股東大會前面示威，憤怒的抗議薪資減少與健保費用增加。工會主席提到，98％的飛行員投票表決對漢賽爾的「不信任」，結果訴訟隨之而來。

2015 年 6 月，漢賽爾離職，接任他工作的是亞當·強生（Adam Johnson）接任他的工作。他從 1996 年就加入利捷航空，一個月前才從公司辭職，正準備到另一家公司接任新職務。

同樣重新回來擔任董事長和營運長的還有比爾·諾伊（Bill Noe），他在利捷航空工作 22 年之後，在兩個月前離開。工會領導人對於新領導階層將改善緊張的關係表達「審慎樂觀的態度」。他似乎是對的，因為獲利在 2016、2017、2018 和 2019 年都有增加。

有趣的是，2009 年金融危機以來，不要在核心市場追求成長的教訓，使董事們限制機隊的擴張。實際上，2020 年的飛機有 629 架，與 2008 年持平（2011 至 2013 年間減少到 500 架以下）。

利捷航空已經成為一家專注於獲利的成熟公司，而不是一家尋求快速成長、擔心自己的規模不足以主導產業的新創公司。

這十多年來每年獲利超過 2 億美元也顯示，它的實力足以吸引理想的客戶，這些客戶願意支付雙方同意的價格，在提前 4 小時通知後，搭飛機環遊世界，這在 1986 年只是一個夢想，當時桑圖利正在努力讓他的數學方程式呈現出一條可獲利的道路。

至於巴菲特是否應該支付 7.25 億美元買進利捷航空？好吧，我們拭目以待。

學習重點

1. **投資人有時需要非常有耐心。**儘管經歷多年的虧損，巴菲特還是堅信鞏固市場主導地位（加深護城河）的策略。

2. **有些小型市場太小，無法獲得巨額的利潤，即使擁有幾個競爭優勢的市場主導公司也一樣。**在巴菲特支付 7.25 億美元，以及幾年數百萬美元的虧損之後，他發現部分所有權市場比最初想像的要小得多。一旦確認這點，這家公司就相應的縮減開支，結果產生（沒很突出）的獲利。

3. **班傑明・葛拉翰強調已經被證實的事實，像是過去獲利的證據，或是穩健的淨流動資產價值，但是巴菲特對利捷航空的投資明顯偏離這個原則。**他滿懷期望的希望，如果有足夠的資金投入，利捷航空在未來多年後會發展成想像的樣子。這真的是價值投資嗎？

第10筆

通用再保險（General Re）

投資概況	時間	1998 年
	買入價格	220 億美元
	股份數量	持有 100% 股權
	賣出價格	持有中
	獲利	虧損 5 年，之後有承保利潤，加上每日用於投資的 150 億～ 237 億美元的浮存金
1998 年的波克夏・海瑟威 股價：47,000 ～ 80,900 美元　　市值：574.03 億美元 每股市值：37,801 美元		

　　保險是波克夏公司的核心業務，巴菲特掌控波克夏後採取第一個重要的行動，就是 1967 年以 860 萬美元買進國家保障公司。在波克夏旗下有一家運作良好的保險公司有兩個主要吸引力。首先，從承保利潤中獲利，儘管大多數保險公司不會這麼做，也就是說，公司支付的理賠金與營運成本（工資等等）會比收取的保費還低。

　　第二，保單持有人繳納保費到支付保險理賠金的時間差，會導致公司持有「浮存金」，當巴菲特掌管國家保障公司的時候，公司擁有的浮存金是 1,730 萬美元，對巴菲特來

說，這是一筆可觀的投資金額，畢竟，波克夏・海瑟威當時的淨資產還不到 3,000 萬美元。他的技能將在他的指揮下帶來巨額的資金報酬。

從會計角度來看，浮存金是波克夏的負債，因為有一天會以理賠金來付錢出去。但是實際上，如果浮存金在適合的人手中，就會是一筆龐大的資產。

巴菲特在幾乎整個 1970 年代體驗到，既能透過浮存金賺錢，同時還可以從承保中獲利，因此他決心建立保險業務。除了國家保障公司，他還買進一系列公司，其中最重要的是蓋可公司。到了 1998 年，保險業務的浮存金超過 70 億美元，每年的保費總額超過 50 億美元。

隨後，巴菲特採取很大的動作，收購引領市場的通用再保險公司，讓波克夏的浮存金規模從 70 億美元成長到 228 億美元。這次收購不是用現金支付，而是藉由發行 A 股和 B 股來支付，[333] 支付總額相當於波克夏 272,200 股的 A 股，這使得發行股本增加 21.8%，而且波克夏的股東人數增加一倍，達到大約 25 萬人。

從另一種角度來看，合併之後，原先通用再保險的股東擁有時思糖果、飛航安全國際、國家保障公司，以及其他完全持有企業五分之一的經濟價值，以及波克夏持有證券五分之一的價值，波克夏持有的證券包括可口可樂 8.1% 的股份（價值 134 億美元），以及美國運通 11.3% 的股份（價值84 億美元）。

此外，透過發行波克夏的新股，巴菲特從集團旗下企業獲得的經濟利益比重從 43％降至 34％（但是他和妻子蘇珊藉著持有 A 股，有 38.4％的投票權）。

波克夏的回報

巴菲特認為他得到一家保守經營的保險公司，這家公司不是賺取承保利潤，就是時時出現小額虧損。而他得到 150 億美元的浮存金，這大大增強他的投資火力。收購這家公司後，他幾乎立刻把通用再保險公司的投資辦公室從 150 人減少到 1 個人，也就是他自己，由他來操作浮存金。

但這家公司卻遇到一堆麻煩，巴菲特和蒙格花了幾年的時間才解決這些問題，從保費訂價過低，到保險理賠金可能認列不足，到大量衍生品交易合約（涉及 884 個交易對手超過 23,000 份合約）。波克夏收購通用再保險之後，通用再保險的資金就流失了。在收購後頭五年，承保損失達到 79 億美元。

到了 2001 年底，紐約雙子星大樓恐攻事件之後，情況變得很糟，使得巴菲特表示，如果不是波克夏的財力深厚，拿錢出來紓困，通用再保險公司就會破產。當時，包括巴菲特在內，很多人都認為買下這家公司是錯的。

後來這家公司卻變成巴菲特口中的寶藏。對於想投資保險公司的人來說這家公司的興衰故事很有啟發意義，尤其是讓大家知道重要的是，經理人要有適當謹慎的心態，決心以

理性的態度，在經營承保事業時專注在獲利上，並以低成本創造浮存金。

保險事業

為了理解併購通用再保險的意義，我們需要回到波克夏保險事業的起源，以及保險業如何運作的基礎。

國家保障公司

在買下國家保障公司與姊妹公司國家火災與海上保險（National Fire and Marine Insurance）之後，巴菲特對他們的承保事業產生濃厚的興趣。他完全掌控浮存金的投資。在這個階段，國家保障公司主要的業務是產險和意外險，特別是車險（卷一的第 11 筆投資有介紹更多國家保障公司的內容）。

從一開始，巴菲特就把承保業務的獲利能力視為這家公司的主要目標。這意味著如果收取的保費不太可能比支付的理賠金和營運費用還高時，就要犧牲營收。為了鼓勵員工不追求營收成長，他表示，即使客戶數量在一、兩年內下降三分之二，他們還是可以保住這份工作。他曾經在聖母大學（Notre Dame）對學生演講時說，當保險價格沒有吸引力時，「我們很多人在玩填字遊戲」。這家公司等著保險費率再次上漲，然後員工會努力工作。

情況看起來不錯，1967、1968 和 1969 年的承保利潤產

生的浮存金沒有附加額外的成本。起初，浮存金只在 1969 年逐漸增加到 2,340 萬美元。那一年，波克夏在喬治‧楊（George Young）的領導下開啟再保險事業。

再保險公司會收取保費，然後把原保險公司的風險轉移一部分給自己，因此，再保險公司可能會從加州當地主要的保險公司那裡承擔一半的加州地震風險，或是可能同意承擔超過一定金額的損失，舉例來說，加州的保險公司承擔前 1,000 萬美元的損失，超過這個金額的損失就會由再保險公司賠償。

此外，再保險公司經常接受其他保險公司的再保險業務，因為風險被轉移到更大、或是更多樣化的公司身上（這通常稱為轉再保險〔retrocession〕），幾乎立刻就獲利的再保險業務迅速成長。

1970 年，波克夏朝另一個方向擴張，成立剝玉米殼人保險（Cornhusker Insurance），[334] 這是一家「本土」保險事業。本土保險是指在當地提供產險和意外傷害保險（涵蓋房屋、汽車、工人醫療補償和工時損失）。

「剝玉米殼人」是內部拉斯加州的暱稱，緊接著是 1971 年在明尼蘇達州的萊克蘭火災與意外險公司（Lakeland Fire and Casualty Company），1972 年的德克薩斯聯合保險（Texas United Insurance），以及 1973 年愛荷華州的保險公司（the Insurance Company of Iowa）。1976 年收購科可林保險公司（Kerkling Reinsurance Corporation，後來改名為中央

火災與意外險公司〔Central Fire and Casualty Company〕，更加反映出對本土保險的專注，而非再保險的關注）[335]，而且在 1977 年底收購堪薩斯火災與意外險公司（Kansas Fire and Casualty Company）[336]。

這些公司在各自的地區都有自己的在地承保和管理團隊，但是巴菲特對於承保業務有濃厚的興趣，當然也會掌控他們的浮存金。

此外還增加更多地域範圍廣泛的保險公司，像是 1971 年收購位於芝加哥、承保金額大約 750 萬美元的住宅與汽車險公司（Home and Automobile Insurance Company），而且 1977 年，在舊金山承作勞工賠償保險的賽普勒斯保險公司（Cypress Insurance Company）也加入這個集團。

第一個十年，浮存金的成長主要的貢獻者是原來的國家保障公司的基礎保險（primary insurance）和再保險部門，但是其他保險業務也做出有用的貢獻。在 1967 至 1977 年間，保費金額從 2,200 萬美元成長到 1.51 億美元，而且浮存金從 1,730 萬美元成長到 1.39 億美元。

保險浮存金會投資在債券和保險的組合，包括一些巴菲特精選的股票，像是華盛頓郵報（1974 年）、蓋可公司（1976 年）和美國國家廣播公司（1978 年）。

利息和股息收入很快就從浮存金流向波克夏。舉例來說，光是 1977 年，這項收入就高達 1,230 萬美元。此外，當年實現的資本利得為 690 萬美元，未實現資本利得累計為

表 10.1　波克夏・海瑟威保險事業 1961 ～ 1981 年的
　　　　獲利與浮存金

年份	承保損失（百萬美元）	平均浮存金（百萬美元）	資金成本初估（%）	年底長期公債殖利率（%）
1967	獲利	17.3	負數	5.50
1968	獲利	19.9	負數	5.90
1969	獲利	23.4	負數	6.79
1970	0.37	32.4	1.14	6.25
1971	獲利	52.5	負數	5.81
1972	獲利	69.5	負數	5.82
1973	獲利	73.3	負數	7.27
1974	7.36	79.1	9.30	8.13
1975	11.35	87.6	12.96	8.03
1976	獲利	102.6	負數	7.30
1977	獲利	139.0	負數	7.97
1978	獲利	190.4	負數	8.93
1979	獲利	227.3	負數	10.08
1980	獲利	237.0	負數	11.94
1981	獲利	228.4	負數	13.61

資料來源：1997 年巴菲特《致股東信》

7,400 萬美元。

到了 1979 年，波克夏進入另一個保險市場的領域——履約保證再保險（surety reinsurance）。履約保證再保險是指保險公司向債權人（例如放款的銀行或期望稍後付款的建築承包商）保證，即使債務人違約，保險公司也會在債務到期時收到錢。波克夏向主要的履約保證保險公司收取保費。

測試的年代

1982 年以前，巴菲特負責保險業務策略、高層主管的任命與監督。隨著業務成長，他意識到需要退居幕後，騰出更多時間專注在投資上。他四處物色有才華的經理人來接任波克夏所有保險業務的負責人，最後在前麥肯錫顧問麥克·哥德堡（Mike Goldberg）身上看到這樣的人才 [337]。

巴菲特在 1982 年的信中自嘲，「自從麥克取代我擔任這個職位以來，計畫、徵才與監督工作都有明顯的進步。」隔年，巴菲特再次嚴厲批評自己：「整體上我們的經營與承保業績，反映出幾年前我負責的決策所產生的後果，這些業績非常糟。幸運的是，我沒有影響蓋可公司的政策，結果蓋可公司的表現非常出色。你從這個摘要中得到的推論是正確的，幾年前我犯下一些嚴重的錯誤。」

這也許不是自嘲，1970 年代末和 1980 年代初做出不好的承保決策，到了 1980 年代中期產生後果。這些決策一度沒有被發現，但最終不得不承認它們的存在。

1983 年，每收取 100 美元的保費，波克夏就會認列 121 美元的理賠金和營運成本。換句話說，「綜合比率」是 121 （綜合比率是承保總成本除以保費總收入）。

　　巴菲特說，如果能把承保的問題歸咎給哥德堡，那就「太好了」，但是保險的決策影響需要很長的時間才會出現，「因此，1983 年的業績可以追溯至一、兩年前我直接管理保險集團時做出的營運和人事決策。[338]」

　　保險公司往往很難估算 12 個月內的理賠情況，資訊不清楚，加上仰賴人為的判斷，為樂觀主義開啟大門，許多保險理賠的程度，甚至是理賠的存在，多年來一直不為人知，因為任何一年的保險損失費用有以下四個部分——

　　1. 當年發生並支付的損失；

　　2. 當年發生並告知保險公司估計的損失、但尚未理賠；

　　3. 當年發生、但尚未告知保險公司最終的損失估計；以及

　　4. 今年修正過去幾年對第 2 部分和第 3 部分做出類似估計的淨影響。[339]

　　根據第 2 點和第 3 點，做出的修正可能在多年之後發生，這會使那個年度的成本增加，扭曲當時的承保獲利能力數字。以車禍造成的傷害為例，傷者的醫療和休假費用有多少，實際上需要一段時間才能確定。例如，如果 5 年後又額外支付 10 萬美元，那麼這個金額會在結算那年影響承保

利潤。

即便是動機良好的執行長與它們的會計師認真地以保守估計為目標，也常常會犯錯。1980 年代中期，巴菲特不得不承認：「在波克夏，我們已經增加我們認為適當的補充準備金，因為近年來認列的準備金並不夠。」[340] 舉例來說，1984 年的承保虧損為 4,540 萬美元，1984 年的虧損是 2,760 萬美元，但其中的 1,780 萬美元是 1983 年認列的虧損金額修正。

這個時期的錯誤很大程度是由於低估陪審團和法院受到備受矚目案件的宣傳影響，持續提高意外事故和其他事件受傷的賠償金，而不考慮「實際情況和過去賠償制度建立時的前例，」[341] 不滿的巴菲特這樣說。

波克夏在再保險領域也犯了錯。這很大程度上是由於波克夏的客戶（原保險公司）犯錯，「它們的錯誤已經成為我們的錯誤，」[342] 巴菲特寫道。

巴菲特感嘆地把這種原以為已經結束多年的業務，卻要支付驚人款項的痛苦經歷，比喻成一個出國旅行的人，接到妹妹的電話說父親剛剛去世。他無法回家，但請妹妹安排葬禮，並把帳單寄給他，當他到家的時候，發現帳單是幾千美元，而且立刻付清了。但是接下來幾個月，又來了一筆 15 美元的帳單，因此他打電話問妹妹發生什麼事。她說：「我忘了告訴你，我們讓爸爸穿了一套租來的西裝下葬。[343]」至少巴菲特一笑置之。

一線曙光

即使是在 1980 年代中期，也有一些亮點。巴菲特特別指出希望經營愈來愈活躍的一個領域——再保險，在這個領域，保險費率比買家會追求最低成本的汽車保險還好。這是因為像波克夏這樣知名的公司並不多。

就像巴菲特提到的那樣：「買方最關心的是賣方的長期信譽，」[344] 而且波克夏當時是一家業務多元的企業，擁有如堡壘般穩健的資產負債表，以及讓人印象深刻的獲利史，確實擁有信譽。「在這類交易中，我們卓越的財務實力，應該會使我們成為理賠申請人和保險公司的首選，在未來許多年裡，他們必須仰賴再保險公司的承諾。[345]」

對波克夏而言，當時再保險業務有個快速發展的領域是「結構性清償」（structured settlement），在這種情況下，理賠申請人（例如因為重大傷病而申請理賠）會收到每月給付的理賠金，而不是會讓他們揮霍的一次性理賠金。要銷售這樣的保險，保險公司毫無疑問在未來幾十年的經營應該要很穩定。「據我們所知，沒有其他保險公司（即使總資產大很多的保險公司）擁有我們的財務實力。」[346] 這類型的業務對波克夏很有吸引力，無論是在保費的訂價，這一塊很少競爭對手可以壓低價格，還是在未來多年產生的浮存金。

波克夏的資本狀況能夠承受長期金融市場的低迷，以及同時期發生異常糟糕的承保業績，這使得他們有無與倫比的能力可以信守承諾。這也吸引其他實力較弱的保險公司向波

克夏買保險，來因應「過期業務」（expired business）的理賠。

根據過期業務保單，如果一家保險公司的客戶公司（例如一家建築公司）的前投保員工因為幾十年前工作時接觸石棉而出現問題，波克夏就會承擔理賠責任。透過購買這種再保險，這家實力較弱的保險公司可以或多或少忘記這種長尾風險。從技術上來說，它會用一次性的費用，把損失準備金轉讓給波克夏。

波克夏的實力使它可以比大多數競爭對手更願意把重大風險列入自己的帳目。相較之下，大多數競爭對手透過再保險的安排來消除大型風險。因此，波克夏的競爭對手可能會在董監事及重要職員責任保險（directors-and-officers policy, D&O，在企業董事和重要經理人被指控犯下不當行為時，而提供賠償金）上承保 2,500 萬美元的保險，但是保險公司會保留 100 萬美元的曝險在自己的帳目上，而買 2,400 萬美元的再保險。

如果再保險公司遇到一連串討人厭的意外，這種商業模式就會出問題。接著他們往往就會退出市場，而且最後保險公司就找不到哪裡可以投保再保險。2,500 萬美元的曝險對原保險公司來說實在太大了，無法放進自己的資產負債表，因此他們就乾脆停止承保這類保單，讓波克夏接手這項業務。

「我們有承保能力，其他人沒有。如果我們認為價格適當，我們就願意對任何保險公司提供更大的承保額度，除了

最大的保險公司以外。舉例來說，只要我們認為價格合適，而且損失的風險與我們承保的其他風險沒有顯著的相關性，我們完全願意冒單一事件損失 1,000 萬美元的風險，很少有保險公司願意在單一事件上損失一半錢。[347]」

1985 年的一次事件說明保險業的供需失衡。波克夏在保險業雜誌上刊登廣告，說它願意承保大額風險，也就是說，只要保額超過 100 萬美元的風險都願意承保。這樣的風險是如此讓人絕望，以至於短時間內就有超過 600 名保險經紀人和其他人做出回應。顯然，願意這樣做的競爭對手很少。

擁有如此多的潛在客戶，波克夏可以精心挑選。在這次活動中，它只接受總額 5,000 萬美元的保費。在這次活動後不久，巴菲特高興地寫道：「今天，我們的保險子公司會繼續受到尋求投保大額保險的保險經紀人青睞。[348]」

阿吉特・賈恩登場

哥德堡受到鼓勵去擴大再保險業務，因此雇用一支巴菲特所謂的「具有卓越潛力的年輕經理人」團隊。[349] 阿吉特・賈恩（Ajit Jain）就是其中一位經理人，他在 1986 年加入。根據巴菲特的說法，他後來在波克夏變得比他認為的還重要。賈恩加入波克夏近 40 年裡，為波克夏創造的營收和獲利比其他經理人都多，他被認為是巴菲特的繼任者。

2001 年，當股東們擔心巴菲特的健康狀況時，他在

表10.2 波克夏·海瑟威保險集團 1982 ～ 1995 年的
承保虧損

年份	承保損失 （百萬美元）	平均浮存金 （百萬美元）	資金成本初估 （％）	年底長期 公債殖利率 （％）
1982	21.56	220.6	9.77	10.64
1983	33.87	231.3	14.64	11.84
1984	48.06	253.2	18.98	11.58
1985	44.23	390.2	11.34	9.34
1986	55.84	797.5	7.00	7.60
1987	55.43	1,266.7	4.38	8.95
1988	11.08	1,497.7	0.74	9.00
1989	24.40	1,541.3	1.58	7.97
1990	26.65	1,637.3	1.63	8.24
1991	119.59	1,895.0	6.31	7.40
1992	108.96	2,290.4	4.76	7.39
1993	獲利	2,624.7	負數	6.35
1994	獲利	3,056.6	負數	7.88
1995	獲利	3,607.2	負數	5.95

資料來源：1997 年巴菲特《致股東信》

2000 年的信中寫道：「賈恩對波克夏的價值怎麼誇大都不為過，不要擔心我的健康，該擔心他的健康。」即使在被聘用 15 年後，賈恩只與 18 名員工共事，每年收取的保費卻高達 24 億美元，但他仍節儉到常好幾個月不請祕書。

賈恩 1951 年在加爾各答出生，就讀位於克勒格布爾（Kharagpur）的印度理工學院（Indian Institute of Technology），獲得機械工程學士學位。之後在印度的 IBM 工作一段時間，並獲得哈佛商學院 MBA，然後加入麥肯錫（McKinsey & Company）。當他的前老闆麥克·哥德堡從奧馬哈打電話來時，他抓住這個機會。他謙虛的說：「我加入波克夏時，並不知道『保險』或『再保險』這些詞怎麼寫，但我卻進入國家保障公司的再保險部門工作。[350]」

賈恩加入時，正是波克夏讓人興奮的時刻，因為波克夏是少數擁有資本的公司之一，「正被想要投保的人電話轟炸，他們提出很多交易。身為一個新人，我大部分都不懂，但偶爾我會看到一些東西，我會看著一些數字說：『這看起來很有趣。』」[351] 他學得很快，而且在 6 個月內就被要求接手所有再保險業務。

鐵的紀律

1985 年之前的幾年，波克夏是美國成長最慢的大型保險公司。實際上，它的規模還縮小了。這不是說它退出市場。實際上，它是業界最堅定的供應商，但它只會報出「我

們認為最適當的」保費，巴菲特這樣說。[352] 有時候，像是在 1985 年之前，其他保險公司會大幅降價到可以保持市占率的水準。客戶自然會在這些時候離開波克夏去找他們。

然後，出現週期性反轉，當競爭對手耗盡資本，或是因為低保費造成的損失而感到害怕時，他們就退出市場。然後客戶就蜂擁回到波克夏，「我們對價格的堅定態度不會對我們的員工困擾：當我們通常有獲利的保險事業經歷到週期性的緩慢下跌時，我們不會裁員，這種不裁員的做法符合我們的利益。擔心因為保費收入大幅減少，公司會大規模裁員的員工，自然不管景氣好壞都會努力創造大量的業績（大多數是在艱困時期這樣做）。[353]」

這項政策導致基礎保險業務量大幅波動。舉例來說，1984 年最後一季的每月保費金額是 500 萬美元，1986 年第一季跳升至 3,500 萬美元左右。再保險業務也存在類似的規律，因此保費金額也會變動。

承保要達到獲利的目標，也就是綜合比率要低於 1，其實是非常嚴苛的目標。大多數保險公司願意在承保上承受少量損失，這些損失再用浮存金的投資來彌補。即使是巴菲特也不會要求承保業務獲利，他更喜歡把浮存金的承保虧損比例與無風險投資的利率拿來比較（見表 10.2、10.2）。

巴菲特正在比較，所謂的「浮存金成本」，和波克夏把所有浮存金拿來投資長期公債，兩者會獲得的收益。另一種看待方式是，長期公債得是一個粗略的替代利率（儘管略

低），否則波克夏就必須付這麼多錢來借錢投資。

如果浮存金成本比這個指標還低，那麼承保損失就有意義。舉例來說，1987 年波克夏的綜合比率是 105，巴菲特描述這「很優秀」。因此，儘管收到的保費比應該理賠的金額和營運費用少大約 5％，巴菲特還是稱讚他的經理人。這是因為承保的損失僅占當年平均浮存金 12.67 億美元的 4.38％，這個比率不到政府公債利率 8.95％的一半，巴菲特把 12.67 億美元都放到公債的話，會獲得豐厚的收入。

但巴菲特透過債券和股票的組合來獲得高報酬，主要持股有首都城市媒體暨美國廣播公司、蓋可公司和華盛頓郵報的股票。1987 年底，這三檔持股的總市值超過 20 億美元，相較之下，購買成本不到 6 億美元，這些浮存金產生令人印象深刻的未實現資本利得。

到了 1990 年，波克夏的淨值大約是 60 億美元，這為擴大業務範圍到所謂的巨災保險（catastrophe coverage）奠定堅實的基礎，這是一個業務波動極大的領域。在這個領域，保險公司可能會賣給數百名客戶保單，承保龍捲風或颶風等單一事件造成的損失。保險公司可能會保留一些風險，舉例來說，保留 1,000 萬美元的風險，並付保費給再保險公司，在損失超過 1,000 萬美元時，讓再保險公司承擔超過 1,000 萬美元的 95％損失，再保險公司會要求保費是保額的 3％至 15％。

波克夏有兩個優勢可以這樣做，當保費適當的時候，能

夠比其他公司承受更多再保險的風險。首先,波克夏的淨值很高,債務很低,而且子公司在多元化的產業經營,有很高的獲利。其次,波克夏與競爭對手不同,巴菲特和蒙格並不關心一季或一年的盈餘變動。「只要明智做出會產生這些獲利(或損失)的決策即可。」[354] 波克夏裡面經常重複提到的一句話是,巴菲特和蒙格總是比較喜歡波動很大的 15% 報酬,而非 12% 的穩定報酬。

這種態度讓它變得很大膽。舉例來說,1989 年,在雨果颶風(Hurricane Hugo)與加州大地震的時候,很多保險公司和再保險公司的資本不足,只能休養生息。而且很多公司都退出市場或提高價格,但波克夏卻在保險業雜誌上刊登廣告,表示願意承保保額高達 2.5 億美元的巨災保險。如果真的發生災難,會產生 2.5 億美元的支出(稅後 1.65 億美元),那麼波克夏正常的當季盈餘就會全部虧空。這樣的虧損會讓希望獲利穩定、能藉此滿足華爾街分析師的競爭對手保險公司感到困擾,但這並不會因此困擾巴菲特。

因此,巴菲特、哥德堡和賈恩先發制人,在其他公司前面占盡優勢。

這是很少保險公司的管理階層會採取的姿態。通常他們會願意以幾乎保證會有股東權益報酬率的條件,來承保大量業務。但是他們並不想要讓自己曝險到產生難堪的單季虧損,即使導致虧損的管理策略,有望隨著時間經過創造優異的報酬。我可以理解他們的想法,對老闆好的東西,不一定

對經理人好。幸運的是，查理和我沒有工作會丟掉的壓力，而且與股東有相同的利益。只要我們不覺得自己的行事很愚蠢，我們願意讓人看起來覺得我們很愚蠢。

衡量保險績效

浮存金有不同的性質。針對幾天或幾個星期內冰雹造成農作物損害的保險，並不會產生太多浮存金，因為保費會在災害威脅不久前收取，而且理賠會在災害發生後不久支付。這意味著對保險公司而言，這份保單的綜合比率如果是100，並沒有價值，因為它沒有機會從投資浮存金中產生獲利。

相較之下，醫師、律師和會計師購買的職業責任保險（malpractice insurance）與每年的保費相比，會產生大量的浮存金，因為理賠通常會在被指控有不當行為之後很久才會申請，甚至可能會在漫長的訴訟之後才會支付理賠金。

對於這種長尾業務，綜合比率 115 以上可能就會獲利，因為多年來的營收與浮存金所產生的資本收益會不斷增加。

長尾保險的問題在於，與短期保險相比，結果很難預測，而且這種保單的綜合比率可能會達到 200 或 300，對大多數保險公司來說，這都是很嚴重的損失。顯然，長尾保險公司需要非常謹慎的選擇他們接受的風險，並多元化發展，這樣如果在一個領域上犯錯，還可以在其他很多領域上保持韌性。

因為浮存金的品質不同，巴菲特建議我們使用「虧損浮存金比」這個長期以來使用的指標來衡量保險績效，大略了解保險業務產生的資金成本。

透過表 10.1 和 10.2 的檢查，可以讓我們對波克夏的虧損浮存金比有些了解，但是我們必須避免只觀察單一年份，而是應該以幾年為一個單位來觀察，例如三年或四年。

顯然，在這麼多年承保全都有獲利的年份中，波克夏的浮存金成本非常低，1983 至 1985 年可能是例外。確實，從整體上來看，頭 20 年的「獲利浮存金比」是正數。

「總而言之，保險業對我們很有利。我們以合理的平均成本來擴大我們的浮存金，而且我們進一步拓展業務，因為我們從這些低成本的基金中獲得良好的報酬……不過，無論以什麼標準衡量，這個業務的價值都遠遠超過市值。此外，儘管這項業務會定期出問題，但是在我們擁有的所有企業中，都是最有潛力的企業之一。[356]」

快速成長

1990 年代是傳統保險業務與再保險業務快速成長的時期，當時波克夏的浮存金大部分來自再保險。波克夏的淨值正在快速擴張，因此它有能力承擔其他公司很少能承擔的風險。

儘管賈恩拒絕 98％的業務，但還是推動這個事業前進。成長的一個重要領域是超級巨災保險（super-catastrophe insurance 或稱 'super-cat' business）。在這些保單中，賈恩會向原保險公司收取保費，承擔颶風之類的重大事件風險，但只有在滿足兩個條件之下才需要賠償。

首先，保險公司和再保險公司客戶必須因為那個事件承受一定的損失，例如 2,000 萬美元。其次，整個產業因為災難而讓保險公司承擔的損失必須超過某個最低水準，通常是500 億美元。這些保單可能還有其他功能。舉例來說，一些超級巨災保險會直到那段期間出現第二次或第三次災難時才會理賠。有些保單則可能會限定在某些類型的災難，例如地震。

巴菲特對再保險事業如此著迷，以至於他和賈恩每天晚上大約九、十時，都會打電話聊天，賈恩是這樣談到他跟巴菲特的關係：「他很聰明，反應很快，也很果斷，而且樂於助人。我可以拿一個花十天分析的交易給他看，他花五分鐘就了解得比我還深入。而且他會給你一個答案。他不會讓你重新開始，然後說：『做完這三件事再找我談』……他是老闆，不僅了解這個事業，還會教導我和這個事業裡的每個人。他是獨一無二的人，有巴菲特這樣的老闆比沒有老闆還好。[357]」

賈恩表示，巴菲特參與他經手的每一項業務。他讚賞巴菲特有能力從基礎的經濟效益角度看待交易，藉此簡化思考過程，而不是迷失在細節裡。「千鈞一髮的時候，他會勸阻我不要太靠近。他教會我的理念是以一流的方式做一流的生

意。[358]」巴菲特說他打電話給賈恩不只有因為覺得這樣很享受。

巴菲特對賈恩讚不絕口，舉例來說，「我們有能力在好與壞的提案間做出選擇，反映出我們的管理能力與財務實力相配，負責我們再保險業務的賈恩簡直是這個產業裡表現最好的人。[359]」

到了 1993 年，在超級巨災保險產業上，波克夏的淨值比主要的競爭對手大十到二十倍，這意味著這些競爭對手被迫向客戶提供比波克夏小得多的保額。1994 年，在這個世界上，沒有一家企業有能力承擔來自加州的保險公司投保保額 4 億美元的地震保單風險。

波克夏的規模如此龐大，以至於世界上四大再保險公司都跟它購買大量的再保險。「這些巨頭比任何人都清楚，再保險公司的考驗在於，是否有能力與意願在艱困的環境下支付損失，而不是在情況看起來樂觀的時候願意接受保費。」[360] 巴菲特這樣解釋。

波克夏也擴展業務到一些不尋常的保險類型。舉例來說，在 1995 年，賈恩讓拳擊手麥克・泰森（Mike Tyson）投保壽險；倫敦勞合社（Lloyd's of London）在這一年裡超過 225 位「名人」（注：倫敦勞合社把保險人稱為名人）死亡；以及兩顆中國衛星的發射並進入軌道。你會明白為什麼巴菲特喜歡在晚上跟賈恩談話，了解當天完成哪些有趣的交易。

此外，國家保障公司傳統的保險事業也遇到很賺錢的

時期。在 1994 至 1996 年這三年間，它的平均綜合比率是83，因此波克夏可以把被保險人付費而產生的浮存金拿來投資，在本土市場的三家公司綜合比率同樣讓人驚艷，這個數字是 83.2。

買下蓋可公司

波克夏在 1996 年以 23 億美元收購蓋可公司剩餘的股份之後，19 年來一直 享受這 51％的股份帶來的股息。蓋可公司是經營良好的保險公司，專注在車險（請見卷二的第 1 筆投資）。有兩位重要的經理人持續經營這個事業，他們是負責管理承保業務（直到 2019 年）的東尼・奈西利（Tony Nicely），與負責投資浮存金（直到 2010 年）的路易・辛普森（Lou Simpson）。蓋可公司的收購，馬上就讓波克夏的浮存金總數增加到接近 30 億美元。

1998 年收購通用再保險之前，波克夏的保險事業全力衝刺（見表 10.3）。蓋可公司在 1997 年的承保利潤是保費的 8.1％（承保利潤是 2.81 億美元，營收是 34.82 億美元），這在汽車險領域是很出色的業績表現。

不過，國家保障公司的傳統事業表現更好，在 1997 年的承保利潤高達保費的 32.9％（三年的平均承保利潤是保費的 24.3％），而本土業務產生 14.1％的獲利（三年平均是 15.1％），而且波克夏的勞工賠償業務創下三年來成長 1.5％的紀錄。把這些業務和中央國家保障公司（Central States

表10.3 波克夏・海瑟威保險事業 1996 ～ 1997 年的承保利潤（包括蓋可公司）

年份	承保損失（百萬美元）	平均浮存金（百萬美元）	資金成本初估（％）	年底長期公債殖利率（％）
1996	獲利	6,702.0	負數	6.64
1997	獲利	7,093.1	負數	5.92

Indemnity）和堪薩斯金融擔保公司（Kansas Bankers Surety）的業務加總之後，可以看到波克夏・海瑟威直接保險集團（Berkshire Hathaway Direct Insurance Group）的承保利潤是5,300 萬美元，營收是 3.21 億美元。

波克夏・海瑟威再保險集團（Berkshire Hathaway Reinsurance Group）的承保利潤很小，由於這是由將近 10 億美元的保費產生的結果，因此這樣的業績讓人相當滿意，有助於把浮存金保持在大約 40 億美元左右。

通用再保險公司被收購當時的營運

通用再保險主要是一家專注產險與意外險的再保險公司，總部在康乃狄克州的史丹福（Stamford），賈恩和他的總部也在同個小鎮。實際上，波克夏和通用再保險多年來有大量業務的合作。如果以淨承保金額和資本來看，通用再保險是名列全球三大的再保險公司。這家公司在 31 個國家

表10.4　通用再保險 4 個部門的營收與營業利益

部門	營收（十億美元）	總營收占比	營業利益占比
北美財產／意外再保險	4.0	48%	63%
國際財產／意外再保險	2.7	33%	23%
全球人壽／健康再保險	1.3	15%	6%
金融服務	0.3	4%	8%

的 61 個城市經營，提供超過 150 個國家的保險產品，雇用 3,869 名員工。

它有 4 個部門，但幾乎一半的營收來自北美產險／意外險業務（見表 10.4）。人壽保險和健康險是很大的業務，營收高達 13 億美元，但是在龐大的通用再保險中，這只占總營收的 15％，金融服務部門的營收則是 3.01 億美元。

北美財產／意外再保險

這個部門在美國和加拿大經營，主要承保超額賠款再保險（excess reinsurance，賠償保險公司超過約定金額損失的一定比例），意外險占營收 57％，產險占 30％，剩下的則是特殊風險保險（specialty，非一般保險，像是跳傘等高風險行為），以及剩餘業務（surplus lines，高保額或其他難以投保的風險）。

國際財產／意外再保險

1994 年，通用再保險收購德國科隆再保險（Cologne Re）75％的股份，把業務拓展至 29 個國家，並提供超過 150 個國家的再保險（到 1998 年底，持有科隆再保險 82％ 的股份），使公司變得更加國際化。大部分的業務是再保險 保單（承保原保險公司轉讓特定類別全部或部分風險），還 有一部分是臨時再保險（Facultative Reinsurance，承保個別 風險）。產險占保費的 61％，意外險則占大約 39％。

全球人壽／健康再保險

這個部門主要承保保險公司在個人或團體的壽險、健康 險，以及長期照顧領域的風險。

金融服務

這個部門從事衍生性商品業務，提供完整的利率、匯 率、股權交換和選擇權。主要分布在美、加、英國、日本和 香港，也擔任保險經紀、投資經理和房地產經紀。

通用再保險的關鍵數據

與通用再保險有關的數據（見表 10.5）都顯示有所成 長。在波克夏買下這家公司的頭 11 年裡，營收與獲利都增 加一倍多。它每年都有獲利，而且看起來獲利有望突破 10 億美元的大關。

表10.5　通用再保險 1987 ～ 1997 年部分財務數據

年份	營收（十億美元）	不包括已實現損益的稅後所得（百萬美元）	每股盈餘（美元）	投資控股金額（十億美元）	稅後投資所得（百萬美元）	普通股股東權益（十億美元）
1997	8.3	965	12.04	24.6	969	8.2
1996	8.3	877	11.00	23.2	909	7.3
1995	7.2	788	9.92	21.1	787	6.6
1994	3.8	621	7.97	17.2	622	4.9
1993	3.6	604	8.28	12.0	619	4.8
1992	3.4	465	7.55	11.0	620	4.2
1991	3.2	563	7.46	10.5	618	3.9
1990	3.0	566	6.89	9.3	581	3.3
1989	2.7	559	6.52	8.8	558	3.1
1988	2.7	518	5.04	7.8	494	2.7
1987	3.1	458	5.04	7.0	435	2.6

資料來源：通用再保險 1997 年年報與財報

　　從表 10.6 和 10.7 來判斷，通用再保險公司以接近零成本的方式產生浮存金，綜合比率普遍降到接近 100，大多數高於 105，這比 1990 年代保險公司的平均水準要好得多。粗略來看，大約 30％的保費收入用在營運上，70％至 75％用在理賠上。

表 10.6 通用再保險 1987 ～ 1997 年北美業務的綜合比率

年份	賠付率（%）	費用率（%）	綜合比率（賠付率＋費用率，%）	年底長期公債殖利率（%）
1997	68.4	30.8	99.2	5.92
1996	69.0	30.1	99.1	6.64
1995	67.3	32.3	99.6	5.95
1994	71.4	30.5	101.9	7.88
1993	70.0	31.1	101.1	6.35
1992	78.8	29.9	108.7	7.39
1991	72.0	29.3	101.3	7.40
1990	67.5	31.5	99.0	8.24
1989	69.7	28.3	98.0	7.97
1988	70.7	28.8	99.5	9.00
1987	74.5	24.7	99.2	8.95

資料來源：1997 年通用再保險年報與財報

　　1995 至 1997 年這三年間，全球健康險和壽險部門創造的淨承保收入和投資收入在 4,000 萬至 7,300 萬美元之間，金融服務部門的稅前收入非常可觀，三年來每年的實現利益都超過 1 億美元。

　　因此，財報似乎都顯示通用再保險四個部門的業務都運作良好，賺到將近 10 億美元的獲利。波克夏收購的時候，

表 10.7 通用再保險 1987 ～ 1997 年國際財產／意外
再保險營運的綜合比率

年份	賠付率（％）	費用率（％）	綜合比率（賠付率＋費用率，％）	年底長期公債殖利率（％）
1997	72.1	30.3	102.4	5.92
1996	73.2	28.9	102.1	6.64
1995	77.0	25.8	102.8	5.95
1994	69.2	29.4	98.6	7.88
1993	75.1	30.9	106.0	6.35
1992	80.2	32.8	113.0	7.39
1991	75.8	35.2	111.0	7.40
1990	71.5	37.5	109.0	8.24
1989	62.4	33.4	95.8	7.97
1988	64.4	31.3	95.7	9.00
1987	64.2	31.9	96.1	8.95

資料來源：1997 年通用再保險年報與財報

公司持有 149 億美元的浮存金，而且由於承保價格非常好，因此幾乎是免費取得這些浮存金。

綜效

你願意付 220 億美元買下這間公司嗎？這間公司的本益比看起來似乎很高，股東權益（淨資產）剛超過 80 億美元，

因此股價淨值比是 2.7 倍。巴菲特一定是預期到有一些綜效可以大幅增加獲利。

在同意收購後不久，他用六個步驟來概述他的想法——

1. 他們可以教我們

巴菲特在 1998 年的信中寫道，波克夏絕對無法為通用再保險與科隆再保險的經理人增加任何技能，「相反的，他們可以教我們很多東西」。他預期通用再保險的行銷力量、技術設備與管理，加上利用波克夏的財務實力，可以讓波克夏進入「這個產業裡的每個業務」[361]。

2. 吸收承保利潤波動的能力更強

就跟許多保險公司一樣，通用再保險也有很多限制，無法接受很多業務，因為公司的董事們擔心，如果經理人有一兩年表現不好，華爾街的人就會批評，並下調評價。為了避免季報出現虧損，他們不是會拒絕高風險、但吸引人的業務，就是（購買再保險來）減少一大部分的風險。公司的董事們非常熱衷於維持通用再保險 AAA 的評等，而盈餘的大幅波動可能會損害信用評等。

另一方面，波克夏很樂意接受業績波動，只要長期下來預期可以得到很好的獲利即可。巴菲特寫道：「作為波克夏的一份子，這種限制會消失，這會增強通用再保險的長期獲利能力，以及承保更多業務的能力。此外，通用再保險可以逐步減少對再保險市場的依賴，因此可以有大量額外的資金用來投資。[362]」

3. 資金充裕

波克夏雄厚的財力，意味著通用再保險的董事可以「遵循任何最合理的資產策略，而不受市場急劇下跌對公司資本影響的限制。事實證明，這種彈性可以定期為波克夏的保險子公司帶來巨大的優勢。[363]」

4. 國際擴張

巴菲特預期大部分市場的成長會來自美國以外的地區，而通用再保險已經在數十個國家有經理人、體系和聲譽，「通用再保險有很多機會可以發展全球的再保險特許經營權。身為波克夏的一員，通用再保險能夠根據自身的需求，快速發展國際事業。」

5. 巴菲特在投資浮存金上的專業知識

雖然通用再保險的浮存金有 149 億美元，但是扣除負債前的投資總額超過 240 億美元。巴菲特從一開始就注意到這一點。在收購交易公告中（1998 年 6 月 19 日），他表示：「這次的合併會帶給波克夏發行的 A 股或 A 股同等股票每股超過 8 萬美元的投資。這是有好處的，幾乎是現有水準的兩倍，或者換句話說，這次合併為波克夏額外帶來超過 240 億美元的投資。」收購之後，通用再保險的普通股在投資組合中只占 470 億美元，不到五分之一。在那之前，公司採取非常保守的作法，把大約四分之三的資金投資在債券上。這導致產生的報酬比巴菲特的投資或路易・辛普森在蓋可公司的投資還差。

6. 租稅優勢

「通用再保險會因為合併而得到租稅彈性。在管理保險業的投資標的時，要了解有大量應稅收入持續出現是一個明顯的優勢。大多數保險公司無法做出這種假設。因為波克夏擁有龐大多元的應稅收入來源，所以任何波克夏保險子公司都可以制定投資策略，不用擔憂未來是否會有應稅收入存在。[364]」

併購交易

波克夏和通用再保險之間的聯繫可以追溯到很久以前。舉例來說，1976 年，通用再保險藉由把蓋可公司的一些曝險轉移到自己的帳目上，把蓋可公司從瀕臨破產的邊緣拯救回來，請見卷二的第 1 筆投資。通用再保險也是波克夏再保險公司的固定客戶，會把再保險的風險轉移給波克夏。

1985 年 2 月，巴菲特第一次見到通用再保險總經理（後來成為執行長兼董事長）羅恩‧弗格森（Ron Ferguson），當時是在前通用再保險員工約翰‧史提格斯（John Steggles）的安排下，在紐約的一場晚宴上見面。他們與蓋可公司的傑克‧伯恩和通用再保險的董事長法蘭克‧蒙森（Frank Munson）坐在一起。

那時，通用再保險已經從快速發展的蓋可公司那裡得到很多業務，而巴菲特也愈來愈熱衷再保險事業，因此這三家公司的高層相互了解似乎是很自然的事。史提格斯還記得

「巴菲特很晚才來」[365]，因為他與其他 20 個人開會，討論首都城市媒體公司收購美國廣播公司電視台（ABC-TV）的交易。

弗格森在 1997 年夏天第一次與波克夏討論成立合資企業的事情。後來巴菲特建議，不要成立合資企業，而是讓兩家公司完全合併，創造他所謂的「保險業最永久的頂尖財務實力」。[366] 起初，會談相當不正式，但是在 1998 年 5 月變得更加直截了當。

全都以股票交易

根據 1998 年 6 月宣布的交易，通用再保險的股東可以選擇接受每股換取 0.0035 股的波克夏 A 股，或 0.105 的 B 股。換取的股票可以讓通用再保險的股東免繳資本利得稅（資本利得依然「未實現」）。直到 12 月，國稅局才同意這筆交易可以免稅，因此交易直到 1998 年 12 月 21 日才完成。

早在 6 月，波克夏的股價就一直在高點，每股超過 8 萬美元，因此這筆交易把通用再保險的股票交易價格訂在大約 276.50 美元，比在證券交易所的股價溢價 29%，使得這項交易的總金額將近 220 億美元。

羅恩‧弗格森告訴《華爾街日報》，在波克夏的整合下，波克夏給他的管理團隊提供一幅「絕妙的金融畫布」可以揮灑。他稱巴菲特是「我們想要擁有的那種老闆」[367]。

這個投資組合引起記者的興趣，他們觀察巴菲特會收到將近 50 億美元的股票和大量債券，使波克夏的投資增加 25.2%。他告訴他們，他對這些基金沒有任何具體的計畫，請注意，這是網路泡沫處於多頭市場的時代，但「我的操盤理論是，有時候我們可以有效的配置資金……未來獵捕大象的時候會有用處」[368]。

巴菲特承擔操盤通用再保險投資組合的責任（儘管不用負責科隆再保險的投資組合），而且立刻賣出通用再保險持有的 250 檔股票，產生 9.35 億美元的稅負，他認為這是重新開始要付出的代價。他寫道，這個行動「反映出查理和我在商業和投資中採用的基本原則：我們會仔細考慮才做出決定」[369]。

另一個立刻採取的行動是更換通用再保險的股票選擇權計畫，這個計畫是為了推高股價而獎勵高階主管。巴菲特和蒙格更喜歡現金獎勵制度，「把通用再保險經理人的激勵獎金與他們的經營表現掛勾」。[370] 他們設定目標，而且績效獎金與浮存金的成長和成本相關。

在承保業務方面，巴菲特沒有干預，他從一開始就表明通用再保險會「獨立經營」，與波克夏其他保險和再保險業務無關，這清楚表明他對弗格森和他的團隊的敬佩。

波克夏 1998 年的年報中詳細說明這項戰略野心：「幾十年來，通用再保險的名字一直代表著再保險業的品質、誠信和專業精神，在羅恩·弗格森的領導下，這樣的聲譽變得

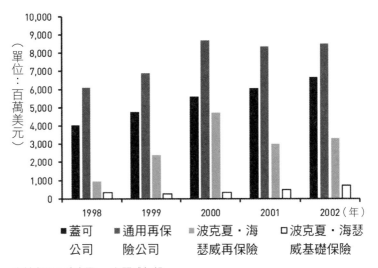

圖10.1 波克夏四家保險集團 1998 ～ 2002 年賺取的保費

（單位：百萬美元）

1998　1999　2000　2001　2002（年）

■蓋可公司　■通用再保險公司　■波克夏‧海瑟威再保險　□波克夏‧海瑟威基礎保險

資料來源：波克夏‧海瑟威年報

更加輝煌。波克夏絕對無法增加通用再保險和科隆再保險經理人們的技能……我們只要求這家公司履行過去的紀律，同時增加業務保留下來的比例、擴大產品線，並擴大可提供服務的地理範圍，採取這些舉動是認可波克夏的財務實力，以及可以容忍獲利大幅波動。就像我們已經說過很久，我們比較喜歡波動很大的 15％ 報酬，而非 12％ 的穩定報酬。長期來看，羅恩和他的團隊會把通用再保險的新潛力發揮到最大。」但是對弗格森和他的團隊的這種信心，在接下來幾年面臨嚴峻的考驗。

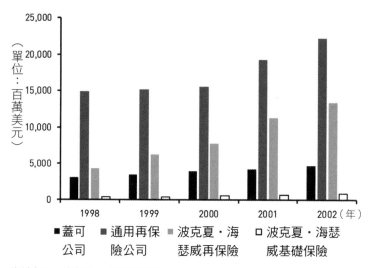

圖10.2　波克夏四家保險集團在 1998 ～ 2002 年年底
　　　　持有的浮存金

資料來源：波克夏 · 海瑟威年報

第一個五年

加入波克夏之後，通用再保險的高階主管被鼓勵放手去
做，擺脫過往限制成長的約束。這種全新的推動措施讓公司
在兩年內把年度保費從 60 億美元推高到 87 億美元（見圖
10.1）。巴菲特想要他們繼續「增加業務保留下來的比例（而
非轉移給其他再保險公司）、擴大產品線，而且擴大可提供
服務的地理範圍。[371]」

通用再保險的浮存金成長良好，就跟賈恩經營波克夏 ·
海瑟威再保險公司、蓋可公司和波克夏 · 海瑟威基礎保險公

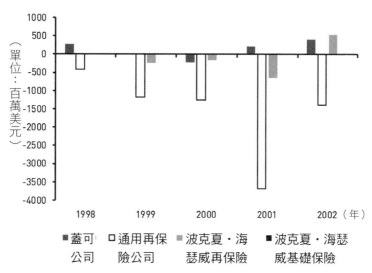

圖 10.3 波克夏四家保險集團 1998 ～ 2002 年的承保利潤／損失

（單位：百萬美元）

1998　1999　2000　2001　2002（年）

■蓋可　　□通用再保　■波克夏・海　　■波克夏・海瑟
公司　　　險公司　　瑟威再保險　　　威基礎保險

資料來源：波克夏・海瑟威年報

司的浮存金成長也一樣好（見圖 10.2）。

　　巴菲特報告 1999 年波克夏的財報時，提到通用在保險的承保損失總計是 11.8 億美元，是 15 年來最差的業績，這時聽起來巴菲特對通用再保險「龐大的」承保損失有些擔憂（見圖 10.3），但是他認為這是「反常現象」[372]。

　　相對來說，蓋可公司的承保利潤是 2,400 萬美元，因此以低於零成本的浮存金讓巴菲特可以運用。基礎保險集團也產生 2,200 萬美元的獲利，因此波克夏再次從持有其他人的錢並拿來投資而獲得報酬。1999 年，波克夏・海瑟威再保

險的承保損失是 2.51 億美元，聽起來似乎很多，但與美國 10 年公債殖利率 6.7% 相比，這個損失只占浮存金的 4%，因此對巴菲特來說，這是相對便宜的浮存金。另一方面，通用再保險的浮存金成本在 1999 年是浮存金的 7.8%。

儘管巴菲特看到通用再保險讓人擔憂的跡象，而且在 1999 年的信中寫道，這家公司的業務「不論從國內或國際上來看，都被嚴重低估」，不過巴菲特還是堅持通用再保險擁有「行銷、承保技巧、文化，以及財務影響力，可以（在波克夏支持下）成為全球最賺錢的再保險公司。達到這個目標需要時間、精力與紀律，但是我們毫不懷疑羅恩·弗格森和他的團隊能夠實現這個目標。[373]」

正是在這個時期，巴菲特開始提到喬·布蘭登（Joe Brandon）和塔德·蒙德羅斯（Tad Montross）是可與弗格森並肩、「才華洋溢的配角」。[374] 巴菲特相信他們正做出艱難的決策，「而且查理和我對此表示讚許。[375]」

當巴菲特公布 2000 年的業績表現時，他確實不滿他看到的成績。當年波克夏所有保險業務的承保虧損是 16 億美元，浮存金成本為 6%，而當時的長期公債利率略低於這個水準。最糟糕的業績來自通用再保險，浮存金成本為 8.1%，但是巴菲特再次表示，由於保單的「訂價修正」，[376] 他預計之後情況會有所改善。

但實際情況並非如此。不可否認，整個保險業都必須應對 2001 年雙子星大樓恐攻事件的巨大打擊，不過通用再保

險的承保損失高達 36.7 億美元，還是讓人震驚。當時的浮存金成本是 19％，而公債利率是 5％。波克夏・海瑟威再保險也出現虧損，但只有 6.47 億美元，浮存金成本則是普通的 5.7％。蓋可公司和波克夏・海瑟威基礎保險則都是獲利。

巴菲特在 2002 年 2 月寫的信中，他自責讓通用再保險在沒有防範措施下接下一項業務，「而且在 9 月 11 日，這個錯誤讓我們陷入困境」。他知道那個防範措施很重要。他指的是沒有充分執行他提到三項與承保紀律有關的關鍵原則——

1. 只接受（在自己的能力圈範圍內）能正確評估、而且預期可以帶來獲利的風險。在評估所有相關因素，包括罕見虧損的情境之後，這樣的預期應該還會存在。你要忽視市占率的考量，而且要樂觀的認為，失去的業務已經給開出愚蠢價格或保單條件的競爭對手奪走。

2. 限制你接受的業務，確保你不會因為單一事件或相關事件的損失累積，而對財務狀況構成威脅。在看似不相關的風險之間，不斷尋找可能的相關性。

3. 避免涉及道德風險的業務：無論利率多少，與品行不好的人簽訂良好的合約都是不可行的。雖然大多數投保人和客戶都很誠實與有道德，但是與少數例外的人做生意通常代價高昂，有時甚至超級高。[377]

巴菲特寫到，在設定價格和評估整體風險時，他和通用再保險的團隊不是忽視、就是忽略出現大規模恐怖主義損失的可能性：「這是重要的承保因素，但是我們忽略了。[378]」

他開始後悔早先對通用再保險承保紀律品質發出的正面評價，他在 2002 年 2 月寫道：「我錯了。」那些經理人除了違反這三條規則之外，也沒有預留適當的資金，也就是說，過於樂觀地看待未來可能需要的理賠金額，因此在計算出售的保險成本上嚴重出錯。「不知道自己的成本，會對任何企業帶來問題。在長尾的再保險中，多年來的無知會促使訂價過低，而且長期下來會讓這個問題更加嚴重，不了解真實的成本是會致命的。[379]」

這些經理人在內心裡被產業潛規則束縛，想著要從競爭對手那裡搶占市占率，短期來看，這樣做可能會讓人滿意，但是如果保費設得太低，雖然會取得市占率，長期卻會虧錢。「在承保人裡的字典中，『不』應該是重要的一個字，」巴菲特這樣建議[380]。

2001 年 9 月，弗格森接替布蘭登擔任執行長，而蒙德羅斯成為總經理。巴菲特最近變得很樂觀：「雖然這聽起來可能太過樂觀，但是我現在向你保證，通用再保險的承保紀律正在以適當急迫的速度恢復中……通用再保險應該會成為波克夏一筆巨大的資產，我預測喬和塔德會成功。[381]」

這次巴菲特的樂觀證明是有根據的。2002 年，承保紀律恢復，通用再保險的財報還是出現高達 14 億美元的承保

損失（浮存金的 6.3％），但這幾乎都是幾年前承保時遺留下來的問題，而且 2002 年間的實際承保業務幾乎是零成本。「我很高興跟大家宣布，在布蘭登的領導，以及蒙德羅斯的協助下，已經取得大幅的進展⋯⋯他們最近被賦予的權力增加了，而且渴望迅速糾正過去的錯誤，他們知道該做什麼事，而且他們也這麼做了。[382]」

但令人遺憾的是，通用再保險在這五年間的承保損失總共將近 80 億美元，幾乎相當於波克夏收購時的淨資產價值。

此外，賈恩和他在波克夏・海瑟威再保險的小團隊將保費收入從 1998 年的不到 10 億美元，提高到 2002 年的超過 30 億美元以上。更重要的是，承保損失平均只有 1 億美元，浮存金則是從 43 億美元成長到 134 億美元。

衍生性商品的麻煩

對巴菲特和蒙格來說，承保業務是個很棘手的問題，但還有一些事情真正讓他們感到不安。他們繼承通用再保險的大量衍生性商品部位，這些部位的價值與標的資產的價格變動有關，總計高達 1 兆美元。他們都認為這是「定時炸彈，無論對交易的各方，還是對經濟體系都是如此」[383]。

起初，他們試著賣出衍生性商品業務，但是失敗了。相反的，他們開始辛苦的脫手過程。但是，「就像陷入地獄一樣，（再保險和衍生性業務）很容易進入，而且幾乎不可能退出。在這兩個產業中，一旦你簽下合約（幾十年後可能需

要付出一大筆錢），你通常就會被困住。[384]」

再保險和衍生性商品的另一個共同點是，兩種經理人都可能提報非常誇大的盈餘，因為盈餘數字是基於部位的價值來估計，這些部位可能很多年都不會結算。由於這樣的判斷有很大的自由度，因此經理人會用過分樂觀的態度看待，甚至有意識帶有偏見。

「交易衍生性商品的人通常會依市值評價會計法計算的盈餘來獲得（全部或部分）報酬。但衍生性商品往往沒有真正的市場，或是只能利用『模型』來估算價值。這種替代方法可能會帶來大規模的危害。一般來說，含有多項參考指標和遙遠結算日期的合約，會讓交易對手使用不切實際假設的機會增加……合約的兩方可能會使用不同的模型，讓雙方都能夠在多年裡有可觀的獲利。在極端情況下，用模型來估算的價值會退化為我所謂的用神話來估算價值。[385]」

巴菲特譴責衍生性商品是整個經濟的「大規模殺傷性金融武器」，[386] 這句話傳遍全世界。儘管波克夏承認偶爾會進行大規模的衍生性金融交易，用來促成某些策略。

2002 年初開始減少衍生性商品策略時，這個集團與 884 個交易對手有 23,218 份未平倉合約，兩年後，還是有 453 個交易對手、7,580 份尚未履行的合約，這顯示要放掉其中一些交易有多困難。巴菲特感嘆：「就像有首鄉村歌曲哀嘆道：『你不離開，我怎麼想念你呢？』[387]」

通用再保險的衍生性商品業務在 2002 年的稅前虧損是

1.73 億美元，2013 年是 9,900 萬美元，之後持續虧損。截至 2006 年底，總共虧損 4.09 億美元，這時還有效的合約已經減少到 197 份。

「很久以前馬克吐溫（Mark Twain）說過：『如果有人想嘗試著抓著貓的尾巴進門，就會學到痛苦的教訓。』如果馬克吐溫活到現在，他可能會嘗試收掉衍生性商品業務，幾天後，他會寧可選擇抓貓進門。[388]」

在金融危機前兩年，巴菲特寫下一篇有先見之明的文章，提到在次級房貸的衍生性商品帶動下，巴菲特表示波克夏是這個業務煤礦裡的金絲雀，「而且在我們死亡的時候，應該可以發出警示」。[389] 他說，他定期寫下波克夏在這個領域碰到的問題，理由之一是希望「我們的經驗可能對經理人、審計人員和監理人員有啟發性。[390]」

他提到，全球未平倉的衍生性商品合約數量和價值在迅速成長，是七年前的許多倍。

另一個有先見之明的評論是：「如果你願意的話，想像一下，如果有一家或很多家公司（禍害會蔓延）持有比我們多很多倍的部位，他們試圖在混亂的市場，以及極端並廣為人知的壓力下將這些部位變現。我們現在就應該高度關注這種情境，而非等到事情發生才去關注。[391]」

承保利潤豐厚

布蘭登和蒙德羅斯確實扭轉通用再保險的處境。在接下

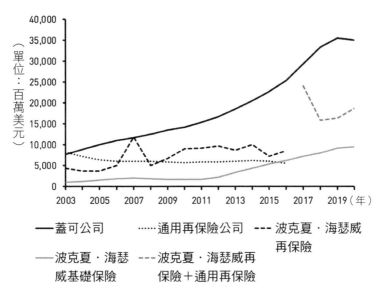

圖10.4　波克夏四個保險集團 2003 ～ 2020 年賺取的
　　　　保費金額

資料來源：波克夏‧海瑟威年報

來 14 年裡，有 13 年的財報上有承保利潤（見圖 10.6）。在
業務量減少的情況下依然如此：保費從 2013 年的 82.5 億美
元，降到 2016 年只有 56.4 億美元（見圖 10.4）。2017 年，
通用再保險的數據納入波克夏‧海瑟威再保險集團，而賈恩
在 2018 年初負責所有保險業務。

　　營收減少也導致浮存金減少，從 2013 年的 236.5 億美
元，減少到 2016 年的 177.0 億美元（見圖 10.5）。喬、泰
德和通用再保險團隊的成員似乎確實執行巴菲特的哲學，只

圖10.5 波克夏四家保險集團 2003 ～ 2016 年年底持有的浮存金數量

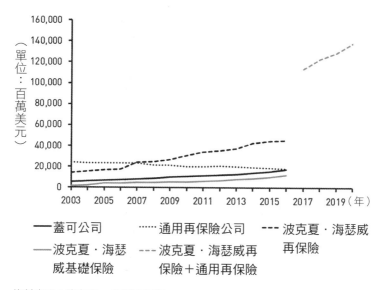

（單位：百萬美元）

| | 蓋可公司 | …… 通用再保險公司 | --- 波克夏‧海瑟威再保險 |
| 波克夏‧海瑟威基礎保險 | --- 波克夏‧海瑟威再保險＋通用再保險 | |

資料來源：波克夏‧海瑟威年報

專注在有獲利的業務，即便這意味著要推掉業務，巴菲特簡潔的總結為「規模根本不重要」[392]。

　　儘管通用再保險為了讓浮存金零成本而限制業務量的成長，成為波克夏皇冠上的「寶石」，但賈恩的波克夏‧海瑟威再保險在業務量與獲利能力方面都有強勁成長。2007 年，這家公司的少數人把盈餘推高到超過通用再保險（通用再保險當時有 2,647 名員工，現在則不到 2,000 名）。波克夏‧海瑟威再保險的保費從 2013 年的 44.3 億美元，成長到 2016

圖10.6 波克夏四家保險集團 2003 ～ 2020 年承保獲
利／損失

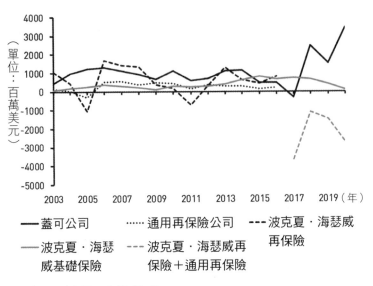

資料來源：波克夏‧海瑟威年報

年的 85.0 億美元，而且除了其中兩年沒有獲利以外，其他
每年都有獲利，而且有時的獲利還很高。而且巴菲特很喜歡
拿這家公司快速成長的浮存金進行投資，這時的浮存金已經
超過 450 億美元。

可以說，蓋可公司的表現甚至更好，這家公司的浮存金
增加兩倍多，超過 170 億美元，同時保費規模多了三倍，而
且多年來產生的承保利潤都超過 10 億美元。這是一門多美
好的生意：波克夏因為持有其他人的錢而獲得 10 億美元的

報酬，而且這些資金可以用來投資可口可樂等公司，藉此產生股息和資本利得。

相較之下，原本的波克夏·海瑟威基礎保險事業規模很小，但是保費成長卻讓人印象深刻：2013 年的保費收入是 10 億美元，2020 年則接近 100 億美元。而且浮存金從 2013 年的 13 億美元，增加到 2020 年的 116.5 億美元。不過，最讓人印象深刻的是承保利潤的完美紀錄。多年來，它的獲利是浮存金的 8% 或 10%。

2008 年，布蘭登辭去通用再保險的職務，而泰德·蒙德羅斯成為執行長。巴菲特非常清楚他為拯救這家公司所做的貢獻：「查理和我很感謝喬扭轉局勢，而且確信有了泰德之後，通用再保險的未來將由最值得信賴的人掌舵。[393]」

而且在那年，通用再保險終於獲得科隆再保險 100% 的所有權。泰德在這家公司工作 39 年之後，在 2016 年退休。巴菲特在 2016 年的信中寫道：「泰德在各方面都很傑出，我們非常感謝他。」接替他的人是卡拉·萊格爾（Kara Raiguel），她已經跟賈恩共事 16 年。

合併是明智的嗎？

通用再保險最後還是成為波克夏家族非常珍惜的事業，但問題還是存在。如果巴菲特和蒙格在 1988 年就知道公司高層多年來錯誤的為保單訂價，因此誇大獲利，那他們會提出 220 億美元的併購價格嗎？幾乎肯定不會。

是否應該考慮以新發行的波克夏·海瑟威股票來買進呢？當然不考慮，這些股票目前的價值已經超過 1,000 億美元。2016 年，巴菲特公開自責用股票來買下這間公司：「買下蓋可保險後，我接著很愚蠢的在 1998 年底用波克夏股票買下通用再保險公司，而且是用一大堆股票去買⋯⋯這是⋯⋯很大的錯誤，我們發行 272,200 股波克夏的股票買進通用再保險，這個做法讓我們流通在外的股票大幅增加 21.8％。我犯的錯誤導致波克夏股東的付出遠遠超過應得到的東西（這種做法雖然受到聖經認可，但是在購買企業時並非明智之舉）。[394]」

由於以下兩個原因，這次併購的效果很好。首先，因為巴菲特和蒙格發現一些有能力的經理人，他們經營保險公司的哲學（也就是以利潤為目的）與它們的哲學吻合。

第二，他們對五年來損失不斷增加表現出極大的耐心，他們抱持長遠的視野，想要「永遠」持有一家公司，意味著即使經歷漫長的困境，也能看到最後有一線曙光。他們知道一家公司的價值是公司存活期間為股東產生現金流量的折現值，前五年的現金折現值只占總現值計算中的一小部分。

學習重點

1. **承保的獲利能力的兩個關鍵：常常說不，以及財務實力雄厚**。保險在很大程度上是一種大宗商品型業務，這意味著低保費會帶動需求，但是透過以下的方式建立差異化，就會讓承保有獲利能力：（a）為了專注在獲利上而犧牲銷量，當競爭對手不再專注在這類的事業時，銷量就會提高，以及（b）財務實力異常強勁，這樣你就可以在多年後實踐理賠承諾，比競爭對手更受客戶重視。

2. **評斷決策者的素質**。保險業的財報編制很大程度仰賴猜測，而不是明確的事實。因此，要確保領導人的判斷值得信賴，而且偏向保守，而不是誇大短期的表現。

3. **使用以幾年為單位的區間來衡量損失、浮存金比率，藉此衡量承保表現**。因為理賠的時間並不明確，所以使用單一年份來衡量可能會扭曲情況。

4. **浮存金在會計師的眼中是負債，但是在適當的經理人手中卻是資產**。巴菲特在浮存金上的投資技巧，加速推動波克夏成長。

5. **如果控股公司的財務狀況特別強健，可以加大股權投資的比重，那麼保險公司的獲利就可以大幅提升**。波克夏的保險公司擁有大量的資本，加上還有其他事業的巨額現金流量，意味著保險浮存金可以安全以股權為主的策略進行投資。這對大多數保險公司來說是不可能發生的

事，因為監理機關和信用評等機構會告訴他們，要把大多數的浮存金放到債券上，因為債券更為安全。不過，就像巴菲特在 2020 年信中強調的那樣，債券並不是一直都更安全：「債券不再是現在的最佳選擇……全球的固定收益投資人，不論是退休基金、保險公司或退休人士，都面對著黯淡的未來。一些保險公司與一些債券投資人為了讓目前得到的微薄報酬增加，可能會試著把購買的標的轉向信用不穩定的借款人所發行的債券。然而，高風險貸款並不能解決利率太低的問題。三十年前，曾經壯大的儲貸產業（savings and loan industry）會自我毀滅，有一部分原因就是忽略這個格言。」

6. **如果你有很好的事業，內在價值快速增加，那麼用那家公司的股票買一家公司的成本可能會很高，除非價格非常低。** 巴菲特根本不應該把波克夏 21.8％的股份交給通用再保險。

7. **只需要一個用穩健原則操盤、消息靈通的決策者，就可以投資一大筆資金。** 通用再保險認為投資辦公室需要 150 人，但是巴菲特給他們看到更好的方法。

8. **衍生性商品，特別是長期的衍生性商品，可能會有嚴重的訂價錯誤，而且會造成巨大的損失。**

後記
走過的旅程

　　到 1998 年底，若以淨值衡量，波克夏・海瑟威是美國最大的公司，淨值達到 574 億美元。僅僅十年前，淨資產還不到 50 億美元，與通用汽車、福特、IBM 和艾克森美孚（Exxon）……等當時的巨頭相比相形見絀。員工人數已經增加到 47,566 人，但公司全都由擁有 12.8 名員工的「全球總部」掌控，「這 0.8 人並不是指我或查理，而是我們有個全新的會計人員，一週工作四天。[395]」光是這一點就可以點出波克夏與其他企業巨頭的截然不同，這個組織會給獨資事業與擁有部分股權事業的高階主管極高的自主經營權。

　　巴菲特和蒙格很久以前就已經體認到，波克夏旗下富有的高階主管和企業家在獨自經營自己的事業會最快樂，當他們得到如此多的自由時，會因為這是受到信任的訊號而感到榮幸，而且會以超出職責範圍的努力來回報。他們喜歡受到尊重的感覺，而且能夠利用巴菲特和蒙格的理性與經驗。而且他們想讓波克夏的董事長和副董事長感到自豪。

　　巴菲特和蒙格的角色是先找到正直的優秀經理人經營的事業，然後在有任何需要時幫助他們，並讚揚他們對波克夏做的貢獻。

不過，董事長確實要求將所有多餘的現金送到總部，供他和查理配置，「藉著把現金交給我們，他們就不會因為需要處理自己業務產生的現金，而受到各種誘惑的干擾。此外，查理和我在投資這些基金上，可以找到比我們的經理人在自己產業裡更多的投資機會。[396]」

波克夏在 1998 年成為異類的另一個原因是，整個美國社會對巴菲特和蒙格的尊敬程度。實際上，全世界都開始聽說他們的投資構想，以及在生活和事業上以崇高道德原則帶來的榜樣，全都有很大的影響力。

而且很多人都湧進奧馬哈。早在 1980 年代初期，只有幾十個人會出席春季在奧馬哈舉辦的股東大會。但是在 1999 年春季，必須租用一個禮堂（甚至是奧克薩本體育館〔Aksarben Coliseum〕）才能容納 14,000 名股東，這些股東在長達 6 個小時的會議上專注聆聽巴菲特和蒙格說的每一句話。很多人買進波克夏的股票只是為了能夠參加、傾聽並加入這場週末的慶祝會，與志同道合的投資人聊天。巴菲特和蒙格已經成為世界上最著名的投資大師。

波克夏・海瑟威三十多年前只是一家市值 2,500 萬美元、日益衰敗的紡織公司，現在卻擁有一些出色的事業。除了時思糖果，還擁有蓋可公司、飛航安全國際、威利家具和很多獨資的珠寶店。

而且還有很多美國知名企業的大量股份，從美國運通（11%）和可口可樂（8%），到華盛頓郵報（17%）和吉

列（8.5％），總計非完全掌控的普通股投資總和超過370億美元。

超過220億美元的保險浮存金，以及從內布拉斯加家具商城到寶霞珠寶等數十家獨資企業帶來的高額獲利，為巴菲特和蒙格提供更多投資火力。

而且在他們投資旅程的下個階段，就需要這些投資火力。他們還沒有買下中美能源、穆迪公司（Moody's）、克萊頓房屋（Clayton Homes），或柏林頓北方聖塔菲鐵路（Burlington Northern Santa Fe）等公司。這些公司都是未來幾年在奧馬哈那個小辦公室裡，巴菲特與僅有的少數員工一起愉快地跳踢踏舞上班的充分理由。

註釋

1   巴菲特 1990 年《致股東信》。
2   巴菲特 1990 年《致股東信》。
3   巴菲特 1990 年《致股東信》。
4   巴菲特 1990 年《致股東信》。
5   巴菲特 1990 年《致股東信》。
6   巴菲特 1997 年《致股東信》。
7   巴菲特 1990 年《致股東信》。
8   巴菲特 1990 年《致股東信》。
9   圖 1.1 使用的聯準會研究數據是基於幾乎所有美國商業銀行每年的數據，也就是說，銀行總數在 9,217 至 14,500 家之間（銀行數量會隨時間而減少）。
10 William B. English and William R. Nelson, 'Profits and balance sheet developments at U.S. commercial banks in 1997', Federal Reserve Bulletin, Board of Governors of the Federal Reserve System (US), June 1998, pp391–419.
11 William B. English and William R. Nelson, 'Profits and balance sheet developments at U.S. commercial banks in 1997', Federal Reserve Bulletin, Board of Governors of the Federal Reserve System (US), June 1998, pp391–419.
12 William B. English and William R. Nelson, 'Profits and balance sheet developments at U.S. commercial banks in 1997', Federal Reserve Bulletin, Board of Governors of the Federal Reserve System (US), June 1998, pp391–419.
13 William B. English and William R. Nelson, 'Profits and balance sheet developments at U.S. commercial banks in 1997', Federal Reserve Bulletin, Board of Governors of the Federal Reserve System (US), June 1998, pp391–419.
14 湯姆・巴頓的話引述自 Martha loves, 'Wells Fargo & Co. Assumes Unusual Role: Reassurer', Los Angeles Times, 12 November, 1990.
15 喬治・塞勒姆的話引述自 Martha Groves, 'Wells Fargo & Co. Assumes

Unusual Role: Reassurer', Los Angeles Times, 12 November, 1990.

16 理查‧博福的話引述自 Martha Groves, 'Wells Fargo & Co. Assumes Unusual Role: Reassurer', Los Angeles Times, 12 November, 1990.

17 John M. Taylor, 'A Leveraged Bet', Forbes, 15 April, 1991, p42.

18 威廉‧蒂舍爾的話引述自 John M. Taylor, 'A Leveraged Bet', Forbes, 15 April, 1991, p42.

19 卡爾‧雷查特的話引述自 Martha Groves, 'Wells Fargo & Co. Assumes Unusual Role: Reassurer', Los Angeles Times, 12 November, 1990.

20 Allan Sloan, 'Beauty and the Beasts: A true tale of two different investment styles'. Washington Post, 7 January, 1992.

21 巴菲特試圖說服他留下來。雷查德告訴《洛杉磯時報》（*Los Angeles Times*，1994 年 7 月 20 日）：「他希望看到每個人工作到永遠，我告訴他：『華倫，這是不可能的事。』」他在董事會待到 1998 年才離開。

22 富國銀行 1994 年的年報。

23 富國銀行 1994 年的年報。

24 富國銀行 1994 年的年報。

25 富國銀行 1994 年的年報。

26 富國銀行 1994 年的年報。

27 查理‧蒙格的話引述自 Andrew Kilpatrick, Of Permanent Value: The Story of Warren Buffett, 2018 Condensed Edition (2018), Andy Kilpatrick Publishing Empire (AKPE): Birmingham, Alabama.

28 湯瑪斯‧布朗的話引述自 James F. Pelitz and David W. Myers,'California's changing banking scene'. Los Angeles Times, 20 July, 1994.

29 富國銀行 1994 年的年報。

30 雷查德的話引述自 Chris Kraul, 'Driving that Stagecoach: Reichardt Steers Wells Fargo to Post-Recession Expansion', Los Angeles Times, 6 April, 1994.

31 雷查德的話引述自 Chris Kraul, 'Driving that Stagecoach: Reichardt Steers Wells Fargo to Post-Recession Expansion', Los Angeles Times, 6 April, 1994.

32 富國銀行 1995 年的年報。

33 引述自 Saul Hansell, '10 Billion Hostile Bid by Wells Fargo for First Interstate', New York Times, 19 October, 1995.

34 富國銀行 1996 年的年報。

35 'Why Wells Fargo Is Circling the Wagons', Business Week, 9 June, 1997, p92–93.

36 富國銀行 1998 年的年報。

37 富國銀行 1998 年的年報。

38　富國銀行 1998 年的年報。

39　https://www.npr.org/

40　Poppy Harlow, CNN Business, 11 November, 2016. https://money.cnn.com/video/investing/2016/11/11/warren-Buffett-wells-fargo.cnnmoney/index.html

41　Poppy Harlow, CNN Business, 11 November, 2016. https://money.cnn.com/video/investing/2016/11/11/warren-Buffett-wells-fargo.cnnmoney/index.html

42　Poppy Harlow, CNN Business, 11 November, 2016. https://money.cnn.com/video/investing/2016/11/11/warren-Buffett-wells-fargo.cnnmoney/index.html

43　Robert Armstrong, Eric Platt and Oliver Ralph, 'Warren Buffett urges Wells Fargo to look beyond Wall St for next chief', Financial Times, 7 April, 2019.

44　查理・蒙格接受訪問，Katherine Chiglinsky, 'Munger says Wells Fargo CEO ought to be in San Francisco'. Bloomberg.com, 12 February, 2020.

45　Ethan Wolff-Mann,'Munger diverges from Buffett on Wells Fargo: "Warren got disenchanted"', Yahoo Finance, 24 February 2021.

46　巴菲特 1991 年《致股東信》。

47　Rasmussen, J., 'Billionaire talks Strategy with Students', Omaha World Herald, 2 January, 1994, p178. 引述自 Hagstrom, R. G. (1995) The Warren Buffett Way, John Wiley and Sons.

48　艾德・柯洛德尼的話引述自 Reed, T. and Reed, D. (2014) Creating American Airways: The Converging Histories of American Airlines and US Airways. McFarland & Co. p8.

49　空服員協會（Association of Flight Attendants）是美國航空的一個工會，協會主任麥克・弗洛雷斯（Mike Flores）說了這句話，引述自 Reed, T. and Reed, D. (2014) Creating American Airways: The Converging Histories of American Airlines and US Airways, McFarland & Co. p12.

50　艾德・柯洛德尼的話引述自 Reed, T. and Reed, D. (2014) Creating American Airways: The Converging Histories of American Airlines and US Airways McFarland & Co. p12.

51　艾德・柯洛德尼的話引述自 Reed, T. and Reed, D. (2014) Creating American Airways: The Converging Histories of American Airlines and US Airways, McFarland & Co. p10.

52　艾德・柯洛德尼的話引述自 Reed, T. and Reed, D. (2014) Creating American Airways: The Converging Histories of American Airlines and US Airways, McFarland & Co. p11.

53 根據聯邦法律對航空業併購的規定，在併購案被正式批准之前，發動併購的公司最多只能持有被收購航空公司 10%的股權。

54 艾德‧柯洛德尼的話引述自 Reed, T. and Reed, D. (2014) Creating American Airways: The Converging Histories of American Airlines and US Airways, McFarland & Co. p14.

55 Graeme Browning, 'In an agreement with USAir, Buffett promises no surprises', The Washington Post, 15 August, 1989.

56 巴菲特 1989 年《致股東信》。

57 巴菲特 1989 年《致股東信》。

58 巴菲特 1989 年《致股東信》。

59 巴菲特 1989 年《致股東信》。

60 Martha M. Hamilton, 'USAir Group Flies into Turbulence', The Washington Post, 3 September, 1990.

61 巴菲特 1990 年《致股東信》。

62 巴菲特 1990 年《致股東信》。

63 巴菲特 1991 年《致股東信》。

64 巴菲特 1992 年《致股東信》。

65 巴菲特 1992 年《致股東信》。

66 巴菲特 1992 年《致股東信》。

67 巴菲特 1992 年《致股東信》。

68 巴菲特 1992 年《致股東信》。

69 巴菲特 1992 年《致股東信》。

70 巴菲特 1992 年《致股東信》。

71 1991 年 2 月 1 日，在洛杉磯國際機場降落時與另一架飛機相撞（飛航管制問題），造成 34 人死亡。1992 年 3 月 22 日在克里夫蘭起飛時，飛機因為沒有適當除去機翼上的結冰，導致在跑道上墜毀，造成 27 人死亡。

72 Martha M. Hamilton, 'USAir Enters Alliance with British Air', The Washington Post, 22 July, 1992.

73 巴菲特 1992 年《致股東信》。

74 巴菲特 1992 年《致股東信》。

75 巴菲特 1993 年《致股東信》。

76 巴菲特 1994 年《致股東信》。

77 Colin Leinster, 'Buffett hits $200m downdraft', Fortune, 17 November, 1994.

78 Rasmussen, J. (1994), 'Billionnaire talks Strategy with Students', Omaha World Herald, 0 January, p178. Quoted in Hagstrom, R. G. (1995) The

Warren Buffett Way, John Wiley and Sons.

79 巴菲特 1994 年《致股東信》。

80 巴菲特 1994 年《致股東信》。

81 巴菲特 1994 年《致股東信》。

82 巴菲特 1994 年《致股東信》。

83 巴菲特 1994 年《致股東信》。

84 Don Phillips and Frank Swoboda, 'Seth Scho field retires as USAir's Chairman', The Washington Post, 7 September, 1995.

85 Frank Swoboba and Don Philips, 'US Airways Chairman Takes Plea to Unions', The Washington Post, 27 April, 1997.

86 引述自 Frank Swoboba and Don Philips, 'US Airways Chairman Takes Plea to Unions', The Washington Post, 27 April, 1997.

87 引述自 Don Phillips, 'US Airways Closing 5 Facilities', The Washington Post, 9 May, 1997.

88 巴菲特 1997 年《致股東信》。

89 巴菲特 1997 年《致股東信》。

90 巴菲特 2007 年《致股東信》。

91 企業卡的持卡人可以使用 24 小時免費專線，美國運通可以協助處理緊急事件、提供旅遊協助或只是獲取資訊。例如醫療協助、牙科轉診、遺體轉送、會說英語的律師協助、大使館或領事館的轉介、緊急旅行安排協助、緊急提供現金、緊急飯店入住安排、口譯／筆譯，以及行李損失協助。

92 華倫·巴菲特的話引述自 'Why Warren Buffett's betting big on American Express', written by Linda Grant and Carol J. Loomis, Fortune, 30 October, 1995.

93 1991 年，投資人多元化服務管理、掌控與擁有的客戶資產大約 700 億美元。

94 請見卷二第 1 筆投資，了解伯恩在 1970 年代後期把蓋可公司從深淵中救回來的說明。

95 引述自'American Express: Anatomy of a coup', Brett D. Fromson, The Washington Post, 11 February, 1993.

96 引述自Why Amex Wooed Warren Buffett', by Leah Nathans Spiro, Bloomberg, 19 August, 1991.

97 1991 年 8 月 1 日，普通股的價格是 25 美元，到了冬天，由於業績數字不佳，股價掉到 13 美元。

98 巴菲特 1997 年《致股東信》。

99 巴菲特 1997 年《致股東信》。

100 巴菲特 1997 年《致股東信》。

101 這個假設對一些公司是有效的，但是對其它很多公司來說，資本支出和營運資金的投資可能遠遠超過折舊、攤銷等的準備金，使得股東從企業中取得的現金有限，如果企業有特許經營權的話，可能會損害特許經營權。

102 1994 年，美國十年期公債殖利率在 5.6％至 8.0％之間，因此使用 10％的報酬率已經考慮到額外的持股風險。

103 巴菲特 2011 年《致股東信》。其他三家公司是可口可樂、富國銀行和 IBM。

104 巴菲特 2011 年《致股東信》。

105 Harvey Golub, reported in AP News, 'American Express CEO Resigns Early', 17 November, 2000.

106 「『品牌很特殊』，華倫・巴菲特呼籲美國運通執行長在新冠疫情期間保護公司聲譽。」Theron Mohamed, Business Insider, 30 May, 2020.

107 巴菲特 2007 年《致股東信》。

108 巴菲特 2007 年《致股東信》。

109 巴菲特 2007 年《致股東信》。

110 巴菲特 2007 年《致股東信》。

111 巴菲特 2014 年《致股東信》。

112 大約 20％的產量是傳統的鞋子和靴子，而不是工作用和確保安全的靴子和鞋子，而它的競爭優勢在於堅固的美國製產品。

113 儘管全都有美國製的印象，但是到了 1980 年代，布朗鞋業從台灣、南韓、中國、印度和墨西哥等幾個國家進口鞋子和鞋子配件。

114 Emily Steel (2015), 'Francis C. Rooney Jr. dies at 93; Turned Melville into a retail giant', New York Times, 26 March, 2015.

115 巴菲特 1991 年《致股東信》。

116 法蘭克・魯尼因為羅伯・邁爾斯的書接受採訪，The Warren Buffett CEO; Secrets from the Berkshire Hathaway Managers (2002), John Wiley and Sons: New York.

117 巴菲特 1991 年《致股東信》。

118 法蘭克・魯尼因為羅伯・邁爾斯的書接受採訪，The Warren Buffett CEO; Secrets from the Berkshire Hathaway Managers (2002), John Wiley and Sons: New York.

119 法蘭克・魯尼因為羅伯・邁爾斯的書接受採訪，The Warren Buffett CEO; Secrets from the Berkshire Hathaway Managers (2002), John Wiley and Sons: New York.

120 巴菲特 1991 年《致股東信》。

121 巴菲特 1991 年《致股東信》。

122 巴菲特 1991 年《致股東信》。

123 法蘭克·魯尼因為羅伯·邁爾斯的書接受採訪，The Warren Buffett CEO; Secrets from the Berkshire Hathaway Managers (2002), John Wiley and Sons: New York.

124 法蘭克·魯尼因為羅伯·邁爾斯的書接受採訪，The Warren Buffett CEO; Secrets from the Berkshire Hathaway Managers (2002), John Wiley and Sons: New York.

125 法蘭克·魯尼因為羅伯·邁爾斯的書接受採訪，The Warren Buffett CEO; Secrets from the Berkshire Hathaway Managers (2002), John Wiley and Sons: New York.

126 巴菲特 1992 年《致股東信》。

127 羅威爾鞋業後來改名為 Söfft 鞋業公司（Söfft Shoe Company）。

128 巴菲特 1992 年《致股東信》。

129 巴菲特 1993 年《致股東信》。

130 巴菲特 1993 年《致股東信》。

131 Forbes, 10 October, 1994.

132 巴菲特 1993 年《致股東信》。

133 巴菲特 1993 年《致股東信》。

134 1994 年底，鞋業集團增加一家小型鞋子連鎖店（有 11 家分店），買進成本沒公開，但不太可能超過 100 萬美元。

135 波克夏·海瑟威 1994 年年報。

136 巴菲特 1995 年《致股東信》。

137 波克夏·海瑟威 1997 年年報。

138 波克夏·海瑟威 1998 年年報。

139 巴菲特 1999 年《致股東信》。

140 巴菲特 2000 年《致股東信》。

141 巴菲特 2001 年《致股東信》。

142 巴菲特 2007 年《致股東信》。

143 這個故事在小巴奈特·哈斯柏格 2003 年探討企業家和企業老闆如何建立穩固公司的書中有提及，這本書是 What I Learned Before I Sold to Warren Buffett: An Entrepreneurs Guide to Developing a Highly Successful Company, John Wiley and Sons.

144 Barnett Helzberg Jr. (2003), What I Learned Before I Sold to Warren Buffett: An Entrepreneurs Guide to Developing a Highly Successful Company, John Wiley and Sons.

145 巴菲特 1995 年《致股東信》。

146 巴菲特 1995 年《致股東信》。

147 Barnett Helzberg, Jr. (2003), What I Learned Before I Sold to Warren Buffett: An Entrepreneurs Guide to Developing a Highly Successful Company, John Wiley and Sons.

148 Barnett Helzberg, Jr. (2003), What I Learned Before I Sold to Warren Buffett: An Entrepreneurs Guide to Developing a Highly Successful Company, John Wiley and Sons.

149 巴菲特 1995 年《致股東信》。

150 巴菲特 1995 年《致股東信》。

151 巴菲特 1995 年《致股東信》。

152 巴菲特 1995 年《致股東信》。

153 Barnett Helzberg, Jr. (2003), What I Learned Before I Sold to Warren Buffett: An Entrepreneurs Guide to Developing a Highly Successful Company, John Wiley and Sons.

154 Barnett Helzberg, Jr. (2003), What I Learned Before I Sold to Warren Buffett: An Entrepreneurs Guide to Developing a Highly Successful Company, John Wiley and Sons.

155 巴菲特 1995 年《致股東信》。

156 巴菲特 1995 年《致股東信》。

157 Barnett Helzberg, Jr. (2003) What I Learned Before I Sold to Warren Buffett: An Entrepreneurs Guide to Developing a Highly Successful Company, John Wiley and Sons.

158 傑夫·康曼在接受羅伯·邁爾斯的採訪時回憶這次會面,請見 The Warren Buffett CEO (2002), John Wiley and Sons: New York.

159 Barnett Helzberg, Jr. (2003) What I Learned Before I Sold to Warren Buffett: An Entrepreneurs Guide to Developing a Highly Successful Company, John Wiley and Sons.

160 Barnett Helzberg, Jr. (2003), What I Learned Before I Sold to Warren Buffett: An Entrepreneurs Guide to Developing a Highly Successful Company, John Wiley and Sons.

161 Barnett Helzberg, Jr. (2003), What I Learned Before I Sold to Warren Buffett: An Entrepreneurs Guide to Developing a Highly Successful Company, John Wiley and Sons.

162 Barnett Helzberg, Jr. (2003), What I Learned Before I Sold to Warren Buffett: An Entrepreneurs Guide to Developing a Highly Successful Company, John Wiley and Sons.

163 Barnett Helzberg, Jr. (2003), What I Learned Before I Sold to Warren

Buffett: An Entrepreneurs Guide to Developing a Highly Successful Company, John Wiley and Sons.

164 傑夫‧康曼在接受羅伯‧邁爾斯的採訪時回憶這次會面，請見 The Warren Buffett CEO (2002), John Wiley and Sons: New York.

165 巴奈特‧哈斯柏格的話引述自 Kilpatrick, A. (2006), Of Permanent Value. The Story of Warren Buffett, AKPE: Birmingham, Alabama.

166 巴菲特 1995 年《致股東信》。

167 巴菲特 1996 年 5 月在 1995 年的年度股東大會上的談話。

168 傑夫‧康曼接受羅伯‧邁爾斯的採訪，請見 The Warren Buffett CEO (2002), John Wiley and Sons: New York.

169 傑夫‧康曼接受羅伯‧邁爾斯的採訪，請見 The Warren Buffett CEO (2002), John Wiley and Sons: New York.

170 Kansas City Star, 11 March, 1995.

171 傑夫‧康曼接受羅伯‧邁爾斯的採訪，請見 The Warren Buffett CEO (2002), John Wiley and Sons: New York.

172 寶霞珠寶的故事在卷二第九筆投資。

173 巴菲特 1996 年 5 月在 1995 年的年度股東大會上的談話。

174 傑夫‧康曼接受羅伯‧邁爾斯的採訪，請見 The Warren Buffett CEO (2002), John Wiley and Sons: New York.

175 Robert P. Miles, The Warren Buffett CEO (2002), John Wiley and Sons: New York.

176 波克夏‧海瑟威在 2009 年 4 月 6 日發布的新聞稿。

177 我非常感謝威利家具的總建築師與建立者比爾‧柴爾德，他審閱這章的草稿，而且增加一些關鍵數據，並提供一些改進的建議。

178 來自 Benedict, Jeff (2009), How to build a business Warren Buffett would buy: the R.C. Willey story. Shadow Mountain

179 Benedict, Jeff (2009), How to build a business Warren Buffett would buy: the R.C. Willey story. Shadow Mountain 中，華倫‧巴菲特的推薦序。

180 Benedict, Jeff (2009), How to build a business Warren Buffett would buy: the R.C. Willey story. Shadow Mountain.

181 Benedict, Jeff (2009), How to build a business Warren Buffett would buy: the R.C. Willey story. Shadow Mountain.

182 Benedict, Jeff (2009), How to build a business Warren Buffett would buy: the R.C. Willey story. Shadow Mountain.

183 Benedict, Jeff (2009), How to build a business Warren Buffett would buy: the R.C. Willey story. Shadow Mountain.

184 Benedict, Jeff (2009), How to build a business Warren Buffett would buy:

the R.C. Willey story. Shadow Mountain.

185 Benedict, Jeff (2009), How to build a business Warren Buffett would buy: the R.C. Willey story. Shadow Mountain.

186 Benedict, Jeff (2009), How to build a business Warren Buffett would buy: the R.C. Willey story. Shadow Mountain.

187 根據最新資料，比爾和派翠西亞有 31 個孫子與 12 個曾孫。

188 比爾‧柴爾德的話引自 Benedict, Jeff (2009), How to build a business Warren Buffett would buy: the R.C. Willey story. Shadow Mountain.

189 1996 年，謝爾頓接受在菲律賓五年的任務。

190 摘自在 Benedict, Jeff (2009), How to build a business Warren Buffett would buy: the R.C. Willey story. Shadow Mountain 書中比爾‧柴爾德的後記。

191 Benedict, Jeff (2009), How to build a business Warren Buffett would buy: the R.C. Willey story. Shadow Mountain.

192 Benedict, Jeff (2009), How to build a business Warren Buffett would buy: the R.C. Willey story. Shadow Mountain.

193 Benedict, Jeff (2009), How to build a business Warren Buffett would buy: the R.C. Willey story. Shadow Mountain.

194 Benedict, Jeff (2009), How to build a business Warren Buffett would buy: the R.C. Willey story. Shadow Mountain.

195 Benedict, Jeff (2009), How to build a business Warren Buffett would buy: the R.C. Willey story. Shadow Mountain.

196 Benedict, Jeff (2009), How to build a business Warren Buffett would buy: the R.C. Willey story. Shadow Mountain.

197 Benedict, Jeff (2009), How to build a business Warren Buffett would buy: the R.C. Willey story. Shadow Mountain.

198 Benedict, Jeff (2009), How to build a business Warren Buffett would buy: the R.C. Willey story. Shadow Mountain.

199 Robert P. Miles (2002), The Warren Buffett CEO, John Wiley and Sons: New York

200 Utah Business, February 1997, Andrew Kilpatrick (2006), Of Permanent Value: The story of Warren Buffett, AKPE: Birmingham, Alabama 轉載。

201 Benedict, Jeff (2009), How to build a business Warren Buffett would buy: the R.C. Willey story. Shadow Mountain.

202 在 Benedict, Jeff (2009), How to build a business Warren Buffett would buy: the R.C. Willey story. Shadow Mountain 中比爾‧柴爾德提到。

203 Benedict, Jeff (2009), How to build a business Warren Buffett would buy: the R.C. Willey story. Shadow Mountain.

204 在 Benedict, Jeff (2009), How to build a business Warren Buffett would buy: the R.C. Willey story. Shadow Mountain 中比爾‧柴爾德提到。

205 Benedict, Jeff (2009), How to build a business Warren Buffett would buy: the R.C. Willey story. Shadow Mountain.

206 Benedict, Jeff (2009), How to build a business Warren Buffett would buy: the R.C. Willey story. Shadow Mountain.

207 Salt Lake City Tribune, 21 October, 2001.

208 在 Robert P. Miles (2002) The Warren Buffett CEO, John Wiley and Sons: New York 中，比爾‧柴爾德提到。

209 在 Robert P. Miles (2002) The Warren Buffett CEO, John Wiley and Sons: New York 中，比爾‧柴爾德提到。

210 巴菲特 2004 年《致股東信》。

211 比爾‧柴爾德的話引述自 Greg Kratz, '50 years of furniture: Chairman builds R.C. Willey from one store to household name', Deseret News, 19 September, 2004.

212 艾爾‧烏吉 1997 年 5 月 21 日在飛行俱樂部（Wings Club）第三十四屆哈羅德‧哈里斯將軍紀念講座（General Harold R. Harris Sight Lecture）上的演講，https://www.flightsafety.com/html/book/tom/

213 艾爾‧烏吉 1997 年 5 月 21 日在飛行俱樂部第三十四屆哈羅德‧哈里斯將軍紀念講座上的演講，https://www.flightsafety.com/html/book/tom/

214 艾爾‧烏吉 1997 年 5 月 21 日在飛行俱樂部第三十四屆哈羅德‧哈里斯將軍紀念講座上的演講，https://www.flightsafety.com/html/book/tom/

215 艾爾‧烏吉 1997 年 5 月 21 日在飛行俱樂部第三十四屆哈羅德‧哈里斯將軍紀念講座上的演講，https://www.flightsafety.com/html/book/tom/

216 艾爾‧烏吉 1997 年 5 月 21 日在飛行俱樂部第三十四屆哈羅德‧哈里斯將軍紀念講座上的演講，https://www.flightsafety.com/html/book/tom/

217 艾爾‧烏吉 1997 年 5 月 21 日在飛行俱樂部第三十四屆哈羅德‧哈里斯將軍紀念講座上的演講，https://www.flightsafety.com/html/book/tom/

218 艾爾‧烏吉 1997 年 5 月 21 日在飛行俱樂部第三十四屆哈羅德‧哈里斯將軍紀念講座上的演講，https://www.flightsafety.com/html/book/tom/

219 艾爾‧烏吉 1997 年 5 月 21 日在飛行俱樂部第三十四屆哈羅德‧哈

里斯將軍紀念講座上的演講，https://www.flightsafety.com/html/book/tom/

220 艾爾‧烏吉 1997 年 5 月 21 日在飛行俱樂部第三十四屆哈羅德‧哈里斯將軍紀念講座上的演講，https://www.flightsafety.com/html/book/tom/

221 艾爾‧烏吉 1997 年 5 月 21 日在飛行俱樂部第三十四屆哈羅德‧哈里斯將軍紀念講座上的演講，https://www.flightsafety.com/html/book/tom/

222 艾爾‧烏吉 1997 年 5 月 21 日在飛行俱樂部第三十四屆哈羅德‧哈里斯將軍紀念講座上的演講，https://www.flightsafety.com/html/book/tom/

223 艾爾‧烏吉 1997 年 5 月 21 日在飛行俱樂部第三十四屆哈羅德‧哈里斯將軍紀念講座上的演講，https://www.flightsafety.com/html/book/tom/

224 艾爾‧烏吉 1997 年 5 月 21 日在飛行俱樂部第三十四屆哈羅德‧哈里斯將軍紀念講座上的演講，https://www.flightsafety.com/html/book/tom/

225 艾爾‧烏吉 1997 年 5 月 21 日在飛行俱樂部第三十四屆哈羅德‧哈里斯將軍紀念講座上的演講，https://www.flightsafety.com/html/book/tom/

226 可上 https://www.berkshirehathaway.com/ownman.pdf 查看。

227 請見 Andrew Kilpatrick (2018), Of Permanent Value: The Story of Warren Buffett, AKPE: Birmingham, Alabama.

228 艾爾‧烏吉 2006 年 10 月接受羅伯‧邁爾斯的採訪，https://www.youtube.com/watch?v=Ihwtm-.MMbE

229 巴菲特 1996 年《致股東信》。

230 艾爾‧烏吉 2006 年 10 月接受羅伯‧邁爾斯的採訪，https://www.youtube.com/watch?v=Ihwtm-.MMbE

231 'Buffett Buying Pilot Training Company for $1.5 billion', AP News, 15 October, 1996.

232 艾爾‧烏吉 2006 年 10 月接受羅伯‧邁爾斯的採訪，https://www.youtube.com/watch?v=Ihwtm-.MMbE

233 巴菲特 1996 年《致股東信》。

234 巴菲特 1996 年《致股東信》。

235 巴菲特 1996 年《致股東信》。

236 巴菲特 1996 年《致股東信》。

237 巴菲特 1996 年《致股東信》。

238 巴菲特 1996 年《致股東信》。

239 巴菲特 1996 年《致股東信》。

240 巴菲特 1996 年《致股東信》。

241 艾爾・烏吉接受羅伯・邁爾斯的採訪，請見 Robert P. Miles (2002), The Warren Buffett CEO, John Wiley and Sons: New York.

242 2002 年 5 月 9 日的演講，報導請見 Andrew Kilpatrick (2018), Of Permanent value: The Story of Warren Buffett, AKPE: Birmingham Alabama.

243 艾爾・烏吉接受羅伯・邁爾斯的採訪，請見 Robert P. Miles (2002), The Warren Buffett CEO, John Wiley and Sons: New York.

244 艾爾・烏吉接受羅伯・邁爾斯的採訪，請見 Robert P. Miles (2002), The Warren Buffett CEO, John Wiley and Sons: New York.

245 艾爾・烏吉接受羅伯・邁爾斯的採訪，請見 Robert P. Miles (2002), The Warren Buffett CEO, John Wiley and Sons: New York.

246 艾爾・烏吉 2006 年接受羅伯・邁爾斯的採訪，https://www.youtube.com/watch?v=Ihwtm-.MMbE

247 艾爾・烏吉接受羅伯・邁爾斯採訪，請見 Robert P. Miles (2002), The Warren Buffett CEO, John Wiley and Sons: New York.

248 巴菲特 2004 年《致股東信》。

249 巴菲特 2004 年《致股東信》。

250 布魯斯・惠特曼1997年5月3日接受《晚間商業報導》（*Nightly Business Report*）的採訪，摘錄自Andrew Kilpatrick (2018), Of Permanent value: The story of Warren Buffett, AKPE: Birmingham, Alabama.

251 巴菲特 2007 年《致股東信》。

252 巴菲特 2007 年《致股東信》。

253 艾爾・烏吉 1997 年 5 月 21 日在飛行俱樂部第三十四屆哈羅德・哈里斯將軍紀念講座上的演講，https://www.flightsafety.com/html/book/tom/

254 艾爾・烏吉 1997 年 5 月 21 日在飛行俱樂部第三十四屆哈羅德・哈里斯將軍紀念講座上的演講，https://www.flightsafety.com/html/book/tom/

255 艾爾・烏吉 1997 年 5 月 21 日的演講，摘錄自 Andrew Kilpatrick (2018), Of Permanent value: The story of Warren Buffett, AKPE: Birmingham, Alabama.

256 這是由經濟學家約翰・凱伊（John Kay）提出的想法，舉例來說，請見 John Kay (2011) Obliquity: why our goals are best achieved indirectly, Profile Books: London.

257 1996 年 12 月，另外增加 112,655 股的 B 股，用來交換飛航安全國際

股東持有的股份。

258 巴菲特 1996 年《致股東信》。
259 巴菲特 1996 年《致股東信》。
260 巴菲特 1996 年《致股東信》。
261 巴菲特 1996 年《致股東信》。
262 巴菲特 1996 年《致股東信》。
263 巴菲特 1996 年《致股東信》。
264 巴菲特 1996 年《致股東信》。
265 巴菲特 1996 年《致股東信》。
266 巴菲特 1996 年《致股東信》。
267 Forbes, 6 August, 1979.
268 Forbes, 'Look At All those Beautiful, Scantily Clad Girls Out there!', 1 November, 1974.
269 Warren Buffett, 'You pay a very high price in the stock market for a cheery consensus', Forbes, 6 August, 1979.
270 Warren Buffett, 'You pay a very high price in the stock market for a cheery consensus', Forbes, 6 August, 1979.
271 Warren Buffett, 'You pay a very high price in the stock market for a cheery consensus', Forbes, 6 August, 1979.
272 巴菲特 1997 年《致股東信》。
273 www.macrotrends.net/0844/sp-500-pe-ratio-price-to-earnings-chart
274 http://www.econ.yale.edu/~shiller fidata.htm
275 Los Angeles Times, 'Buffett to Acquire Dairy Queen Chain for $585 Million', 22 October, 1997.
276 巴菲特的話引述自 Kilpatrick (2018), Of Permanent Value: The Story of Warren Buffett, AKPE: Birmingham, Alabama.
277 麥可‧阿塞爾（Michael Assael）的話引述自Kilpatrick (2018), Of Permanent Value: The Story of Warren Buffett, AKPE: Birmingham, Alabama.
278 QSR Magazine, 'Dairy Queen and Franchisees Settle Dispute', 9 March, 2000, https://www.qsrmagazine.com/news/dairy-queenand-franchisees-settle-dispute
279 Gene Rebeck, 'Dairy Queen is out to become the world's best-performing fast-food chain', 29 May, 2015. MinnPost, www.minnpost.com/twin-cities-business/2015/05/dairy-queen-out-becomeworld-s-best-performing-fast-food-chain 280.
280 約翰‧蓋諾在2016年波克夏股東會上在《福斯財經》（*Fox Business*）

接受執行長訪談，https://www.youtube.com/watch?v=q.z2avJcJjI

281 巴菲特 1997 年《致股東信》。

282 巴菲特 1997 年《致股東信》。

283 Cunningham, L. A. (2014), Berkshire Beyond Buffett: The enduring value of values, Columbia Business School Publishing.

284 理查・桑圖利接受羅伯・邁爾斯的採訪，請見 Robert P. Miles (2002), The Warren Buffett CEO, John Wiley and Sons: New York.

285 理查・桑圖利接受羅伯・邁爾斯的採訪，請見 Robert P. Miles (2002), The Warren Buffett CEO, John Wiley and Sons: New York.

286 引述自 Warren Berger, 'Hey, You're Worth It (even now)', Wired, 1 June, 2001.

287 理查・桑圖利接受羅伯・邁爾斯的採訪，請見 Robert P. Miles (2002), The Warren Buffett CEO, John Wiley and Sons: New York.

288 理查・桑圖利接受羅伯・邁爾斯採訪，請見 Robert P. Miles (2002), The Warren Buffett CEO, John Wiley and Sons: New York.

289 這裡有規模效應。如果賣給客戶 800 架飛機，核心機隊只需要 80 架飛機，也就是只要 10% 的飛機。

290 理查・桑圖利因為羅伯・邁爾斯的書接受訪談，請見 The Warren Buffett CEO (2002), John Wiley and Sons: New York.

291 引述自 Warren Berger, 'Hey, You're Worth It (even now)', Wired, 1 June, 2001.

292 源自 1996 年一場訪談 Stephen Pope, 'Santulli's Departure from NetJets', Business Jet News, October 2009.

293 桑圖利的話引述自 Ron Carter, 'Executive Jet Has Big Fan: Buffett', Columbus Dispatch, 26 August, 1998.

294 巴菲特 1998 年《致股東信》。

295 引述自 Warren Berger, 'Hey, You're Worth It (even now)', Wired, 1 June, 2001.

296 Forbes, 'Flying Buffett', 20 September, 1998.

297 Forbes, 'Flying Buffett', 20 September, 1998.

298 引述自 Warren Berger, 'Hey, You're Worth It (even now)', Wired, 1 June, 2001.

299 桑圖利的話引述自 Ron Carter, 'Executive Jet Has Big Fan: Buffett', Columbus Dispatch, 26 August, 1998.

300 Robert P. Miles (2002), The Warren Buffett CEO, John Wiley and Sons: New York.

301 Cunningham, L. A. (2014), Berkshire Beyond Buffett: The Enduring Value

of Values, Columbia Business School.

302 巴菲特 1998 年《致股東信》。

303 巴菲特 1998 年《致股東信》。

304 如果營運時沒有載客，像是離開基地去接乘客、或是返回基地或其他必要的地點，就會發生空機返航（Dead-head）、未載客的里程數（dead mileage）、空機運轉（dead running）、未滿載運轉（light running）、空機（deadheading）或空機成本（empty leg costs）的情況。

305 巴菲特 1998 年《致股東信》。

306 巴菲特 1998 年《致股東信》。

307 巴菲特 1998 年《致股東信》。

308 Aviation International News, 1 October, 1998.

309 巴菲特 1999 年《致股東信》。

310 巴菲特 1999 年《致股東信》。

311 巴菲特 1999 年《致股東信》。

312 理查‧桑圖利接受羅伯‧邁爾斯的採訪，請見 Robert P. Miles (2002), The Warren Buffett CEO, John Wiley and Sons: New York.

313 巴菲特 2001 年《致股東信》。

314 巴菲特 2001 年《致股東信》。

315 巴菲特 2001 年《致股東信》。

316 巴菲特 2001 年《致股東信》。

317 巴菲特 2001 年《致股東信》。

318 巴菲特 2001 年《致股東信》。

319 巴菲特 2001 年《致股東信》。

320 Stephen Pope, 'Santulli's departure from NetJets', Business Jet Traveler, October 2009.

321 Chad Trautvetter, 'Santulli resigns from NetJets; changes ahead at fractional', Aviation International News, 25 August, 2009.

322 理查‧桑圖利接受羅伯‧邁爾斯的採訪，請見 Robert P. Miles (2002), The Warren Buffett CEO, John Wiley and Sons: New York.

323 麥可‧里格爾的話引述自 Matt Thurber, 'the Fractional Market', Aviation International News, 1 October, 2009.

324 麥可‧里格爾的話引述自 Matt Thurber, 'the Fractional Market', Aviation International News, 1 October, 2009.

325 布萊恩‧佛利的話引述自 Matt Thurber, 'the Fractional Market', Aviation International News, 1 October, 2009.

326 引述自 Matt Thurber, 'the Fractional Market', Aviation International News, 1 October, 2009.

327 David Sokol, 'Owners, Profit Return to NetJets', Aerospaceblog, 2 February, 2011. https://aerospaceblog.wordpress.com/2011/02/02/owners-profits-return-to-netjets

328 Stephen Pope, 'Santulli's departure from NetJets', Business Jet Traveler, October, 2009.

329 華倫·巴菲特 2011 年 3 月 30 日在波克夏·海瑟威發布的新聞稿。

330 Carol J. Loomis (2012), Tap Dancing to Work, Penguin Books: New York.

331 2011 年 3 月 30 日波克夏·海瑟威發布的新聞稿。

332 巴菲特 2010 年《致股東信》。

333 通用再保險的股東有兩個選擇，一是接受波克夏 0.0035 股的 A 股，或是波克夏 0.105 股的 B 股。

334 2012 年，剝玉米殼人保險改名為波克夏·海瑟威本土保險公司（Berkshire Hathaway Homestate Insurance）。

335 1980 年，名字改為雷德伍德火災與意外險公司（Redwood Fire and Casualty Insurance）。

336 堪薩斯火災與意外險公司現在是波克夏·海瑟威的子公司橡樹河保險（Oak River Insurance）的一部分。

337 1993 年，哥德堡被改派到波克夏小型的奧馬哈總部進行一項特殊計畫。

338 巴菲特 1983 年《致股東信》。

339 巴菲特 1984 年《致股東信》。

340 巴菲特 1983 年《致股東信》。

341 巴菲特 1984 年《致股東信》。

342 巴菲特 1984 年《致股東信》。

343 巴菲特 1984 年《致股東信》。

344 巴菲特 1983 年《致股東信》。

345 巴菲特 1983 年《致股東信》。

346 巴菲特 1983 年《致股東信》。

347 巴菲特 1985 年《致股東信》。

348 巴菲特 1985 年《致股東信》。

349 巴菲特 1985 年《致股東信》。

350 阿吉特·賈恩接受羅伯·邁爾斯訪談時的談話，請見 Robert Miles (2002), The Warren Buffett CEO, John Wiley and Sons: New York.

351 阿吉特·賈恩接受羅伯·邁爾斯訪談時的談話，請見 Robert Miles (2002), The Warren Buffett CEO, John Wiley and Sons: New York.

352 巴菲特 1986 年《致股東信》。

353 巴菲特 1986 年《致股東信》。

354 巴菲特 1989 年《致股東信》。

355 巴菲特 1989 年《致股東信》。

356 巴菲特 1990 年《致股東信》。

357 阿吉特・賈恩接受羅伯・邁爾斯的訪談時的談話，請見 Robert Miles (2002), The Warren Buffett CEO, John Wiley and Sons: New York.

358 阿吉特・賈恩接受羅伯・邁爾斯的訪談時的談話，請見 Robert Miles (2002), The Warren Buffett CEO, John Wiley and Sons: New York.

359 巴菲特 1992 年《致股東信》。

360 巴菲特 1993 年《致股東信》。

361 巴菲特 1998 年《致股東信》。

362 波克夏・海瑟威 1998 年 6 月 19 日的新聞稿。

363 波克夏・海瑟威 1998 年 6 月 19 日的新聞稿。

364 波克夏・海瑟威 1998 年 6 月 19 日的新聞稿。

365 引述自 Andrew Kilpatrick (2006), Of Permanent Value: The Story of Warren Buffett, AKPE: Birmingham, Alabama.

363 華倫・巴菲特在 1998 年 9 月 16 日在波克夏・海瑟威股東臨時會時的談話。

367 James P. Miller and Leslie Scism, 'Buffett's Berkshire to Buy General Re in Stock Deal Totaling $23.5 Billion', Wall Street Journal, 22 June, 1998.

368 James P. Miller and Leslie Scism, 'Buffett's Berkshire to Buy General Re in Stock Deal Totaling $23.5 Billion', Wall Street Journal, 22 June, 1998.

369 巴菲特 1998 年《致股東信》。

370 巴菲特 1998 年《致股東信》。

371 巴菲特 1998 年《致股東信》。

372 巴菲特 1999 年《致股東信》。

373 巴菲特 1999 年《致股東信》。

374 巴菲特 2000 年《致股東信》。

375 巴菲特 2000 年《致股東信》。

376 巴菲特 2000 年《致股東信》。

377 巴菲特 2001 年《致股東信》。

378 巴菲特 2001 年《致股東信》。

379 巴菲特 2001 年《致股東信》。

380 巴菲特 2001 年《致股東信》。

381 巴菲特 2001 年《致股東信》。

382 巴菲特 2002 年《致股東信》。

383 巴菲特 2002 年《致股東信》。

384 巴菲特 2002 年《致股東信》。

國家圖書館出版品預行編目(CIP)資料

巴菲特的對帳單 卷三：善用信任邊際複製成功投資，享受本
金放大的獲利之道／葛倫‧雅諾德（Glen Arnold）著；徐文傑
譯. -- 新北市：感電出版：遠足文化事業股份有限公司發行，
2024.07
　　392 面；14.8×21公分

譯自：The deals of Warren Buffett. volume 3, making America's
largest company

ISBN 978-626-98476-4-8（平裝）

1.CST：巴菲特（Buffett, Warren） 2.CST：投資

563.5　　　　　　　　　　　　　　　　113006974

巴菲特的對帳單 卷三
善用信任邊際複製成功投資，享受本金放大的獲利之道
The Deals of Warren Buffett: Volume 3, Making America's Largest Company

作者：葛倫‧雅諾德（Glen Arnold）｜譯者：徐文傑｜內文排版：顏麟驊｜封面設計：Dinner｜專
案副主編：李衡昕｜副總編輯：鍾涵瀞｜出版：感電出版／遠足文化事業股份有限公司｜發行：
遠足文化事業股份有限公司（讀書共和國出版集團）｜地址：23141新北市新店區民權路108-2號
9樓｜電話：02-2218-1417｜傳真：02-8667-1851｜客服專線：0800-221-029｜信箱：sparkpresstw@
gmail.com｜法律顧問：蘇文生律師（華洋法律事務所）｜ISBN：978-626-98476-4-8｜EISBN：
9786269847624（EPUB）、9786269847631（PDF）｜出版日期：2024年7月｜定價：520元

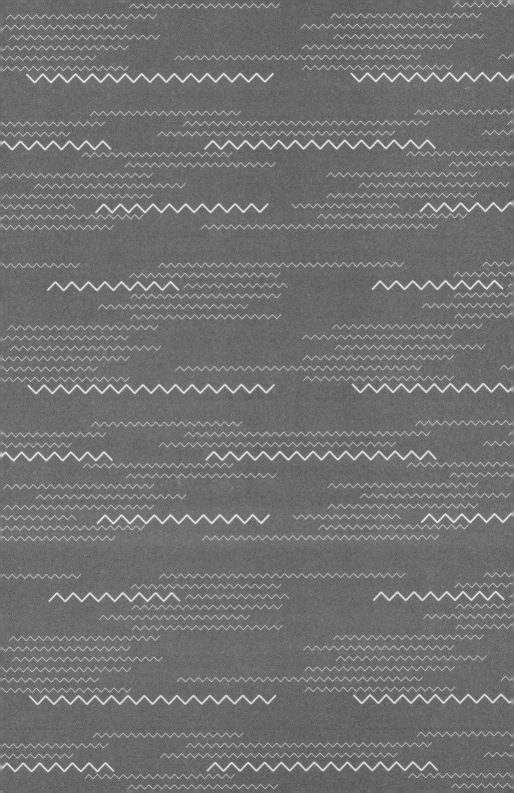

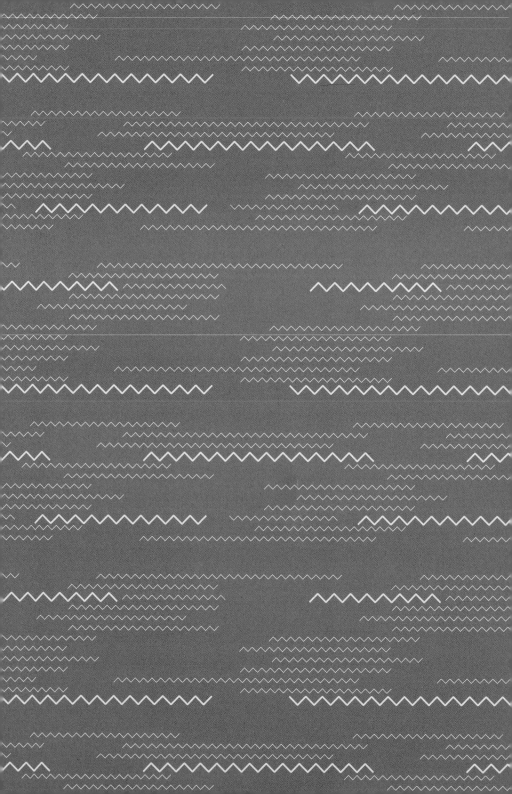